The Undercurrent of Legal Thought
法思想の水脈

森村 進 編
Morimura Susumu

宇佐美誠
田中 実
周 圓
戒能通弘
内藤 淳
高橋洋城
屋敷二郎
松尾 弘
長谷川貴陽史
森元 拓
松本尚子
濱真一郎
高橋文彦
関 良徳
大澤 津
橋本祐子

法律文化社

はしがき

　法律文化社から「法思想史の入門教科書」を編集してほしい，という提案をもらった時，私はそれぞれの時代と地域の法思想の専門家，あるいは深く研究を積んだ執筆者に執筆をお願いすることに決めました。

　現在すでに容易に入手できる日本語の法思想の概説書や教科書は何冊もありますが（そのうち重要なものを**0**講の最後にあげました），思想史というものはその対象への多年にわたる親炙が執筆者に存在しないと記述が平坦になりがちで，必要な情報を提供してはいても読者の印象に残らないままに終わってしまうということがありがちです。そんなことにならないよう，ある程度本書全体の統一性を犠牲にしてでも，私は各執筆者に各自の深い知見を利用してもらうように，そして過去の法思想がいかなる経路を通って現代にまで流れているのかも書いてもらうように，お願いしました。また本書は通常の法思想史の書物と違って，法哲学者だけでなく法史学（法制史）の専門家の参加も仰いだことが特徴になっています。このことは，**0**講でも述べたように，法思想が法制度と深く関係しているという認識から来ています。

　黒潮と親潮の交わる潮目が豊かな漁場であるように，法学と哲学と歴史学が交錯する法思想史は，多彩な知見に触れることができる興味深い学問分野です。読者が本書によって法思想史の面白さを実感して，さらに進んだ学習・研究に進んでもらえたら，編者としての喜びこれにすぎるものはありません。

　読者のみなさんには，本書の，こうした「法思想の交錯した水脈」をたどって，法思想史の知と対話をしてもらいたいと希望します。

　また本書は大学における法思想史の教科書としての使用を考えて編集しましたが，法哲学（法理学）のサブテクストとしても役立つと期待しています。各講は主要な哲学者・法学者の法思想への立ち入った理論的検討を含んでいるからです。

　最後になりますが，**6**講を寄稿するだけでなく，トピックと執筆者の選択に

あたって法史学者の立場から助言していただいた一橋大学の同僚屋敷二郎教授と，最初から本書を計画し私に編者になるよう依頼して，原稿の取りまとめに尽力していただいた法律文化社の秋山泰氏にこの場を借りて深く感謝します。

2015年師走

森村　進

目　次

はしがき

法思想家水脈年表

0講　法思想の水脈をたどって　　法思想史の意義と方法
···森村　進　1

Ⅰ— 法思想史とは何か　　なぜ学ぶのか　1

Ⅱ— さまざまなアプローチ　3

Ⅲ— 本書の構成と概観　　水脈をたどって　6

1講　古代ギリシアの正義論 ·······························宇佐美誠　11

Ⅰ— 徳としての正義　11

Ⅱ— ソクラテス　12

Ⅲ— プラトン　15

Ⅳ— アリストテレス　19

2講　ローマ法の形成 ···田中　実　27

Ⅰ— はじめに　27

Ⅱ— キケロ　　法廷弁論と理論書から見てとれる法と国家社会の思想　29

Ⅲ— ガイウス　　入門書から見てとれる法の体系と法の教育　32

Ⅳ— パピニアヌス　　専門書から見てとれる法と倫理　35

Ⅴ— ウルピアヌス　　註解書から見てとれる衡平　38

3講　「法」と法の支配　　クックからダイシーまで ········戒能通弘　42

Ⅰ— 裁判官，法律家による法の支配の伝統　42

Ⅱ— クックと法の支配　43

Ⅲ— ホッブズのクック批判から，ヘイル／ブラックストーンへ　46

Ⅳ— ベンサムと法の支配　49

Ⅴ— ダイシーによる議会主権と法の支配の両立　51

★コラム **1**　国際法学の誕生　【周　圓】　54

4講　社会契約　　　誰がために国は在る ……………………… 内藤　淳　58

Ⅰ— 社会契約説の特徴　　　社会をなぜ「契約」で説明するのか？　58

Ⅱ— ホッブズ　　　万人闘争からの脱却　59

Ⅲ— ロック　　　生命・自由・財産の保全　63

Ⅳ— ルソー　　　社会共同体の中での自由と平等の回復　66

Ⅴ— 共通点と相違点　69

Ⅵ— その影響と現代的意義　70

★コラム **2**　『法の精神』と権力分立　　　【森村進】　74

★コラム **3**　アダム・スミスの共感法学　【森村進】　78

5講　ドイツ観念論の完成　　　自由から法と国家を構想する

……………………………………………………… 高橋洋城　81

Ⅰ— はじめに　　　ドイツ観念論の法思想とは？　81

Ⅱ— カント　　　自由が共存する体制は義務である　82

Ⅲ— フィヒテ　　　ルソー直系の契約説か？　86

Ⅳ— ヘーゲル　　　自由の実現と市民社会・国家　89

6講　中世ゲルマン法と歴史法学　　　「良き古き法」と民族精神

……………………………………………………… 屋敷二郎　96

Ⅰ— 序　説　96

Ⅱ— 「ゲルマン法」の概念　97

Ⅲ— 中世ゲルマン法の実像　100

Ⅳ— 歴史法学　105

Ⅴ— まとめ　108

7講　「概念法学」批判　プフタとイェーリング………… 松尾　弘　110

Ⅰ— 「概念法学」概念の誕生　110
Ⅱ— プフタの法概念と法理論体系　112
Ⅲ— イェーリングにおける法思想の展開　116
Ⅳ— 「概念法学」批判の意義　120

8講　法社会学の形成　エールリッヒとウェーバー
………………………………………………… 長谷川貴陽史　123

Ⅰ— はじめに　123
Ⅱ— エールリッヒ　123
Ⅲ— ウェーバー　128

9講　国法学と立憲主義 ……………………………… 森元　拓　138

Ⅰ— イェリネクと美濃部達吉　138
Ⅱ— イェリネクの一般国家学　139
Ⅲ— 家産国家論者との闘争　141
Ⅳ— 天皇機関説論争と美濃部の憲法学　147

10講　法実証主義の極限と「例外状態」の合法性
ケルゼンとシュミット …………………………… 松本尚子　153

Ⅰ— 時代状況　153
Ⅱ— ケルゼンの純粋法学　154
Ⅲ— シュミットの決断思考　158
Ⅳ— ケルゼンとシュミットの民主制論　163
Ⅴ— おわりに　165

★コラム4　リアリズム法学は社会学的法学とどこが違うのか　【森村進】　166

11講 法実証主義の再興　　H.L.A.ハートとラズの現代分析法理学
　　　　　　　　　　　　　　　　　　　　　　　　　　　　　濱 真一郎　170

Ⅰ— 法実証主義の再興を目指して　170

Ⅱ— 「承認のルール」と法的ルールの二つの見方　171

Ⅲ— 法と道徳分離論　175

Ⅳ— 司法的裁量論　179

Ⅴ— 法理論の二つの捉え方　182

12講 法実証主義への挑戦　　フラーの「法の内面道徳」とドゥオーキン
の「純一性としての法」　　　　　　　　　　　　　　　　　高橋文彦　184

Ⅰ— ハート＝フラー論争　184

Ⅱ— ドゥオーキンの権利論　186

Ⅲ— ドゥオーキンの「純一性としての法」　190

Ⅳ— おわりに　197

★コラム5　批判法学　【関 良徳】　199

13講 正義論の展開　　「善き生」をめぐる多様な信念との関係
　　　　　　　　　　　　　　　　　　　　　　　　　　　　　大澤 津　203

Ⅰ— 政治理論の復権から「正義」の論争へ　203

Ⅱ— 前期ロールズの『正義論』　　正義の二原理と原初状態　204

Ⅲ— コミュニタリアニズムの登場　　「負荷なき自我」の批判と共通善の政治　207

Ⅳ— 後期ロールズの理論　　重なり合う合意と公共的理性　209

Ⅴ— ドゥオーキンの理論　　資源の平等と尊厳のための政治　211

Ⅵ— おわりに　215

目 次　vii

14講　リバタリアニズムの法思想　　ハイエク，ノージック
　　　　　　　　　　　　　　　　　　　　　　　　橋本祐子　217

Ⅰ— リバタリアニズムとは何か　217

Ⅱ— ハイエクの法理論　　自生的秩序としての法　218

Ⅲ— ノージックの最小国家論　　自己所有権の不可侵性　222

Ⅳ— おわりに　227

15講　ポストモダン法学の思想　　関　良徳　229

Ⅰ— ポストモダン法学とは何か　229

Ⅱ— デリダ　230

Ⅲ— ルーマン　234

Ⅳ— フーコー　238

Ⅴ— おわりに　242

事項索引　243

人名索引　247

執筆者紹介

法思想家水脈年表（近世以降）

年代	人名	思想・事項
1500年代	クック 1552-1634	
	グロティウス 1583-1645 ホッブズ 1588-1679	
1600年代	ヘイル 1609-1676	1610　ボナム医師事件（クックの判決） 1625　グロティウス『戦争と平和の法』 1628　権利請願
	ロック 1632-1704	1642-49　ピューリタン革命（イギリス内乱） 1648　三十年戦争の終結，ウェストファリア条約 1651　ホッブズ『リヴァイアサン』 1666　イギリス王政復古
	モンテスキュー 1689-1755	1688-89　名誉革命 1689　権利章典 1690　ロック『統治二論』
1700年代	スミス 1711-1776 ルソー 1712-1778 ブラックストーン 1723-1780 カント 1724-1804 ベンサム 1748-1832 フィヒテ 1762-1814	1748　モンテスキュー『法の精神』 1762　ルソー『社会契約論』 1765-69　ブラックストーン『イギリス法註釈』 1775　アメリカ独立戦争始まる
	ヘーゲル 1770-1831 サヴィニー 1779-1861	1776　アメリカ独立宣言，ベンサム『統治論断片』 1788　合衆国憲法発効，マディソンほか『ザ・フェデラリスト』 1789　フランス革命始まる 1796-97　フィヒテ『自然法論』
	プフタ 1798-1846	1797　カント『人倫の形而上学　法論』
1800年代	イェーリング 1818-1892	1804　ナポレオン皇帝として戴冠，フランス民法典 1814　ドイツ法典論争（ティボー対サヴィニー） 1821　ヘーゲル『法哲学綱要』
	ダイシー 1835-1922	1838　プフタ『パンデクテン教科書』

		1848　ドイツ三月革命
	イェリネク　1851-1911	
	エールリッヒ　1862-1922	
	ウェーバー　1864-1920	
	パウンド　1870-1964	1871　ドイツ帝国成立
	美濃部達吉　1873-1948	
		1877-83　イェーリング『法における目的』
	ケルゼン　1881-1973	
	シュミット　1888-1985	1885　ダイシー『憲法序説』
	フランク　1889-1957	
	ルウェリン　1893-1962	
	ハイエク　1899-1992	
1900年代		1900　イェリネク『一般国家学』
	フラー　1905-1978	
	ハート　1907-1992	
		1913　エールリッヒ『法社会学の基礎づけ』
		1914-18　第一次世界大戦
	ロールズ　1921-2002	1922　シュミット『政治神学』
	フーコー　1926-1984	
	ルーマン　1927-1998	
	デリダ　1930-2004	1930　フランク『法と現代精神』
	ドゥオーキン　1931-2013	1933　アメリカでニューディール政策始まる，ナチス政権成立
		1934　ケルゼン『純粋法学』（初版）
	ノージック　1938-2002	
	ラズ　1939-	1939-45　第二次世界大戦
	サンデル　1953-	
		1961　ハート『法の概念』
		1964　フラー『法と道徳』
		1971　ロールズ『正義論』
		1973—79　ハイエク『法と立法と自由』
		1974　ノージック『アナーキー・国家・ユートピア』
		1975　フーコー『監獄の誕生』
		1982　サンデル『リベラリズムと正義の限界』
		1986　ドゥオーキン『法の帝国』

0講 法思想の水脈をたどって
法思想史の意義と方法

Ⅰ—法思想史とは何か　　なぜ学ぶのか

　哲学の他の多くの領域と同様，法哲学・法思想を表面だけでなく本格的に学ぶためには，現代の著作だけでなく過去の古典的著作にも親しむことが必要である。その理由はいくつもあるが，20世紀後半の日本の法学界に甚大な影響を与えた法哲学者の碧海（あおみ）純一は次のように書いている。

> 日本でも外国でも，「法哲学」，「法理学」などの名を冠した概説書は，法哲学（あるいは更に広く「法思想」）の歴史の叙述に多くの紙面を割くことが通例であり，大学での講義についても同じことが言える。ひとり法哲学だけでなく，哲学の諸分野全般において，その初歩を学ぼうとする学生がまず歴史的な概観を与えられるというのが，経験科学に対する哲学の一大特色であるが，これは，哲学においては基本問題に対するいろいろな解決案の優劣を客観的に判定するための基準が見出し難いという事情に起因するものであろう。従って，経験哲学の初学者が——時に歴史的回顧を交えつつも——まずその学科の今までに蓄積された成果の基本を教授されるのに対し，哲学の門に入ろうとする者は，イオニア学派以来現代に至るまでの哲学史の流れを追い，歴代先哲の思索の跡を顧みることから始めるのが普通である。（碧海純一『新版 法哲学概論・全訂第二版補正版』弘文堂，2000年，15-16頁。強調は原文のまま）

　哲学を学ぶ際にその歴史を知るべき理由は，碧海が言うように学説の優劣を客観的に評価しにくいという事情もあるが，それだけではない。しばしば過去の著作が現代の著作以上に哲学の重要問題を深く，あるいは明確に掘り下げていることがあるからだ。たとえば現在の倫理学者の中で関心を集めている「徳倫理学virtue ethics」の著作ではアリストテレスの『ニコマコス倫理学』（**1**講を参照）が頻繁に言及され検討されているが，それは人間の徳という題材をこれほど本格的に論じた文献が現在に至るまで乏しいということが一因になっている。またホッブズの『リヴァイアサン』（**4**講を参照）など近世の政治哲学の古典は〈なぜ国家が存在しなければならないのか〉という根本的な問題を論じて

いるという点で，国家の正統性を当然視して疑わない現代の政治哲学の大部分よりもラディカル（根源的）だと言えるだろう。

そして法思想史が他の哲学史と大きく異なる特色が，哲学者・思想家たちが生きていた社会の制度に影響されている程度が大きいということだ。これまた例をあげれば，契約とか刑罰とか違憲審査制とか婚姻といった個々の法制度を論ずる人びとは，たいてい自分の社会で妥当していた法制度の正当化か改革を目指していた。もっと総論的な法理論に移っても，クックの「法の支配」論（3講を参照）は17世紀前半のステュアート朝の政治状況でこそ生まれたのだし，現代のドゥオーキンの「解釈としての法」（12講を参照）という法理論も，政治問題が憲法解釈の問題として語られがちであるアメリカの文脈を無視しては語れないだろう。それというのも，法思想は抽象的な法理論よりも法の実践にかかわる具体的問題を取り上げることが多いという事情があるからだ。19世紀のジョン・オースティンや20世紀のケルゼン（10講を参照）のように，特定の法体系に限定されない法の一般理論を構築した論者さえも，おそらく自分が生きていた社会の法体系をまず念頭に置いていたに違いない。

ただし，法思想史のすべてがその時代の社会状況や法制度を考慮すれば説明できるというわけではない。たとえば，プラトンやベンサム（それぞれ1講と3講を参照）のような思想家がなぜあの時代のあの社会に生まれてきたのかについて，社会学的あるいは歴史学的な説明は困難である。〈ベンサムがいなくても18世紀後半のイギリスには彼のような思想を説いた人物が出てきたに違いない〉などとはとうてい言えないだろう。多くの哲学者はあまりにも独特の個性を持った人物なので，その主張を社会的状況に還元することは彼らの思想の歪曲を伴ってしまうことになる。彼らの法思想を理解するためには，その法思想の中の時代を超えた特徴を析出することが適切だろう。

ここで「哲学」と「思想」という言葉の用語法について説明しておこう。哲学者の中にはこの両者を厳格に区別する人が少なくない。そしてその際，「哲学」の方が「思想」よりも困難で高級なものだという含意がしばしば伴っている。あるいは問題を徹底的に考え抜く活動・思考（thinking）そのものが「哲学」で，その結果が「思想」（thought）だという区別もできるだろう。しかし私は

両者をそれほど厳密に区別せずに，特定の領域全般についての基本的なものの見方が多かれ少なかれ理論化されたものを「思想」と呼び，特にその中でも，問題を根本的なレベルにまでさかのぼって理性的に考える活動とその結果を「哲学」と呼ぶことにしている。またそれが現代日本語の普通の用語法だろう。

　かつて法哲学者の矢崎光圀は，「通常，法思想史というときに扱われる法思想は……法学者，哲学者の，法について定型化され理論化された法思想，それに……法律家のある程度まで定型化された法思想であろう」（『法思想の世界』塙新書，1996年，96頁）と書いたが，私の用語法はまさにそれと同じだ。本書 **2** 講の冒頭では「ギリシアには法律家がいないように，ローマには法思想家がいない」と書かれているが，矢崎や私のように「法思想」を広く定義すれば，**2** 講で紹介されているキケロやローマ帝政期の法学者たちも立派に法思想家だと言える。このように考えると「哲学」は「思想」の一部だということになるが，「哲学」とそれ以外の「思想」の境界は非常に曖昧だから，結局「法哲学」を広く理解すれば，それはほとんど「法思想」と大差ないということになる。

Ⅱ—さまざまなアプローチ

　法思想史には，研究者の関心と目的に応じていろいろなアプローチ（接近方法）がある。このことは哲学史一般についても言えるが，法思想史の場合それらのアプローチ間の相違が一層明確になる。

　第一に，哲学的アプローチと歴史的アプローチを区別することができる。哲学的アプローチとは，一応歴史的な文脈を捨象して，著者の思想の妥当性・論理性・説得力などを検討するものだ。したがって，解釈者は時として自覚的な時代錯誤を冒してまでも，歴史的な著作があたかもわれわれの同時代人の著作であるかのように論じることになる。これに対して歴史的アプローチとは，過去の思想家の主張をあくまでも彼らの生きていた知的情況の中で説明しようとするものだ。

　現代の分析哲学者が哲学の古典を読む時に取るアプローチは哲学的アプローチが多く，専門的な思想史研究や「観念史history of ideas」と呼ばれる研究は歴史的アプローチに傾く。法思想史は通常の哲学史と比較してどちらかという

と後者のアプローチをとりがちだが，その理由はすでに述べたように，法思想が肯定的にせよ否定的にせよその当時の法制度と密接に関係しているという事実にある。

　次に過去の歴史へのアプローチの中にも，歴史を通じた普遍的な人間性を重視するものと，われわれと違う時代や社会の異質性・歴史的被制約性を強調するアプローチがある。前者の通俗的なわかりやすい例は〈戦国武将に学ぶリーダーシップの研究〉といったものだ。これは歴史の中に現代人にとっての教訓や手本，あるいは逆に反面教師を見出そうとするもので，昔も今も一般の歴史愛好家の間で人気がある。これに対して後者のアプローチは，別の社会の人々が一見すると現代のわれわれと似たように行動したり考えていたようであっても，根本的に全く違うメンタリティを持っていたということを示そうというもので，たとえば「子ども」とか「恋愛」とか「人権」といったものは歴史的に普遍的でなく比較的最近発明された概念だ，などと主張したりする。またトマス・ジェファーソンが起草したアメリカ独立宣言（1776年）の思想的淵源であるロックの『統治二論』（**4**講を参照）も，1680年代のイギリスの政治状況の中で理解されるべきもので，今日の政治思想に寄与するところはないということになる。このアプローチはどちらかというと専門的な歴史研究家がとることが多いようだ。それが極端になると，過去の時代はわれわれにとって理解困難な別世界のように描かれることになる。

　歴史へのどちらのアプローチにも長所と短所があろう。前者は過去の時代への興味をかきたてても，自文化中心的で夜郎自大の態度に陥るおそれがあり，他方後者は歴史的相対性を認識させるという点では有用でも，古今東西の人類がホモ・サピエンスとしてそれほど違っているわけではないという普遍的な要素（ヒューマン・ユニヴァーサルズ）を軽視させることになりうる。

　歴史に対するこの両者のアプローチを法思想史に適用すると，過去の法思想や法制度を現在の法解釈や法形成に比較的直接に結びつけようとするアプローチと，その逆に他の社会の法思想・法制度の移植や利用に対して否定的なアプローチということになりそうだ。前者によれば，法というものは思想面でも制度面でもそれほど違うものではなく，科学技術と同じような汎用性があるから，過去や外国の法制度を取り入れることは可能だ，ということになるだろ

う。それに対して後者によれば，一見同じように見える法制度も基礎にある社会構造やメンタリティによって大きく違った仕方で実現・適用されるのだから，表面的な類似に目を奪われてはならず，外国法の根無し草的な移植は功よりも罪の方が大きい，ということになるだろう。法思想史の中にこれらのアプローチの先行者を求めれば，近世自然法論は前者のアプローチをとり（**4**講と**★コラム1**を参照），歴史法学，特にゲルマニステンは中世ゲルマン法を民族精神の表現と考えたから後者のアプローチをとり，そしてサヴィニーのようなロマニステンは一見後者のアプローチをとっていたようだが，ローマ法を当時のドイツに適用したから実際には前者のアプローチに近い（**6**講を参照），ということになりそうだ。

　次にもっと限定された法分野での法思想史研究を見てみると，法解釈学の専門家が行う法思想史研究は，自分たちの持っている法制度の歴史的淵源をたどって解釈の際の参考にするとか，あるいは異質な法制度の中に法解釈・法創造のための有益な示唆を探る，といった目的からなされることが多い。それはたとえば，財産法の解釈のために近代のフランスやドイツの民法学や中世・近世のローマ法学，さらには古代ローマ法を，刑法解釈のためにドイツの刑法学史を，違憲立法審査の基準を求めるためにアメリカの憲法判例と憲法思想を，それぞれ研究する法学者がとっているアプローチだ。**7**講で紹介されるパンデクテン法学者はその典型かもしれない。実際に法（制度・実践・思想のすべての面における）の中には，合理的な正当化が難しくて歴史的な沿革によってしか説明できないような要素も少なくないのだから，このアプローチの意義は否定できない。ただしこの場合，研究の対象になるのは自らの法制度の起源になった国か「先進国」の法制度・法思想であって，それ以外の諸国の制度や思想はほとんど無視されるのが普通だ。そのために日本では欧米の主要国以外の法の研究者は少ないのである。

　これと別の法思想史のアプローチは，国制史や政治史の研究者がとるものである。彼らの関心は法解釈学ではなく歴史学にあり，法も社会や権力の構造を規定し，また規定されるものとして見るので，私法よりも公法を研究する傾向があり（ただし**9**講で指摘されているように，ドイツの国家学は私法学的解釈によって

6

国家を理解したのだが），私法の中では契約法よりも相続法や身分法に興味を持つ。法解釈学者はこのような研究をあまりしないが，政治哲学的な問題意識から法思想史を研究する法哲学者の中にはこのようなアプローチをとる人たちもいる。モンテスキュー（★コラム2を参照）はこのアプローチの先駆者だと解釈できるだろう。

　もっとも，法思想史の研究者がこれらのアプローチのどれか一つだけにコミットしていることはむしろ稀で，多くの研究者は複数のアプローチを併用していることが多い。本書の各講の執筆者がどのようなアプローチを採用しているかは，読者の皆さんが判断してもらいたい。

Ⅲ—本書の構成と概観　　水脈をたどって

　次に個々の講とその水脈を見ていこう。

　1講と2講は古代ギリシア・ローマの法思想を論じているが，ギリシアの理論志向に対するローマの実務志向・反体系性という対照が明確に見られる。この対立は，古代ギリシアではアテナイのソロンやスパルタのリュクルゴスといった大政治家による大規模な立法がしばしばあったが，ローマ古典期の法は立法による部分が小さく，法務官や法学者によって漸次的に発展したという事実とも関係しているだろう。

　国王あるいは議会による立法よりも裁判による法の発展を尊重する発想は，3講で紹介されるイギリスの「法の支配」の伝統の中にも見られる。ただしそこで指摘されているように，名誉革命以後，特に19世紀以来のイギリスではそれ以上に議会主権の観念が強くなった。ドイツの「法治国Rechtsstaat」と英米の「法の支配」との異同はしばしば問題になるところで，両者は似た機能を果たしているが，少なくとも別々の歴史的沿革に発していることは確かだ。

　17世紀前半には，★コラム1が書いているようにグロティウスによって国際法学が誕生した。彼は伝統重視の慣習法思想と反対に，人類全体に普遍的な規範を探求したが，これは近世自然法学の特徴だ。

　4講は人びとの合意という概念によって社会共同体を論じた17～18世紀の社会契約論を検討する。社会契約論も近世自然法学の流れに属している。ホッブ

ズ，ロック，ルソーという三人の社会契約論の比較は社会思想史の定番のテーマだが，執筆者はルソーの『社会契約論』に加えて『人間不平等起源論』を取り入れることによって，一番難解なルソーの社会契約論を理解できるものにしている。

　カント，フィヒテ，ヘーゲルに代表されるドイツ観念論は難解をもって知られているので，私は法哲学者でありながらこれまで彼ら（特に後二者）の著作に親しんでこなかったが，**5**講を読んで彼らの法思想をいくらか理解した気がする。執筆者によれば，彼らは皆フランス革命にインパクトを受け，ルソーの思想に影響されて，それぞれ独自の「自由」の理念と国家像を展開した。

　5講の最後で言及されているドイツの「法典論争」は次の**6**講で詳しく説明される。この章は「中世ゲルマン法」と19世紀ドイツの歴史法学という，時代的に離れた二つのテーマを取り扱っているが，「ゲルマン法」を象徴する「古き良き法」という観念は，中世盛期におけるローマ法への対抗として掲げられた観念であり，そして法典論争の立役者で歴史法学を生みだしたサヴィニーは高揚するナショナリズムを味方につけていた，という点で共通項を持っている。また歴史法学の代表者の一人ヤーコプ・グリム（グリム兄弟の兄の方）はゲルマン法研究の開拓者だった。

　6講で書かれているように，サヴィニーは法を「民族精神」の発露だとしながらも，当時のドイツに適用されるものとしてユスティニアヌス法典が伝える古典期ローマ法を研究して体系的な「パンデクテン法学」を形成した。そしてその法学の体系を詳細に完成させたのがプフタであり，現実生活からかけ離れた「概念法学」だとして批判したのがイェーリングで，この二人が**7**講で比較検討される。イェーリングの「概念法学」論がパンデクテン法学批判として，また積極的な法解釈学方法論として，どのくらい正鵠を射たものかは，今でも議論の余地が大きい問題である。

　以上見てきた近代の思想家が政治哲学者や法解釈者として法を論じてきたのに対して，20世紀になって社会学的方法から法にアプローチする法社会学がエールリッヒとウェーバーの二人によって建設された。**8**講は両者の法概念を比較するとともに，彼らがそれぞれ違った仕方で以後の法理論に影響を与えた仕方を述べている。

ヨーロッパ近代の法学を通じて，中心になってきた分野は民法だが，政治的には公法学の方が一層直接に政治と関係する。19世紀末から20世紀初めに活躍したイェリネックの国家学が当時のドイツ第二帝政の政治状況でいかなる意味を持ったか，またイェリネックの国家学説を受け継いだ美濃部達吉の天皇機関説が明治末から昭和初めの日本でいかなる役割を果たしたか，それを論ずるのが**9**講だ。執筆者によれば，美濃部もその論敵の上杉慎吉もドイツの国家学の理論を大いに利用したが，彼らの学説はドイツの学説のコピーでない特徴——「国体」と「超越的なもの」の法理論への導入——を持っていたとのことである。

二次にわたる世界大戦の間のドイツ語圏で，法学方法論の面でも政治思想の面でも人間的にも厳しく対立したのが，オーストリアのケルゼンとドイツのシュミットという二人の公法学者である。**10**講は当時の波乱に満ちた政治状況との関係で両者の思想を説明しているが，彼らの思想の中でどれが一時的な要素であり，どれが時代を超えた普遍性を持った要素であるかは，論争の余地がある興味深い問題である。

11講以下は第二次大戦後の法理論を扱っているが，中でも**11**講・**12**講は法実証主義とそれに対する批判という，狭い意味での法理論に関するものであり，それに続く**13**講・**14**講はむしろ規範的な正義論や政治哲学に属するものである。しかし今日の法哲学と政治哲学は多くのテーマを共有しており，ここで論じられているハイエクとかロールズとかノージックといった思想家は，日本ではむしろ政治哲学よりも法哲学の学界で熱心に研究されてきた。

11講は，現代の法実証主義を代表するハートとラズの理論を紹介する。ハートは，オースティンやケルゼンといったそれ以前の法実証主義の批判を通じて，より洗練された実証主義のヴァージョンを提出し，ラズはそれをさらに独自の「源泉テーゼ」という形で展開した。この講の最後は彼らの実証主義に対する反論に言及しているが，そのような批判者の中でもっとも有名なのが，**12**講で取り上げられるフラーとドゥオーキンである。しかし彼らが法について持っている問題関心は多くの法実証主義者が持っているものとかなり異なる。そのことはこの二つの講を読めば実感できるだろう。

13講と**14**講でそれぞれ紹介されている，平等主義的なリベラリズムと個人的自由を重視するリバタリアニズムとの対立も，現代正義論におけるもっとも重

要な争点である。さらに近年では**13**講で触れられているコミュニタリアニズムの立場も有力に主張されてきて，論争の帰趨は収まるところを知らない。だが私自身は確固たるリバタリアンなので，解説が公平さを失うことを避けるために本講ではこれ以上触れないでおく。

　最後の**15**講は，これらの講とは異なり，「近代法」への批判的態度を持ったポストモダン法学の諸潮流を概観している。もっとも**15**講の筆者が言うように「ポストモダン法学は，ポストモダン思想から強い影響を受けたという以上に学派としての共通項を有するものではない」が，今日の法学界でこの学派は決して主流ではないとはいえ，一般の思想界では影響力を持っているので，それについての知識も法思想を学ぶ者にとって必要と思われる。またこの潮流の現代アメリカ法学における表れとして，★コラム５も参照。

　以上の簡単な解説から想像されたかもしれないが，私は執筆者に〈できれば各講は関連する二人の思想家をペアで取り上げて，両者を比較するという形式をとってくれるとよい〉と提案した。しかし当然その形式をとれなかった章もいくつかある。またどの講でも論じられない思想家には「★コラム」の形で言及したが，この取扱いの相違はもっぱら編集上の都合によるもので，決して哲学的な重要性の相違を示唆するものではない。寄稿者の皆さんから送られてきた原稿を読んで，私はこれまであまり知識を持っていなかった分野について蒙をひらかれただけでなく，自分が研究してきた分野についても新鮮な論述から学ぶところが多かった。

　ただし本書は古代ギリシアからの西洋の法思想史であって，**9**講の後半の天皇機関説に関する部分を除くと，それ以外の地方，特にアジアの法思想に関する論述を含んでいない。これは適当な執筆者がたやすく見当たらなかったからである。関心のある読者はとりあえず千葉正士の『世界の法思想入門』（講談社学術文庫，2007年）の第二編「非西洋法文化の法思想」を参照願いたい。

　なお私も三本のコラムを本書に寄稿したが，これについての解説は省略させていただこう。

【参考文献】 （各章で言及されている書物は除く）

勝田有恒・山内進（編著）『近世・近代ヨーロッパの法学者たち──グラーティアヌスからカール・シュミットまで──』（ミネルヴァ書房，2008年）
　　12世紀から第二次大戦までの，主としてドイツ語圏の26人の法思想家に関する比較的詳しい紹介。法史学的観点からの叙述が多い。

笹倉秀夫『法思想史講義　上・下』（東京大学出版会，2007年）
　　著者の問題意識と主張が強く打ち出された，政治史的観点からの大著。普通の法思想史では取り上げられない思想家も多い。

竹下賢・平野敏彦・角田猛之（編）『トピック法思想』（法律文化社，2000年）
　　時代別ではなくトピック単位のユニークな編集。

田中成明・竹下賢・深田三徳・亀本洋・平野仁彦『法思想史・第二版』（有斐閣，1997年）
　　簡潔明瞭な法思想史の概説的入門書。

長谷部恭男『法とは何か　法思想史入門［増補新版］』（河出書房，2015年）
　　取り上げられている思想家の数は多くないが，哲学にも造詣が深い憲法学者による政治哲学的関心からの検討が興味深い。

森村進『ロック所有論の再生』（有斐閣，1997年）
　　第一章「方法序説」の一部を本講に利用した。

【森村　進】

1講 古代ギリシアの正義論

Ⅰ—徳としての正義

　古代ギリシアの正義論は今なお新しい。二千数百年も昔にギリシアのポリス（都市国家）アテナイで唱えられた正義の諸理論は、現代の私たちが人間・国家・法について考える際に価値ある示唆を与えてくれる。また、そのなかの一理論は、具体的な法制度にそくして正義を論じることを可能にし、現代でも有用な正義の分類を提示している。本講では、ソクラテス・プラトン・アリストテレスという代表的思想家を取り上げて、順に概説してゆく。彼らは、一見するとたがいに大きく異なった正義思想を提示したが、以下では、三人の思想の間にどのような継承と転換の関係があったのかについても説明する。

　古代にかぎらず西洋の正義思想史を正確に理解するためには、正義と徳の結びつきを押さえておく必要がある。古代ギリシア人にとって、徳とは、それをもつ主体を他よりも優れたものにする性質である。徳の主体は人間だけではない。目の徳は高い視力であり、馬の徳は俊足であり、剣の徳はよい切れ味だとされた。人間の徳は、部分的には職業によって異なっていた。靴工の徳は靴作りの技能であり、医者の徳は医術である。では、職業を問わず、市民——当時の市民には女性・居留外国人・奴隷は含まれなかった——がもつべき徳は何だろうか。当時、ポリスの間ではしばしば戦争が行われたので、勇気は最も重要な徳の一つだとされた。また、過剰・不適切な快楽を欲し求めない節制も、主要な徳だった。勇気や節制とならぶ徳の一つ、ときにはこれらを含む徳の全体が、正義だとされたのである。そして、戦場での勇気が凱旋後に名誉や権力をえるのに役立ったように、いわば徳は得となったから、人々は正義にもそのような効果を期待しがちだった。

Ⅱ—ソクラテス

1　ソフィストとソクラテス

　アテナイは古くは王制だったが，やがて貴族制（優秀者支配制）となった。その後，戦争の形態が，貴族が活躍する騎馬の一騎打ちから，独立自営農を中心とした重装歩兵の密集方形陣に変わったことにより，上層平民が政治的に台頭した。さらに，海戦では，いっそう貧しい人々が軍艦の漕ぎ手として貢献したため，下層平民の声も無視できないものとなった。そこで，平民にも政治参加を認めるさまざまな立法が行われた。他方，貿易の発展によって，豊かな商人・貿易商と貧困者との階層分化が進み，両者の社会的対立を緩和するために，債務帳消しなどの立法が行われた。これらを背景として，人類史上初めて，ある種の民主制がアテナイで確立した。一部の公職者を選ぶ際には，能力も家柄も問わないクジ引きが用いられ，また多数の市民が集まる集会で，政治的決定や裁判が行われた。民衆は，農作業や手工業にいそしむよりも，むしろ演説を聞き投票しては，日当を受け取るようになった。生産活動は，膨大な数の奴隷によって担われたのである。

　アテナイや，それにならって民主化が進んだ同盟諸ポリスでは，弁舌にたけて他の市民を説得できる人ならば，家柄や財産を問わず政治的に有力な地位につける可能性が出てきた。そこで，政治的野心をもった若者たちは，国政に役立つ知識や説得術を学びたいと考えるようになった。こうした若者の需要に応えて，ギリシア人の植民都市からやって来て本土の各地を遍歴し，報酬をとって知識や説得術をさずけた人たちは，ソフィストと呼ばれる。

　ソフィストの思想は多様だが，総じて人間や国家を相対化する見方を打ち出した。初期のソフィストは，人間の認識を相対的だとし，認識能力への懐疑を表明している。プロタゴラスは，「万物の尺度は人間である」と記した。あらゆる物の性質や価値は，それを評価する人間に左右されて異なるというのである。より懐疑主義的なゴルギアスは，客観的真理を否定して，何も存在せず認識されず理解されないとさえ述べた。そして，あるように見えるものや，正しいように見えるものを，説得術によって人に納得させることが重要だとした。

ポリスの国法は伝統的に，人間の自然本性につながる権威あるものとして受け入れられてきた。それに対して，国法がポリスごとに大きく異なるさまを見てきたソフィストは，これを実定的なものと捉えて，自然本性の観点から批判した。上述のような度重なる立法を目撃したアテナイ市民にとって，彼らの国法観には説得力があった。ソフィストの国法批判は三つに分かれる。第一に，ヒッピアスは，ピュシス（自然・本性）とノモス（人為・制度・法）を区別した上で，ギリシア世界に共通のピュシスという観点からノモスを批判した。第二に，カリクレスは，自然界では強者・優秀者が支配するはずだから，弱者・劣等者が支配する民主制は，自然本性に反すると主張したとされる。第三に，アンティフォンは，ギリシア人もバルバロイ（異民族）も共通の自然本性をもつという理由で，バルバロイ差別を批判し，またアルキダマスは，奴隷制が反自然的だとした。

　ソフィストの一人と当時は思われがちだったが，じつはソフィストとまったく異なった問答家が，ソクラテスである。彼は，友人がデルポイの神殿で「ソクラテスよりも知恵のある者はいない」という神託を受けたのに衝撃を受けて，この神託が誤りだと示すために，各地で知者と呼ばれる人を訪ねて，問答を重ねた。その結果，いわゆる知者はじつは大切なことを知らず，しかし知っていると思い込んでいることが分かった。それに対して，ソクラテスは自分の無知を知っている，つまり〈無知の知〉をもっている。このことを発見した彼は，人々と問答をして，勇気・知恵・正義などを厳密に定義するよう求めた。そうすることにより，人々に自らの無知を知らせ，さまざまな徳のエイドス（本質の形）に関する知識を追求させようとしたのである。こうした知識を愛し求める姿勢が，愛知（哲学）である。彼が最も大切だと考えたのは，説得術によって名声や権力をえることではなく，自分の魂のあり方に心を使い（魂の世話），善く生きることである。知識を真摯に愛し求める彼の姿勢にひかれて，いく人かの若者が彼に付き従った。

　ソクラテスは守旧派の怒りを買い，ついに告訴されて，民衆裁判に引き出された。プラトンの『ソクラテスの弁明』によれば，罪状は，ポリスの神々を信ぜず，別の鬼神を信じ，若者を堕落させたことである。当時の民衆裁判では，あわれみを誘って厳罰を免れようとする者が多かった。ところが，ソクラテス

は違っていた。大勢の裁判人を前にして，自分の行いは，人々に最も大切なことを気づかせようとする正しいものだと断固として主張したのだ。だが，彼の主張は聞き入れられず，有罪判決が下された。続いて刑罰を申し出る手続でも，彼は主張を曲げず，なんと国立迎賓館での食事を要求した。結局，死刑が確定した。

2 遵法としての正義

　ソクラテスが死刑となる前日，旧友のクリトンが獄中に訪ねてきた。プラトンの『クリトン』によれば，クリトンは，国外逃避の手はずを整えたから，脱獄するべきだと強く勧めた。彼は，生き延びられるときにはそれを選ぶのが正しいと言った上で，脱獄することは不当判決に対する報復にもなると述べた。ここには，当時の正義思想の一端がうかがわれる。古代ギリシアで一般的な正義観は，敵に対する復讐や貸借物の返却のような報いとして，正義を捉えるものだった。

　だが，ソクラテスは脱獄の勧めをきっぱりと断った。彼はまず，最も大切なのはただ生きることではなく，善く生きることだという前提から始める。次に，善いことは正義にかなうことと同一だから，故意に不正義を行うのは悪いことだと述べる。他者への加害は不正義だから，不正義を行われても，仕返しに不正義を行ってはならない。このようにして，彼は，不正義である不当判決に対して，脱獄という加害により報復することを拒否した。ソクラテスは，脱獄をこばむ他の理由も挙げている。各人は，祖国の法律のおかげで市民として誕生し養育され教育されたのだから，祖国は親のような存在である。また，過去にいつでも祖国を去ることができたのに留まってきたのは，支配への同意を示している。

　では，ソクラテスにとって，正義にかなった生き方とは何だったのか。遵法である。当時の国法は，法律のような成文法にかぎらず，むしろ社会道徳と連続する不文法を中心としていたから，遵法としての正義は，さまざまな徳を含む包括的なものだった。また，ソクラテスは，ピュシスとノモスを対比したソフィストたちとは対照的に，自然本性と国家・法を連続的なものとして捉えていた。彼によれば，正義は，国家が命じることを何でも行うか，あるいは本

来の正義を満足させるように国家を説得することを要求する。これは、〈服従せよ、さもなくば説得せよ〉の原理と呼ばれる。ソクラテスを民衆裁判に引き出したのは国家の不正義だから、彼は裁判人たちを説得しようとした。しかし、彼らを説得できず死刑判決が下された以上、判決に服従しなければならないというのだ。彼は、当時の死刑の方法である毒杯を自らあおいで、静かに逝った。

III—プラトン

1　プラトンとは誰か

　プラトンは若いときにソクラテスと出会って、その愛知の姿勢に魅了され、彼をとりまく青年たちの一人となった。ところが、ソクラテスはやがて刑死してしまう。そこで、プラトンは、ソクラテスの言行を記録し、彼の思想を広めるとともに、彼がソフィストとは異なることを示そうと決意した。後には、アテナイの郊外にアカデメイアという学園を創設して、若者たちの教育にもあたった。彼は、ソクラテスが行った数多くの問答を書き記すなかで、やがて独自の思想を構築してゆく。だが、自らの思想を語るときにも、ほとんどの対話篇ではソクラテスの口を借りたのである。彼の著述年代は三つに大別され、初期プラトン・中期プラトン・後期プラトンと呼ばれる。多くのプラトン研究者によれば、初期対話篇には、歴史上のソクラテスの思想が記録されているのに対して、中期・後期の対話篇では、プラトン自身の思想が展開されている。

　プラトンは、哲学上の数多くの古典的論点を提示して、独創的な仕方で考察したため、今日にいたるまで類を見ないほど大きな影響を与えてきた。「ヨーロッパ哲学の伝統はプラトン哲学の一連の脚注である」（アルフレッド・ノース・ホワイトヘッド）という評さえある。ここでは、最もよく知られた彼の学説を取り上げたい。**イデア論**である。三角形について考えよう。形や大きさの異なるさまざまな図形が、三角形に含まれる。なぜか。それらの図形が三角形の本質の形を分有しているからだと考えることができる。この本質の形が三角形のイデアである。美しいバラ、美しい砂浜、美しい絵画は、美のイデアを分有しているから美しい。勇気、善、そして正義についても同様だという。プラトン

によれば，十全な意味で存在しているのはイデアであって，個物は，イデアに与ってこれを分有するかぎりで存在する。個物（たとえば，私のポチ）から区別された概念（たとえば，犬）が存在するという立場を，実在論（実念論）と呼ぶのに対して，概念は単なる名前にすぎず，個物だけが存在するという立場を，唯名論と呼ぶ。イデア論は実在論の代表的理論の一つである。

2　国家の正義

　プラトンの主著は『正義──国家について』である。この大部の中期対話篇を通して彼が取り組んだのは，次の問いである。正義という徳が愛し求められる理由は，それがもたらす結果か，それ自体か，結果とそれ自体の両方か。彼は，正義が結果とそれ自体の両方のゆえに愛し求められるのだと示そうとした。正義が生み出す得になる結果の一つは，正しい言行が高める社会的評判である。また，プラトンは魂の不死を信じていたので，来世での報奨も，正義がもたらす得として語っている。

　では，正義の人は，どのようにして正義それ自体のゆえに幸福であるのか。対話のなかのソクラテスは，大きな文字が小さな文字よりも見やすいように，国家の正義は人の正義よりも分かりやすいから，まず国家について考えようと言う。これは，人の正義を見つけやすくする便宜的な提案のように聞こえるが，じつはそうではない。この対話篇は，書名が示すように，正義の意味を明らかにするとともに，国家のあり方を考えるという二つの目的をもっているのだ。

　ソクラテスは，言論の上で国家を生成させ発展させてゆく。人間は独りでは自給自足ができないから，一か所に集住する。また，各人の自然本性にあった得意なことはたがいに異なるから，分業によって生産を行うようになる。これが国家の始まりだという。必要物だけがまかなわれる段階の国家では，農民や手工業者などの生産者がいれば足りる。

　だが，やがて商業や通商が発達して，国が豊かになり人口が増えると，他国の土地を切り取ってこなければならず，逆に自国の土地を他国から守らなければならない。そこで，戦争にそなえて守護者（戦士）が必要となる。この階層に適した自然本性をもつ青少年の教育は，国家の神々への健全な信仰をいだか

せる詩から始まって，魂にリズムと調和をもたらす音楽，気概をつちかう体育へと進み，教育の対象者は男女を問わない。その結果，守護者は勇気を特徴的にそなえているが，節制もあわせもつ。守護者は，国家にとって最善のことをつねに追求するべきで，生産者に危害を加える暴君となってはならない。そこで，彼らには私有財産を否定し，暮らしに過不足のない糧だけを与えて，共同生活をさせる。壮年の男女をそれぞれ優秀さに基づいて順位づけした上で，結婚の組み合わせを決めるが，生まれた子は親から引き離して国家の保育所で育てる。劣った子どもは生産者の家庭に送られる一方，生産者の家庭で生まれた優れた子どもは保育所に連れてこられ，守護者となるよう養育・教育を受ける。守護者の私有財産を否定しその生活を拘束する制度は，彼ら・彼女らを不幸にするように見える。しかし，国家全体は幸福となり，全体が幸福ならばその部分も幸福であるはずだから，国家の一部分である守護者も幸福なのだとされる。

　守護者のうち，労苦をいとわない者には，さらなる教育が行われる。準備として算術・幾何学・天文学・音楽理論を順に学んだ上で，哲学的問答を重ねる。問答の目標は，善のイデアをはじめとした多様なイデアに関する知識を習得することにある。こうした教育と選抜を経て，愛知者（哲学者）となった年長の守護者たちが，国家の統治者を務める。統治者は，すでにある勇気や節制に加えて，知恵を特徴的にそなえている。これが有名な哲人王の提案である。他の守護者たちはいまや補助者と呼ばれ，統治には関わらない。

　上記のような国家の生成・発展の過程から，国家の正義が何を意味するかを説明することができる。理想的な国家は三つの階層からなり，統治者が知恵を，他の守護者（補助者）が勇気を特徴的にそなえており，加えて三階層がともに節制をもつ。そして，各階層がそれぞれ自らの本務に専念して，他の階層に干渉しないとき，正義が実現されている（**図表 1-1**）。

　ここまでは，ソクラテスが理想的だと考える国家の形態である(1)優秀者支配制を見てきた。だが，国家は他にもさまざまな形態をとりうる。彼は，優秀者支配制が次第に堕落して，守護者が土地・家を私有し金銭欲をもつ(2)名誉支配制，富者が貧者を支配する(3)寡頭制，放埒におちいった富者に代わって貧者が支配する(4)民主制，万人の過度の自由に対する反動として過度の隷属

図表 1-1 プラトンの国家の正義

図表 1-2 プラトンの魂の正義

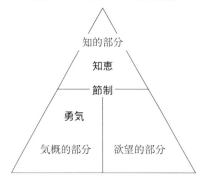

が生じる(5)僭主制へと順に移り変わってゆくさまを描いている。

3　魂の正義

　前項で見た国家の正義の議論は，人の正義を理解する大きな助けとなる。対話中のソクラテスによれば，人の魂は，国家の三階層と同じように，知的・気概的・欲望的という三つの部分からなる（図表1-2）。知的部分は，イデアの習得を意味する知恵をもって他の二つの部分を制御し，気概的部分は勇気を特徴とし，そして欲望的部分を含むすべての部分が節制を働かせる。各部分が自らの本務に専念して，他部分に手出ししないとき，魂の調和が保たれ，これが正義に他ならない。つまり，人の正義（魂の正義）は国家の正義と同じ内容をもつというのだ。

　なお，これらの徳のうち，知恵は，後にアリストテレスを経て思慮に取って代わられ，正義・思慮・勇気・節制が，四元徳とされた。さらに，キリスト教では，信仰・希望・愛が加わった七つの徳を，枢要徳と呼ぶようになった。

　ソクラテスによれば，魂と国家の類比性は，正義の意味だけでなく，そこから逸脱してゆく諸形態についても成り立つ。なぜなら，国家に住む人々の性格は，国家の性格に対応するからだという。(1)優秀者支配制に生きる[1]優秀者支配型人間とは，愛知者である。そこから逸れた(2)名誉支配制には，戦争を好む一方で金銭欲が強い[2]名誉支配型人間が住んでいる。(3)寡頭制には，金もうけを求めて徳を軽んじる[3]寡頭型人間がおり，(4)民主制には，自由気ままで欲望に駆られた多種多様な[4]民主型人間がいる。そして，(5)僭主制に

は，浪費家の扇動者である[5]僭主型人間つまり僭主の他に，僭主に搾りとられる富裕層と，貧しい民衆が見いだされる。正義を体現する[1]が最も幸福であり，その反対の極にいる[5]は最も不幸である。このように，正義は，それ自体のゆえに愛し求められるものである。

　以上のようなプラトンの正義思想・国家思想は，歴史上のソクラテスから強い影響を受けている。まず，魂の正義という観念は，ソクラテスが最も重要だと考えた魂の世話を明らかに受け継いでいる。また，知恵の徳をもつ知的部分が，気概的部分・欲望的部分を制御するという構図は，愛知の精神を理論化したものだと言える。さらに，三つの徳をそなえた魂の三部分がそれぞれ本務に専念することという正義観は幅広いものだから，さまざまな徳を含む遵法というソクラテスの包括的な正義観を引き継いでいる。

　次に，国家の正義についてはどうだろうか。ここでも，知恵をそなえた支配者が補助者・生産者を制御する構図に，愛知の精神が見られる。三つの徳をもつ国家の三階層による本務への専念という正義観は，包括性を表している。加えて，人間が自然本性上たがいに大きく異なるから，生産の分業によって国家が生成し，そして三階層が分業を守って本務に専念することが正義だという議論は，自然本性と国家を連続的に捉えたソクラテスの伝統的国家観を受け継いでいる。それだけではない。そもそも国家の正義とは何かという問い自体が，ソクラテスの正義観から発しているのだ。彼は，国家が不正義を犯す場合には，なおも服従するのでないかぎり，正義を満足するように国家を説得するべきだとした。では，国家の正義とは何か。ソクラテスはこの問いについて考え続けたに違いないが，しかし〈無知の知〉を自覚する彼は，自分の答えをついに示さなかった。国家の正義に関するプラトンの理論は，ソクラテスが残した問いに対する一つの答えなのである。

IV─アリストテレス

1　アリストテレスとは誰か

　アリストテレスは，若いころギリシア北方からアテナイに移り住んで，アカデメイアで約20年間プラトンに師事した。プラトンの死後は各地を遍歴して，

マケドニアでまだ王子だったアレクサンドロスの家庭教師を務めたこともある。晩年にはアテナイに戻って，リュケイオンという学園を開いた。彼は，形而上学・論理学・数学・物理学・天文学・生物学・倫理学・政治学など，多数の分野で古典を著したので，万学の祖と呼ばれ，後代に多大な影響を与えてきた。たとえば，約2000年後の18世紀末ごろ，カントは，「アリストテレス以来，論理学は一歩も進んでこなかった」と評している。もっとも，その後は，アリストテレスによって確立された古典論理学とは大きく異なる近現代論理学の体系が，いくつも構築され発展してきたのだが。

　アリストテレスは，プラトンやその門弟たちが発展させたイデア論に対して，さまざまな観点から批判を加えた。彼の理解によれば，イデア論は，私たちが見たり触ったりできる経験的事物を超越した観念的世界に，イデア（エイドス）が存在すると想定している。こうしたイデア論の最大の問題点は，イデアが経験的事物の内部にある運動・転化の原因ではないため，経験的事物の生成・消滅を説明するのに役立たないことだという。

　では，経験的事物をどのように説明できるか。アリストテレスの学説は体系的で複雑だが，ここではごく単純化して紹介しよう。あらゆる経験的事物の内部には，形相（エイドス）と質量がある。そして，事物は，形相がまだ潜在的である可能態から，形相が顕在化している現実態へと運動する。たとえば，桜の若木はやがて大木となるだろう。この木を構成しているものが質量であるのに対して，桜の大木は形相である。若木のときが可能態で，大木となったときは現実態である。次に，大理石のゼウス像について考えよう。大理石が質量で，彫刻家が思い描いているゼウスの姿が形相である。大理石の塊が可能態で，完成したゼウス像は現実態である。このような説明は，イデア論と比べて，経験的事物の生成・消滅を説明するのに適している。これは，イデア論とならぶ実在論の代表的理論となった。また，ここに表れている，万物が終極目的へ向かって運動するという世界観は，目的論的世界観と呼ばれて，後のキリスト教的な古典的自然法論に大きな影響を与えた。

　アリストテレスは，自然科学・社会科学の諸分野の端緒を開いたため，哲学的思索にふけるプラトンとは対照的だとしばしば受け止められてきた。たとえば，ラファエロの有名な絵画『アテナイの学堂』では，プラトンは天上を指さ

しているのに対して，アリストテレスは地面をさしている。しかし，このような対比は一面的である。むしろ，アリストテレスはプラトンから多くを受け継ぐ一方で，新たに感覚的・経験的知識も重視したのである。アリストテレスがイデアの学説を批判し，経験的事物の運動を説明しやすい形相の理論を提示したことは，彼が旧師の思想を継承しつつも，経験的知識を考慮して変質させ発展させた一例である。

2　幸福・徳・正義

　アリストテレスの正義論は，おもに『ニコマコス倫理学』で展開されている。正義はそもそもなぜ重要なのか。この問いに答えるためには，幸福や徳に関する彼の思想を押さえておく必要がある。彼によれば，人間は，何らかの善（自己や他者にとってよいこと）のために行為するか，あるいはそれ自体を善として行為する。今の時代で一例を挙げれば，コンサートのチケットを買うのは，コンサートを聴くという，自分にとってよいことのためだが，コンサートを聴くのは，それ自体が自分にとってよいからだ。では，さまざまな行為が行き着く最高善は何だろうか。アリストテレスによれば，それは**幸福**である。彼が言う幸福とは，生活満足度のような心理状態ではない。むしろ，幸福へのカギは徳にある。徳とは，それをもつ主体をよいもの・立派なものとし，その機能を十全に発揮させる性状である。人間の機能は魂の活動だから，人間の徳は魂の性状である。徳をそなえた人こそがよい人であり，幸福な人なのだ。

　徳は，ポリスを離れては意味をなさない。アリストテレスの有名な言葉に，「人間は本性的にポリス的動物である」がある。ポリスを構成しないのは，人間以上である神か，人間以下である野獣だという。彼は『政治学』では，男女の自然的結合から家族が生じ，多くの家族が集住して村落となり，村落が統合されてポリスとなるさまを描いている。このように，国家は人間の終極目的である。この国家のなかで人間を幸福にするのが，勇気や節制などの徳である。正義もまた徳だから，人間が幸福となる上で不可欠である。

　徳は，二つの極端の中間にある**中庸**だという。たとえば，勇気は臆病と無鉄砲の中庸である。これは，臆病と無鉄砲を足して二で割れば，勇気になるという意味ではない。勇気ある人とは，敵に立ち向かうのが適切であるときには，

図表 1-3 アリストテレスの正義の区分

```
┌ ・一般的正義＝適法      ┌ ・配分的正義［幾何学的比例］
│                        │
└ ・特殊的正義＝均等      └ ・匡正的正義［算術的比例］

                          ┌ ・随意的関係           ┌ ・秘密的関係
                          │                        │
                          └ ・非随意的関係         └ ・暴力的関係
```

無理せずに果敢に戦うことができ，いさぎよく退却するのが適切であるときには，ためらわずに退却できる人なのだ。

　正義は具体的には何を意味するか。アリストテレスは，思わく，すなわち誤っているかもしれない人々の考えを出発点として，正義の意味を探究してゆく。彼は次のように言う。

　　そこで，「不正義の人」という語がいく通りに語られているかをまず把握しよう。不正義の人だと思われているのは，違法な人と，貪欲な人すなわち不均等な人である。したがって，正義の人とはもちろん，適法な人と均等な人だろう。それゆえ，正義にかなったこととは，適法なことと均等なことである。

ここでは，ある人を正義の人にする**正義の性向**（正義という徳）と，その人がなす行為やその結果に表れる**正義の事象**（正義にかなったこと）とが区別された上で，両者が表裏の関係にあるとされている。

　では，適法な人とはどんな人か。当時の国法は，社会道徳と大きく重なる不文法を中心としていたから，適法な人とは，さまざまな徳を体得した人である。そのため，ある人を適法な人にする広い意味での正義の性向とは，徳全般をさす。ただし，正義の性向は，他者に対する関係のなかで発揮される徳だとされており，後世には対他的徳と呼ばれるようになった。広義の正義の性向に対応する広義の正義の事象とは，さまざまな徳を含む国法の遵守だということになる。

　他方，均等な人とは，自分がもつのに価する以上のものを主張しない人である。そこで，ある人を均等な人にする狭い意味での正義の性向は，特定の徳であり，また狭義の正義の事象とは，均等にすることや均等であることだ。古代

ローマ時代には，性向か事象かを問わず，広義の正義は**一般的正義**と呼ばれ，狭義の正義は**特殊的正義**と呼ばれるようになった。一般的正義と特殊的正義の区別は，**図表1-3**の左端にある。この図は，表裏一体の関係にある正義の事象と正義の性向をともに示している。

3　均等としての正義

特殊的正義の分類を見てゆこう（**図表1-3**）。均等としての正義の性向は，過多を求める（不正義を行う）傾向と，過少に甘んじる（不正義を受ける）傾向との中間に位置する。それに対応して，均等としての正義の事象は，過多と過少の中間にある。以下では，正義の性向の説明をはぶいて，正義の事象にそくして分類を概観してゆく。だが，正義の事象の各区分にはつねに正義の性向の各区分が対応していることを忘れないでほしい。

均等としての正義は，配分的正義と匡正的正義に大別される。**配分的正義**は，同一のポリスにいる諸個人の間で財貨・名誉を分配する際の正義である。当時は，公職への就任が名誉なことだとされたので，名誉の分配とは公職者の選出・任命をさしている。配分的正義は，各人の価値に基づいた財貨・名誉の分配を要求する。これは，幾何学的比例と呼ばれる。身近な例を挙げよう。小学生のツトムとサボルが，近所の家の庭で草取りをするアルバイトを引き受け，アルバイト料は二人分まとめて5,000円だったとする。ツトムが草の70％を刈り，サボルは30％しか刈らなかった。この場合，ツトムが3,500円を，サボルは1,500円をそれぞれ受け取るのが，配分的正義にかなっている。

配分的正義は，経済格差を是正するための所得再分配という今日の考え方とはまったく無縁である。配分的正義は，各人の価値に応じた分配を求めるから，諸個人の価値が等しい場合にのみ，またそのような諸個人の間でだけ，平等な分配が行われるべきなのだ。では，人の価値とは何か。アリストテレスは，人の価値は人によって異なると述べているが，正確に言えば，ポリスの政体によって異なると考えていた。民主制では自由が，寡頭制では富またはよい出自が，貴族制（優秀者支配制）では徳が，それぞれ価値だとされる。

他方，**匡正的正義**とは，個人間の関わりあいにおいて均等がそこなわれた場合に，これを回復する正義である。個人間関係は随意的なものと非随意的なも

のに大別され，非随意的関係はさらに秘密裡のものと暴力的なものに分かれる。随意的関係には，売却・購入・貸与・抵当が含まれる。非随意的関係のうち，秘密的関係は，謀殺（準備をともなう殺人）・窃盗・姦通・偽証を，また暴力的関係は，故殺（準備を欠いた殺人）・暴行・強奪・悪罵をそれぞれ含む。これらの関わりあいにおいて，一方当事者が利得をえて，他方当事者が損失をこうむった場合，裁判人は，前者から利益を奪って後者に与える。こうして，利得と損失の中間にある均等がもたらされ，算術的比例が実現される。

　たとえば，ヨシコの家にワルオが忍び込み，金庫から100万円を盗んだとしよう。この盗みによって，ヨシコの財産は100万円減り，ワルオのそれは同額増えて，均等がそこなわれている。そこで，裁判人はワルオに対して，ヨシコに100万円を返還するよう命じる。なお，ときどき誤解されるが，刑罰は，アリストテレスが言う匡正的正義の範囲に含まれない。ワルオが懲役刑・禁固刑を受けても，二人の間に生じた100万円の不均等は解消されないからだ。匡正的正義が求められる法制度は，不法行為や不当利得である。

　アリストテレスは，貨幣を用いた取引を主として念頭におきながら，商品と代金の均等や，物々交換をする品の間の均等を要求する**交換的正義**について論じている。交換的正義は，配分的正義・匡正的正義とならぶ第三の種類だろうか，あるいは匡正的正義の一部だろうか。ここで，配分的正義は，財貨・名誉を分ける時点で求められる事前的要請であるのに対して，匡正的正義は，個人間関係で均等が失われた後に現れる事後的要請だと考えてみよう。そうすると，取引が行われる時点で働く事前的要請である交換的正義は，匡正的正義と大きく異なるから，第三の種類の正義であると言えそうだ。ところが，配分的正義と匡正的正義の最大の相違点が事前か事後かの違いだとすると，各人の価値に基づく分配が行われなかった場合に，この分配を改めるのは匡正的正義だということになる。これは，財貨・名誉の分配という場面と，個人間の関わりあいという場面を区別するアリストテレスの見解と矛盾してしまう。むしろ，問題の場面をもとに配分的正義と匡正的正義を区別した上で，取引という随意的関係において匡正的正義が事前的に求める要請として，交換的正義を位置づける方が適切だろう。したがって，交換的正義は，事前的要素を含んだゆるやかな意味での匡正的正義の一種だということになる。

ここまでに見た正義の事象（およびそれと表裏の関係にある正義の性向）の分類に加えて，次の二つが重要である。一つは，自然本性的正義と人為法的正義の区別である。**自然本性的正義**とは，人が認めるかどうかを問わず，ギリシア人世界のあらゆる地で等しく力をもつ正義である。他方，**人為法的正義**とは，あるポリスでこのように決まっていても，あのように決まっていてもよいが，いったん決まると，それが重要となるような正義である。たとえば，適法という一般的正義の意味は自然本性的正義に属するのに対して，従うべき国法のなかには人為法的正義に当たるものがある。また，各人の価値にもとづく分配という配分的正義の意味は自然本性的正義だが，各人の価値が徳なのか富なのかは人為法的正義上の問題である。自然本性的正義と人為法的正義の区別は，再解釈された上で，自然法（および神法・永久法）と人定法を区別する古典的自然法論へと流れ込んでいった。

もう一つの重要な観念として，**衡平**がある。国法は，大半の事例に当てはまることを一般的に定めているから，これが当てはまらない事例もときには生じる。そのような場合に国法を個別的に補正するのが，衡平である。衡平な性向は正義の性向の一種だとされているから，衡平な事象は正義の事象の一種だということになる。

最後に，アリストテレスの正義論・国家論が，プラトン，さらにはソクラテスから何を受け継ぎ，何を変えたかを見ておこう。何よりもまず，アリストテレスはプラトンから，幸福を根底においた正義の理解を受け継いでいる。その上で，正義の性向は魂の性状であると同時に，他者に対する関係において表れるというアリストテレスの見解は，魂の内部の状態というプラトンの正義観と，外部に表れる行為として正義を捉えたソクラテスやその同時代人たちの正義観とを融合させたものだと言える。また，適法としての一般的正義は，ソクラテスの遵法としての正義を継受すると同時に，プラトンも前提としていた正義の包括性を表現している。さらに，人間の自然本性に基づく国家という考えも，ソクラテスやプラトンの伝統的国家観を受け継いでいる。なお，アリストテレスは自然本性的正義と人為法的正義を区別したが，ソフィストと違って，国法のなかに自然本性的正義があると考え，また自然本性的正義の観点から人為法的正義を批判しようとはしなかった。

他方，均等としての特殊的正義はプラトンには見られなかった。配分的正義と匡正的正義の二分法，匡正的正義が問われる個人間関係の分類，交換的正義の考察は，アリストテレスが当時の法制度や訴訟をつぶさに観察しつつ理論を構築していった成果である。また，正義の性向から正義の事象を概念的に区別したことは，プラトンからの決定的な離反である。それにとどまらない。アリストテレスが考える正義の事象においては不分明だった，正義にかなう行為と正義にかなう状態の区別が，後世には徐々に明確化されてゆき，非個人的視点から正義の事象が問われるようになる。こうして，個人の徳を超えて，個人間関係，社会状態，さらには社会制度について，正義が語られるようになってゆく。特殊的正義と正義の事象という革命的な発案によって，アリストテレスの正義論は，今日の私たちが法制度や社会・国家のあり方を考える際に，重要な示唆を与えてくれるのである。

【参照文献】

アリストテレス「形而上学」出隆監，山本光雄編『アリストテレス全集12』〔出隆訳〕（岩波書店，1968年）

――「ニコマコス倫理学」内山勝利・神崎繁・中畑正志編『アリストテレス全集15』〔神崎繁訳〕（岩波書店，2014年）

プラトン「クリトン」田中美知太郎・藤沢令夫編『プラトン全集1』〔田中美知太郎訳〕（岩波書店，1975年）

――「ソクラテスの弁明」田中美知太郎・藤沢令夫編『プラトン全集1』〔田中美知太郎訳〕（岩波書店，1975年）

――「国家」田中美知太郎・藤沢令夫編『プラトン全集11』〔藤沢令夫訳〕（岩波書店，1976年）

【宇佐美誠】

2 講　ローマ法の形成

I —はじめに

1　ローマの法思想の特徴

　暴力によらない紛争解決のメカニズムを持つ社会で，「正義」や「公正」の観念が語られることはローマ以前にも見られる。しかし古代ローマだけが，紛争解決を政治や民主主義，多数決に委ねるのではなく，限られた論拠のみを許容する「法」に委ねる仕組みの構築に成功した。このためローマ法は法を拵える際に常に参照基準とされ，中世以来，19世紀パンデクテン法学に至るまでの民法（学）と近世に至るまでの国制や国際関係の法学的把握に圧倒的な影響を及ぼした（以下，ユスティニアヌス帝をユ帝，引用では『ローマ法大全』の「学説彙纂」をD.，「法学提要」をInst.と表記）。

　しかしその法思想を紹介するのは難しい。一つの理由は，ギリシアに法学者がいないようにローマには法思想家がいないことである。ローマのみが「法を発明した」と言うスキアヴォーネが指摘するように，専門の法学者たちは「正義」についてそれほど語ろうとはせず，現行法体制から離れ「正義とは何か」や「法とは何か」を問うのを好まなかった。彼らが「正義」を無視したわけではなく，後に見るように帝政後期には倫理的価値判断が述べられるようになるが，非法律家にも使い勝手のよい超越的価値を説教風に述べることは避けられた。むしろ法的事件を通じ，取引で守られるべき「信義」や厳格法が妥当性を欠くときの調整原理たる「衡平」などの法的な道具を洗練させた。これらは複雑なルールの体系を前提とする民事法の本格的学習に真価を発揮する。

　例えば，ローマの法学者が自殺をどう考えていたか。これも法的事件の議論の中に表れる。ウルピアヌスによれば，奴隷の自殺未遂の場合，主人は治療費とは別に自殺という行為自体に基づき奴隷に損害賠償を請求し，奴隷が自由に管理できた特有財産から損害額を控除することはできない，とされる。「奴隷

とて自然的には己の体を虐待することができ」(D.15.1.9.7),奴隷の地位はローマ市民法上のものであり自然法上は死を選ぶ人間としての「尊厳」を失っていないから,というのである。奴隷が特有財産を有することもローマに独特である。あるいは,自由についても訴訟の技術的側面が配慮される。自由人として暮らす者に奴隷身分の嫌疑がかかったとき,裁判では自由を否認する側が主張立証すべきであり,自由身分を主張する側は「自由を占有する有利な被告の地位に立つ」という原則が明言される（リウィウス『ローマ史』3.44）。逆に,事実上奴隷状態にある者が自由身分を主張する場合,彼に代わって訴えを提起する「自由の主張者」をたてる制度が整備された（Inst.4.10pr.）。

2 法学者たちの共同体

　紹介が難しい今一つの理由に,特定の法学者の思想を代表として選ぶことが難しいことがある。ローマの法学者たちにつき,15世紀の文献学者ヴァッラは,時には互いに何世紀も離れているにもかかわらず同一人物が書いているかのような文体を用いていることを称賛し,18世紀初頭の哲学者ライプニッツも,まるで一人の著者のようだと述べ,19世紀のパンデクテン法学者サヴィニーも,「代替可能な人物」と表現した。彼らは,ローマの法学者の個性を否定したというより,彼らが共有するレヴェルの高い知的空間を称賛していたのである。もちろん法学者の姿は,古拙な時代の法知識を独占した司祭から,共和政期の貴族階層である神官（法学者と神官の役割が転倒し,市民法を知らなければ優れた神官にはなれない）,解答権を導入した初代皇帝アウグストゥスや五賢帝時代における元首の友,セウェルス朝や古代末期の属州出身の皇帝官僚へと変化した。法もまた,神官の口頭による秘儀から公のものになり,十二表法を契機にしだいに文書化され,**市民法**と,政務官による方式書に基づく**名誉法**や非ローマ市民にも適用される**万民法**との併存状態へと移行した。しかし法学者たちは,同質の知識や思考様式を備えた過去の法学者との絶えざる対話を通じて,何世代にもわたり法や法学の蓄積を積み上げていった。彼らの作品の断片は6世紀ユ帝の『ローマ法大全』（聖書の約2倍の分量）の中の「学説彙纂」50巻に収録され我々に伝わる。キケロは時に法学者を揶揄するが,自分たちの法には絶大な信頼をおき,「十二表法に関する小書は……全哲学者の著作を収め

た書庫にもまさる」（『弁論家』1.195）とローマ法がギリシア哲学を凌駕していると明言する。アリストテレスの教える，自己に不利な法律の適用回避のために法律の当否を裁判で弁論することは（『弁論術』1.15, 1375a）ローマ人には受け入れられなかった。このような法学者の共同体の中から誰を取り上げるか。イタリアの最高裁判所の建物の前には古代ローマと中世・近世の著名な法学者たちの彫像が並ぶが，中央左右の位置に立つのが弁論家キケロと法学者パピニアヌスである。彼らはもちろん欠かせない。加えて二人の法学者ガイウスとウルピアヌスも取り上げることにしよう。

Ⅱ―キケロ　　法廷弁論と理論書から見てとれる法と国家社会の思想

1　キケロの基本思想

　マルクス・トゥッリウス・キケロ（前106-前43年）は，アテナイで哲学や弁論術を学び，共和政末期の激動の時代に政治家（前63年に執政官），弁論家（弁護士），文筆家として活躍し，法廷弁論を含む多くの作品を通じ後代に多大な影響を与えてきた。正と不正を倒錯させる悪しき弁論家に反対し，弁論術を正義に結びつけた。キケロは，正しい理性と自然に合致し永久・不変の**自然法**の存在を信じた。もっとも，自然法は法規の内容や体系を具体的に作るわけではなく，法的事実に適する法規を見出すための解釈手段として機能し，事態の変化に実定法を適応させ実定法を国際的なものにする指針となった。キケロの正義は，**衡平**，**信義**そして**功利**として表れる。そして功利的で賢明な行為が正義に反することがあるとする俗説に反対し，正義に矛盾する行為はそもそも功利的ではないとした。無知な売主が安値を提示し買主が実勢価格を申し出る場合，買主の態度は良識があるが賢明ではない，と正しさと功利を分ける考え方をキケロは採らない。自己の利益を最大限はかることが家族ひいては国家の利益を最大限にするとの考えに対し，正義に反することは醜悪で功利に適わないと断言する（『義務論』3.62-63）。

　キケロは，国家を「法の遵守と利害関係の共有を通して結びつく人の結合（組合）」であるとした。しかしローマの現実に即した議論を展開し，内乱の1世紀の共和政の機能不全・崩壊を目の当たりにする経験から，ギリシアの理想国

家論やプラトンの演繹的思考とは距離をとった。約 1 世紀前にポリュビオスは，堕落するのが常の政体の三類型，君主政，貴族政および民主政に対し，執政官，元老院および民会からなる共和政ローマを称賛していた（『歴史』29）が，キケロはもはや元老院に期待せず，権威による支配の確立，国家の強い指導者を望み（『国家論』3.52），ポンペイウスを評価した。

2　市民法への信頼と二つの衡平

　キケロは，占有に関する民事事件の『カエキーナ弁護論』を残している。彼が武装暴力に対する訴えは所持者も提起でき瑕疵なき占有を要件としないと弁論していることは，専門的な学説の対立を引き起こした。16世紀の人文主義法学者キュジャース（『パピニアヌス質疑録註解』D. 43.16.18）は武装暴力と通常暴力を区別したキケロを尊重し，サヴィニーはキケロの弁論を信用せず暴力を区別しなかった。こうした議論はさておき，キケロはこの弁論で，「市民法など軽視されてしかるべきだと考える人は，裁判を束縛するものだけでなく，公共の利益と生活を維持しているものを破壊することになる。……法に精通している人に従う必要などないと考えるなら，その人を貶めているのではなく，法律と法を危ういものにしているのである」と述べ，市民法と法学者に絶大な信頼をおいている。そして「市民法が廃止されるなら，何が自分のもので何が他人のものかを明らかにできる根拠がなくなり，万人に公平で万人に対し一つであり得る法がなくなる」とし，財産を保護する平等な市民法を語る。さらに，このカエキーナの訴えでは「そこから駆逐される」という方式書が用いられたが，文言を厳格に解釈し一度も占有していない者には利用できないとする相手方の主張に対し，キケロは文言に拘泥しない衡平を対置させた。彼は弁論術の理論的な作品でも，有名なクリウス事件を援用して，文言に厳格な解釈と衡平を援用する解釈とを対比している。この事件では，胎児が生まれその子が万一遺言が作成できない未成年者として死亡する場合に備えて，その子の相続人を予め父が指定していたときに（未成熟補充指定），その子が死産だった場合の遺言の扱いが問題となった。スカエウォラは，「胎児が生まれ」という遺言の文言を楯に，補充指定された者は相続人となることはできないと主張し，クラッススは遺言者の真意を尊重し補充指定相続人を弁護し，後者が認められた（『弁論家』

1.180, 1.243,『ブルートゥス』195-198）のである。

　キケロの衡平は，このように厳格法の調整原理にとどまらない。その衡平は，算術的な結果の平等を拒否し（『国家論』3.53）比例的な平等つまり権利と義務，権利と資産，権利と威厳の関係を尊重する。ローマが公有地としたまま有力市民に使用収益を委ねた広大な占有地につき平等な再配分を企てる農地法にキケロは激しく反対し，「国政に携わる者が何よりも配慮しなくてはならないのは，市民が各人のものを保持し，私人の財産が公的手段によって侵害されないようにすることである。……〔農地法の提案者護民官ピリップスの言説は〕財産の平均化を意図するものだから，その罪たるや万死に値する」と述べ，財産権の安全こそが国家樹立と市民法確立の最大の目的であるとする（『義務論』2.73）。「債務の免除を考える者たちは国家の礎石を瓦解させている。……何も持っていなかった者が持つことになり，持っていた者が失ってしまうことになるなど，如何なる衡平があるというのか」（『義務論』2.78, 84）とも述べる。国家はなるべく課税を避ける努力をすべきだとする主張（『義務論』2.74）もそうであるが，キケロの衡平は自由主義に着想を与えた。彼は，暴君支配下での正当原因による取得者の暴君追放後の現状尊重と旧所有者の補償問題を論じているが（『義務論』2.81-82），これも，中世のバルトルス『暴君論』を経て東西ドイツ統一後の補償問題処理にまで繋がる議論の枠組みを提供した。

3　信　義

　「信義」はキケロが正義の根底においた価値である（『義務論』1.23）。これは，相手に与えた信頼を裏切らないことであり，厳格に「約束を守る」ということではなく，「相手方に不利益にならないように」という要請であり，例えば事情変更の原則にも基礎を提供した（『義務論』1.31-32）。そして，法律効果の内容を「信義による」給付義務と抽象的に表現することで一定の類型の方式書の中に組み込まれ，それがさらに拡張され契約責任の鍵概念となった（『義務論』3.70）。そして「悪意訴権」「悪意の抗弁」が加わり，「信義違反」に対しては取引や訴訟社会からの追放を意味する「破廉恥」の制裁が課せられた。キケロは，売主の情報提供義務や買主の対応など具体例を挙げ，その基礎は万民法にあるとする（『義務論』3.50-69, 92）。このような信義は諸国民との関係でもローマが

重視する価値観であり，ローマの圧倒的支配を緩和した。事実，キケロは，悪辣な属州総督ウェッレースの餌食となったシチリア属州民を擁護する『ウェッレース弾劾』において訴追者として，属州との関係における「信義」を随所で強調していたのである。

4　刑事裁判

　キケロは法廷弁論の中で「加害者は訴追されたのでない限り有罪判決を下されることはない。ところで，無実の者が無罪とされることが，加害者が有罪判決を受けないことよりもより功利的である」（『ロスキウス・アメリウス弁護論』22. 55-56）と刑事裁判の原則を宣言する。犯罪者が罰せられない確率が高まる推定無罪の原則をまずは功利に結びつけ，それが正義に矛盾しないと構成する。死刑判決の最終的な当否を国民に委ねる民会抗告（プロウォカティオ）の制度を「市民の自由の砦」と表現し，市民に平等に適用されない特別法の制定を禁ずる十二表法を称賛する（『法律論』3. 44）。犯罪者のための弁護活動についても，「犯罪者であっても，神々を畏れない無道の人間でない限り，時に弁護するのを躊躇してはならない」（『義務論』2.51）と述べている。これらの彼の主張もまた自由主義的な刑事裁判観に着想を与えた。

Ⅲ―ガイウス　　入門書から見てとれる法の体系と法の教育

1　ガイウスと法学提要

　法学者ガイウス（115年頃-180年頃）については，個人・氏族・家系名の三つが示されるのが通例のローマ人にあってこの名しか知られず，作品以外の情報もほとんどない。東部ベリュトゥス（現ベイルート）での教育著作活動が推測される。パウルスやウルピアヌスに引用されることもなく，解答権を持たないが，ゲッリウス『アッティカの夜』（13.13. 1）の述べる教育権を得ていた可能性が高く，426年テオドシウス帝の引用法では実務が引用すべき五人の法学者に入れられた。彼が今日まで有名なのは，ローマ法の現行法と歴史を明晰で平易な表現で解説した『法学提要』4巻（161年）による（以下，引用ではGai.と表記）。これは，その5世紀写本が1816年ヴェローナでニーブールによって発見され，

古典期法学文献として大半が直接に伝わる唯一のものである。ユ帝の『ローマ法大全』の「法学提要」はこの作品の第二版と言われるほどにこれを基礎とし，帝は「わがガイウス」と呼んでいる。

2　体系と教育的配慮

　ポンポニウスによれば，前95年に執政官と神官を兼ねた最後の法学者スカエウォラが「市民法をジャンルに分けて構成した」（D.1.2.2.41）とされる。しかしスカエウォラは，占有の原因による分類や故意・過失・事変責任といった学問的な整理を行ったものの，遺言と問答契約から説明を始め，賃約の後に役権を述べているように，その編成は告示や十二表法などローマの伝統を尊重し，普遍性を持たない。これに対しガイウスは法を「人か，物か，訴訟に関わる」（Gai. 1.8）と分類した。彼以後も告示の体系が優勢であったが，ガイウスの体系は，ユ帝の「法学提要」，フランス民法典などを介し，現在まで多くの大陸法諸国を支配する。彼は，最初に法の一般論，法源論をおき，法源論では，自然法，市民法と万民法，成文法と不文法といったギリシア由来の分類を導入する。そしてその自然法は，奴隷の債務のための保証債務を有効とする自然債務概念に反映されるなど，実定法の中で機能している。

　物の法では，物の分類や担保法を除く物権法に対応する問題に続いて，従来しばしば冒頭に置かれていた相続が物の包括取得として説明される。債権債務法も物の法に置かれる。フランス民法典では物の法の後に，相続法と債権債務法が所有権取得態様として独立させられたが，基本的な順序はガイウスから変更がない。債権債務発生原因の契約と不法行為への分類や，『日常法書』における準不法行為と準契約の組入れは，ともにアリストテレス『ニコマコス倫理学』（1131a，1136b）に遡り，契約の分類もキケロ『喜劇俳優ロスキウス弁護論』における三分類（要物・文言・文書契約）に後に発達した諾成契約を加えたものである。しかしガイウスはこれらを見事に体系の中に位置づけた。最後に訴訟法の説明を置くのも彼による新基軸である。

　しかも体系構築だけでなく教育的配慮が随所に確認できる。例えば，遺贈の説明箇所の工夫（Gai.2.97，2.191），時には結論を出さないソクラテス・メソッド，生涯にわたる婦女後見（Gai.1.190）など現行の法準則に対する批判的態度

がそうである。加工物の所有権帰属問題について，懐疑派アカデミーや逍遙派の影響を受けたとされる**プロクルス派**は，物を形から把握し，加工によって新たな物ができるので加工物の所有権は原則として加工者にあるとした。これに対しストア派の影響を受けたとされる**サビヌス派**は，形より実体を重視し原則として材料の所有者のものだとした。サビヌス派に与するガイウスは別の『日常法書』で折衷説をとり，元の材料に戻すことができる場合にはサビヌス派，できない場合にはプロクルス派に従う（D.41.1.7.7）。しかしローマでは被告に現物の提示を求めうるかどうかが訴権の選択にとって重要であり，この折衷説は哲学的な選択というより実務感覚から訴権を考慮して引き出された結論であった。

　一旦制定されたからにはその法律の理や立法目的を追求しないというローマの準則（D.1.3, 20-21）に対し，『法学提要』には，法制度や規定が自然の理に適うという所見が随所に述べられている。もっとも，未成熟者の後見（Gai.1.189），所有権取得（Gai.2.66），敵からの獲得（Gai.2.69），加工物の所有権（Gai.2.79）などが自然な理とされるのに対し，外人に対する相続人指定や遺贈の禁止（Gai.2.110），組合員の頭格減少による組合の解消（Gai.3.154）は市民法の理であるとされるように，理は立法目的というより自然法と市民法の区別に用いられている。しかし，例えば，相続財産に属する物につき古拙な１年の使用取得が存続したことにつき，先人たちが狙った相続財産の迅速な承継（Gai.2.55）といった具体的な立法理由を理として挙げることもある。

3　物と権利

　ガイウスに見られる有体物・無体物の区分は，前４世紀弁論家イサイオスの法廷弁論以来の伝統とされるが，直接にはキケロ『トピカ』（27）の影響を受けたものである。無体物としては，包括的に把握された相続財産や（主に未亡人の生涯使用収益権たる）用益権，地役権が挙げられる。これらの権利は所有権と並列するものではない（D.1.8.1.1）。このため，他人物売買について，ドイツや日本の所有権の取得や権利の瑕疵という問題設定ではなく，物の（安全な占有の）引渡しと追奪担保責任という構成に親和的である。ガイウスの区別は，無体物は有体的存在を前提とする引渡しによる移転ができず，有体的である占

有を要件とする使用取得（時効取得）ができず，債権も握取行為や法廷譲渡による移転ができない（Gai.2.38）との帰結，相続財産だけは仮想訴訟である法廷譲与が可能であるとの例外（Gai.2.34）といった後の説明に見事に反映されている。さらに，ガイウスが報告する古拙な物の取戻訴訟を見ると，相手方の「自分のものだ」との主張に対しお互いがその根拠を尋ね，ともに具体的な原因を答えようとせず，不利な原告の地位に立つことを回避している。争いの対象も所有権というより物または物の占有のようである。十二表法（6表3）の規定する使用取得（取得時効）についても，前主の追奪担保責任の消滅なのか，対世効を持つ絶対的所有権の取得なのか見解が分かれる。このようにガイウスの報告は法的な議論の基盤を身につける素材を与えてくれる。また，彼は，市民法上の所有権と法務官の方式書により保護される法務官法上の所有権との併存につき，外人のもとでは所有権は一つであり，かつてローマもそうであった，と比較法や歴史の指摘も忘れない。これらすべては，法体系と法学教科書の面での『法学提要』の比類なき成功を納得させるものである。

Ⅳ—パピニアヌス　　専門書から見てとれる法と倫理

1　パピニアヌスの評価と特徴

　アエミリウス・パピニアヌス（150年前後-212年）は，法学の古典期後期に複雑な法律問題を鋭利な知性で解決したケース・ローの巨匠である。シリアあるいはアフリカとされることがある出身地は確定できないが，マルクス・アウレリウス帝〔在161-180年〕治世下近衛都督補佐官となり，セプティミウス・セウェルス帝〔在193-211年〕治世下では代訴官，勅答作成担当長官，近衛都督などの要職を歴任した。共同皇帝である弟ゲータを殺害したカラカラ帝〔在211-217年〕が元老院と国民に対する弁明書を作成するよう彼に命じたのに対し，「殺人罪を弁護することはこれを犯すことよりも難しい」と述べ拒否したため，212年自身の息子も立会う中皇帝の面前で斧で殺された。この態度は何世紀にもわたり英雄視され，17世紀ドイツ・バロック時代のアンドレアス・グリュフィウスによって戯曲化された。日本の民法典起草者の一人である穂積陳重も，法にまつわる古今東西の逸話を集めた『法窓夜話』の冒頭で，ギボン『ローマ帝国滅

亡史』を引用しつつ，「パピニアーヌス，罪案を草せず」と題して暴君に立ち向かう正義の人士として紹介している。しかし彼に対する高い評価はこの死のみによるのではない。ガイウスの説明で言及した引用法では，有力学者の間で意見の異なるときは彼の説が規範的拘束力を持つものとされ，ユ帝〔在527-565年〕治世下ベイルートとコンスタンティノープルの法学校で彼の著作は最上級学年の教材とされ，その学生はパピニアニストと呼ばれるなど，別格扱いである。『ローマ法大全』の「学説彙纂」編纂においても，テーマ別の各章において，彼の著作からの法文は，基本的知識を提供する法文の後に，複雑な事件を検討するものとして末尾に近い部分に置かれている。我々に伝わる著作は62巻（『質疑録』37巻，『解答録』19巻が特に重要）に及ぶ。事例の解決を，類似の事例で見られた解決を援用し，その異同を指摘して精緻に推論してゆく手法を採り，法形成や法解釈の手法の原型を与えている。キュジャースは彼を法学のホメロスに喩え，他の学者の説を単純に引用し賛同することが少ないというその特徴を指摘し，ローマ法の準則を解説した上で，パピニアヌスが扱った事件が準則の単純な適用では解決できない複雑なものであったことを講義している。19世紀イタリアのコスタも全時代を通じて最も卓越した法学者だと絶賛する。なるほど専門家好みの精緻な議論で名を馳せただけあって彼の思想は紹介しにくい。しかし他方で倫理的価値判断を立論に用いていることでも知られる。そこで，パピニアヌスが倫理的価値判断を用いている，遺言や契約に付される条件についての議論を手短に紹介しよう。

2　条件論と倫理観

　まずは消極随意条件付きの遺贈である。例えば遺贈に「一生結婚しないなら」との条件が付けられると，この条件成就は受遺者本人の死亡まで確定しない。そこでローマでは受遺者は違反した場合に返還する旨を担保問答契約した上で遺贈を受けることができるとされた（ムキウスの担保）。しかしこれはあくまで受遺者が死亡しないと条件成就が確定しない場合の担保である。ところが，奴隷を解放し「私〔つまり元主人〕の子を見捨てないならば」という条件の場合，受遺者の死亡前のその子の先死によって条件成就が確定する。パピニアヌスはムキウスの担保を認めない解釈を「危険で悲しい」と判断し，皇帝勅法を通じ

この場合も類推により受遺者は担保を供し遺贈を受けることができるとする。担保を認めないと受遺者がその子の死亡を期待し危険であり，また若年者の先死は悲しいことだからである（D.35.1.72.1）。次に，父が遺言で息子を「妻と離婚したなら」との条件で相続人に指定していたとしよう。ちなみにサビヌス派は不能条件の付された遺言を無条件とみなし，プロクルス派は無効だとし，学説は対立していた（Gai.3.98）。パピニアヌスは，ここでの条件は良俗違反であり良俗違反の行為は不能のごとくだとする。もっとも離婚の自由はローマの原則であり，離婚そのものが良俗違反なのではなく息子に離婚を促すような条件が良俗違反だとし，遺言を無効とする説を採用する（D.28.7.15）。

　契約における条件について，パピニアヌスは，女奴隷の売買契約で，「買主は彼女を解放してはならない」との条件が付けられ違約罰が定められたケースを挙げている。契約に反して解放行為がなされたところ，そもそもその女性が自由人であったとする。解放という行為につき違約罰が請求できるとの説に対し，彼は，違反とは行為そのものではなく自由身分という恩恵の効果を与えることであったと解釈し，違約罰の請求を認めない。ここで彼が援用する根拠は理あるいは目的である。では，「買主はこの奴隷に売春をさせない」との条件が付されたところ買主が契約に違反した。パピニアヌスは違約罰の請求を認める。「売春をさせることは女奴隷を害するだけでなく売主の愛情や羞恥心を害する行為だから」と言う。これは当然であろう。しかし常にこうした倫理観から判断してよいか。彼は，「奴隷をローマから運び出す」との当時は残酷だと考えられた条件に買主が違反した場合，このような条件を付す粗暴な者に満足を与えてはならないとの人道的観点から，売主は売買契約に基づいて訴えることはできない，と考えた。しかし，買主が運び出してくれるという理由で奴隷がより安く売られたことを考慮し契約違反で訴えることができるとの説にも惹かれる，と付け加え，今日の裁判でもしばしば難しい問題を提起する市場における価格決定要因の尊重と，彼自身の倫理観のバランスを自問する（D.18.7.6）。キュジャースはこれは自説を常に反省するパピニアヌスの態度の表れと高く評価している。

V―ウルピアヌス　　　註解書から見てとれる衡平

1　時代の中での作品

　グナエウス・ドミティウス・ウルピアヌス（160年頃から223年）は，フェニキアの都市（現レバノン）ティルス市出身で，そこでネオ・プラトン主義の哲学や弁論術の教育を受けた。セプティムス・セウェルス帝〔在193-211年〕治世下パピニアヌスを補佐し自身も勅答担当部長などを歴任した。帝国内の全自由人にローマ市民権を与える「アントニヌス勅法」を発したカラカラ帝〔在211-217年〕の治世下でも，若き皇帝アレクサンデル・セウェルス帝〔在222-235年〕を支える母ママエアの右腕としても，広範な権限を与えられ各種の改革に手腕を発揮し，222年以降近衛都督の要職にあった。しかし親衛隊兵士を押さえることができず宮廷内で惨殺された。彼の経歴には帝国の軍事的性格が影を落としている。彼は，法学者が神官であった古い時代でもないのに法学者を「真の哲学に携わる正義の司祭」であるとし，哲学から距離をおいていた法学を「見せかけではない真の哲学」（D.1.1.1.1）であると定義しているが，ここには帝国の厳しい現実の中で法の自立を確保しようとする意図が読み取れる。

　ウルピアヌスは，『告示註解』83巻，『サビヌス註解』51巻，『法学提要』2巻，『法範』7巻のほか，212年アントニヌス勅法に対応する必要からの『免除単巻書』など多作である。「学説彙纂」収録法文のうち約42％が彼の著作からの抜粋で，二位のパウルスの約17％を圧倒している。しかも『告示註解』『サビヌス註解』からの抜粋は「学説彙纂」の多くの章の冒頭におかれ，各制度や各訴権の基本的知識を提供してくれる。ユ帝「法学提要」の冒頭にある定義，「正義とは各人に各人の権利を配分する恒常的永続的な意思である。法学とは神事および人事の知識であり，正と不正の知識である。」は，ウルピアヌス『法範』（D.1.1.10）からの抜粋である。「学説彙纂」の冒頭を飾る法文もやはり彼の『法学提要』からの抜粋で，ここではユスティティア（正義）がユース（法）に由来するのではなく，ユース（法）がユスティティア（正義）に由来すると述べ，語源を転倒させてまで正義を強調する。そして「法の教えとは，高潔に生き，他人を害せず，各人に各人のものを配分すべしということ」（D.1.1.10.1）

（Inst.1.1.3）であるとする。こうした法の一般論の冒頭にふさわしい正義や法の教えの定義を与えるだけでなく，彼は，『告示註解』において，ローマの法学者にとっては所与の各告示をわざわざ「功利的である」とか「衡平である」と述べている。これは，ローマ法の制度があらたにローマ市民となった多くの民族にも合理的普遍性を持つことを示す必要があった時代の要請に応えた，コスモポリタニズムの表れである。入門書以外でも自然法の存在に言及しているが，これもギリシア哲学の影響のみならずローマ帝国のこうした事情から説明できる。彼の業績はこれまでの法学の成果を集大成したにすぎないとされることもあるが，「学説彙纂」の冒頭を飾る法の一般論を展開し，アントニヌス勅法のコスモポリタニズムのイデオロギーを反映させた唯一の法学者として積極的な評価を受けるに値する。

2　思想面での功績

　ハドリアヌス帝〔在117-138年〕時代には他の分野から独立していた法学が——パピニアヌスにみたように——帝政後期にはしだいに倫理によりコミットするようになっており，ウルピアヌスの「衡平」の概念は，アリストテレスの言うような「厳格法の不都合な帰結の回避」や「市民法の厳格さの法務官告示による修正」の意味でのみ用いられるのではなく，公正や正義に直結する意味も有している。

　例えば，主人が担保に供した奴隷に遺言によって自由身分を与えたとき，形式的な法からすると担保に抵触するこの遺贈は無効であると考えられるが，奴隷は自由人になることを請求できる（D.40.5.24.10）とする。二人が共有する奴隷を一人の主人だけが解放したとき，かつては添加権によりもう一人の主人が単独で主人となったのに，「奴隷が自由身分について騙され，より人道的な主人に損害が与えられ，より冷酷な主人に利益が増加することはよくない」として，解放を有効とする（Inst.2.7.4）。そしてウルピアヌスは，準則に反する奴隷解放に有利な解釈を行うこうした**自由優遇**はローマの伝統であるとさえ述べる。自由優遇は奴隷解放に限られず，債務の弁済につき当事者間に原因につき意思の合致がなくとも弁済を有効とする，つまり債務からの自由を優遇するパウルスにも見られる（D.44.7.47）が，ウルピアヌスは倫理的価値判断を明言す

る。彼は契約の自由と制約についての今日においても有効な基本的枠組も提供している。例えば，（無償の）寄託契約につき，故意責任のみの常素（自然つまり任意法規）に反して受託者が過失責任も引き受けるとの合意は「契約は合意を規範とする」から有効だとするのに対し，受託者が故意責任を負わないとする合意は信義と善良の風俗に反し無効であるとする（D.16.3.1.6-7）。

公法分野でも，「元首は法律から免れている」（D.1.3.31）と「元首がよしとしたことは法律の効力を持つ」（D.1.4.1pr.）というウルピアヌスの命題は，国制の理論に多大な影響を及ぼした。アレクサンデル・セウェルス帝の側近カッシウス・ディオの『ローマ史』でも述べられた前者の命題は，16世紀ジャン・ボダンに代表される近世以降の絶対主義の政治思想を支えることになった。後者の命題について，ウルピアヌスは，「ローマ国民は彼らが有する自身に対するすべての命令権も権力も命令権に関する制定法で元首に譲与したのだから」と歴史的経緯を説明する。しかしユ帝の「法学提要」は，ウルピアヌス時代の諸皇帝について「元首は法律に従って生きるものだ」（Inst.2.17.8）とも述べる。『ローマ法大全』を解釈し通説を形成した中世イタリアの法学者たちは，先の歴史的経緯を述べた法文につき，「国民はすべてを放棄したわけではない」と解説した。キュジャースは人文主義的手法で，元首は法律から免れているとする法文はウルピアヌス『ユリウス・パピウス法註解』から収録されたもので本来は特定の法律に関するものであったにすぎないとした。このように中世・近世のローマ法学者たちは，近世の政治思想家のように単にローマ法から都合のよい抽象的な命題を抽出するのではなく，元首の権力を制限する方向の解釈を行っていたのである。

【参考文献】

ウルリッヒ・マンテ『ローマ法の歴史』〔田中実・瀧澤栄治訳〕（ミネルヴァ書房，2008年）

原田慶吉『ローマ法〔改訂〕』（有斐閣，1955年）

――『ローマ法の原理』（清水弘文堂書房，1967年）

木庭顕『ローマ法案内』（羽鳥書店，2010年）

フリッツ・シュルツ『ローマ法の原理』〔眞田芳憲・森光訳〕（中央大学出版部，2003年）

柴田光蔵「ローマ法学」碧海純一他編『法学史』（東京大学出版会，1976年）

マティアス・ゲルツァー『ローマ政治家伝Ⅲキケロ』〔長谷川博隆訳〕（名古屋大学出版会，2014年）

『キケロー選集』（岩波書店，1999-2002年）
ガイウス『法学提要』〔佐藤篤士監訳〕（敬文堂，2002年）
──『法学提要』〔船田享二訳〕（有斐閣，1967年）
三島淑臣『法思想史〔新版〕』（青林書院新社，1993年）

【田中　実】

3講 「法」と法の支配
クックからダイシーまで

I―裁判官，法律家による法の支配の伝統

　「法の支配」とはどのようなものか，様々な見解が提示されてきた。法は公布されなければならず，遡及適用されてはならない，あるいは，法は万人に対して一般的に適用されるものでなければならないといった「法の支配の形式的な考え方」に対しては，法の支配における「法」が，例えば基本的人権の諸規定も含むなど，内容的にも善いものでなければならないという「法の支配の実質的な考え方」が提示されている。しかしながら，様々な法の支配の見解，考え方に共通するものとして，「恣意的な統治」，「人の支配」を法によって制約することがあるだろう。そして，本章が対象とする近代以降のイギリスにおいて，まず制約されるべきであったのは，国王による恣意的な統治であり，人（国王）の支配を排して，**法の支配**を確立させたのが，クック（サー・エドワード・クック．1552-1634）であった。

　クックの法の支配の思想は，彼がジェームズ1世に語ったとされる「国王はいかなる人の下にもあるべきでないが，神と法の下にはあるべきである」という中世イギリスの法律家，ブラックトンの言葉に凝縮されているが，その際の「法」とは，イギリスにおいて古来より全土に普及していた判例法＝コモン・ローであった。議会人であったとともに，首席裁判官にも登りつめたクックは，他の法律家たちとともに，例えば，国王が議会の同意なしに課税することは，コモン・ローの法原則に反すると論じ，国王を法の下におくことに成功している。一方でクックは，自らが判事を務めたボナム医師事件（1610年）では，議会制定法もコモン・ローによってコントロールすることを試みたが，17世紀後半の名誉革命以降，議会主権が強化されるにつれて，そのようなクックの試みは影響力を失っていった。

　ここでは，議会制定法をコモン・ロー，裁判官によってコントロールしよう

としたクックらの試みを痛烈に批判したベンサム（ジェレミー・ベンサム，1748-1832）についても取り上げる。法律家のトップである大法官を目指して，オックスフォード大学で法学を学んだベンサムであるが，厳格な先例拘束性がなく，長い間に蓄積された過去の判決から，解決のためのルールが導き出されるコモン・ローは，「迷路」そのものであると断じるようになる。ベンサムにとっては，不明確なコモン・ローの規準によって制定法を無効にすることこそ，人（裁判官）の支配なのであり，権利・義務関係を詳細に規定し，裁判官の裁量の余地がないような「完璧な法典（パノミオン）」の構想に進む。そして，選挙制度改革にも尽力したベンサムは，「最大多数」の人々が，選挙やリコール等を通じて立法，行政，さらには裁判官をコントロールすることで，人々の安全が保障されるようになると論じていた。また，続く19世紀の後半に，イギリスにおける法の支配概念を集大成したダイシー（アルバート・ダイシー，1835-1922）も立法の優位，議会主権を前提に議論を進めている。ただ，ダイシーには，ベンサムとは違い，裁判官によって法の支配をより確かなものにするという側面や，法の支配の「法」を裁判官による判決，コモン・ローに求める側面もある。法治主義とは区別される，イギリスに特徴的な，裁判官，法律家による**法の支配**というクック以来の伝統を，ダイシーは受け継いだのであった。

Ⅱ—クックと法の支配

イギリスで国王の支配，人の支配に対して，**法の支配**を確立させたのは，クックであったが，それは，国王大権を古来の法，コモン・ローで制約する試みであった。イギリスでは，国王には国王大権が与えられており，講和と宣戦布告，恩赦の付与，通貨の管理などが国王の専権とされていたが，国王大権の範囲，どのような問題が国王の専権によってなされうるかは，17世紀前半においても不明確なままであった。それでもエリザベス女王の時代までは，国王，議会双方とも妥協しつつ，一定の安定が保たれていたのであるが，王権は神によって与えられたものであり，いかなる人定法にも服することはないと考えていたステュアート朝のジェームズ1世が1603年に即位すると状況は激変する。それまでは，まがりなりにもイギリス人が享受してきた自由や財産が危機に瀕

することになったのである。

　例えば，ステュアート朝の国王たちは，国家的，政策的な必要性により，明白な理由を示すことなく逮捕，拘禁できるとして，実際に，国王への貸付の強制を拒否したダーネルほか4名を，法的な理由を明示しない特別命令によって拘禁した。その逮捕・拘禁の合法性は，1627年に法廷で争われることになったが，その際，国王側は，国王には「絶対的逮捕権」なるものがあり，異議を差し挟むことはできないと論じている。一方，ダーネル側の弁護人を務めた著名な法律家，セルデンは，1215年に制定されたマグナ・カルタを援用した。すなわち，マグナ・カルタの29条（1225年版）では，逮捕・拘禁するには国法による手続，正当な法の手続が必要であると規定されているが，それは，合法的な起訴，被告を召喚する正規の手続が必要なことを意味しており，国王の特別命令は，国法による手続には含まれないと反論したのである。

　このセルデンによる弁護は，クックによっても主張された「古来の国制（Ancient Constitution）」論に基づくものであった。「古来の国制」論とは，人々の自由を保障しているマグナ・カルタ，そしてコモン・ローは，時の検証を経ているがゆえに優れているのであり，国王といえども従わなくてはならないと論じる立場である。マグナ・カルタ，そして12，13世紀には「王国共通の法（Common Law）」として確立しつつあったコモン・ローは，その後，何度も確認されており，支配者たちにより，その根本が変更されることがなかった。よって，その卓越性が証明されているとして，クックたちは，国王といえども従わなくてはならないと国王大権の制約を試みたのであった。コモン・ロー＝判例法では，まず，過去の裁判例，判決を参考にすることで，新たな事件が解決されていたが，そのような法的思考が，イギリス独特の法の支配を生み出した一因であったとも言える。

　もちろん，クックは，すべての古来の実践が法的な拘束力を持つと考えていたわけではなく，裁判官，法律家などの「数え切れないほどの，威厳があり学識のある人々によって，何世代もの積み重ねにわたって，洗練かつ精錬されてきた」（『イングランド法提要』第1部138節）がゆえに，コモン・ローは至上の権威を持つと論じていた。さらに，そのようなコモン・ロー，法の内容は，すべての人が有しているような基準，自然的理性ではなく，「長年の研究，観察，経

験によって得られる」（同上）技術的理性（artificial reason）を有している裁判官，法律家によってのみ明らかにされうるともクックは述べている。裁判所間の管轄権の問題を自らの（自然的）理性によって決着しようとしたジェームズ1世に対して，そのような問題は，「自然的理性ではなく，技術的理性と法の判断によって解決されなくてはならない」（『判例集』第12巻「Prohibitions del Roy」）と応じたクックは，国王の専断を，法を熟知したものによってのみ運用されうるコモン・ローによって制約することを目指したのであった。

　このように，コモン・ローは，長い期間に渡って優れた裁判官，法律家たちによって洗練されてきたがゆえに最高の権威を持ち，国王さえも，それには従わなくてはならない，さらにそのコモン・ローの内容は，法律を熟知し，技術的理性を備えている裁判官，法律家によってのみ明らかにされうるというクックの見解は，同時代のコモン・ロイヤーたちにも共有されたものであった。その際，国王大権を制約する大きな役割を果たしたのが，数多くの判決から裁判官，法律家たちが抽出したコモン・ローの要点とも言える，格率（maxim），法原則である。例えば，課税の問題に関しては，「国王は，臣民の同意なしに，彼らの土地，財産を変更することはできない」ことがコモン・ローの法原則とされ，国王が，法定の関税に専断で付加税を追加したことなどが無効であると論じられている。ほかにも，1621年には，クックにより，自由貿易がコモン・ローの格率，法原則とされたように，多くが議会人でもあった法律家たちは，統治の問題も，コモン・ローに基づくべきであると主張していた。

　このような法律家たちの尽力は国王側の譲歩を生み出し，議会の承認なき課税，国法と同輩の裁判によらない逮捕・拘禁等を禁じた**権利請願**（1628年）に，チャールズ1世も同意する。ただ，それに続く度重なる内乱の後，ステュアート朝のジェームズ2世が倒され，より穏健なウィリアムとメアリーの即位を実現した名誉革命の際の権利章典（1689年）では，国王大権がさらに制約され，議会の権限が強まっていく。一方で，冒頭でも触れたが，クックは，議会制定法に対しても法の支配，コモン・ローの支配を及ぼそうと試みていた。

　クックによって裁かれた1610年のボナム医師事件は，その際のクックの法廷意見が，後のアメリカの違憲立法審査制にも影響を与えたとされる重大な事件であり，王立医師会に，医師資格を審判し，違反者に対しては罰金を科すこと

を認めていた王立医師会設置法の妥当性が問題になった裁判であった。この議会制定法に依拠するならば，無資格で医療行為を行ったボナム氏に対して，王立医師会は，自らが当事者である審判の裁判官となり，さらには罰金の一部を自らの収入とできることになってしまう。それゆえクックも，この制定法に関して，「議会の法律が，共通の正しさと理性に反するか，矛盾を含んでいるか，あるいは執行することが不可能な場合，コモン・ローは，それをコントロールし，そのような法律が無効であると判決する」（『判例集』第8巻「Dr. Bonham's Case」）と判示した。その際のクックの「共通の正しさと理性」を自然法と結びつける理解もあるが，裁判官，法律家の技術的理性によって見出されるコモン・ローの法原則として捉えるのが一般的である。ならば，――この点も様々な解釈がなされてはいるが――クックは，コモン・ローの法原則によって，不合理な議会制定法に対しても法の支配を及ぼそうとしたとも考えられる。

　クックは，不合理な議会制定法を無効にするという，いわば「法の支配の実質的な考え方」を持っていたとも捉えられうる。ただ，特に19世紀以降は，ベンサム，ダイシーと，イギリスでは議会主権を前提とする立場が主流になっていく。その点を検討する前に，クックや法律家全般を批判したホッブズ（トマス・ホッブズ．1588-1679），クックの法の支配の理解を修正したヘイル（マシュー・ヘイル．1609-76），コモン・ローの伝統と議会主権とを両立させようとしたブラックストーン（ウィリアム・ブラックストーン．1723-80）らにおける法の支配のあり方について紹介したい。

Ⅲ―ホッブズのクック批判から，ヘイル/ブラックストーンへ

　ホッブズは，クックより少し後に活躍した哲学者であるが，クック，そしてコモン・ロー法律家たちの法の支配概念を痛烈に批判している。クックが1634年に亡くなったあと，ホッブズが直面したのは，権利請願後に再び圧政を開始したチャールズ1世の処刑と内乱，それに続くクロムウェルの独裁政治，クロムウェルの死後の王政復古といった戦乱，混乱の世であった。「万人の万人に対する闘争」とされた自然状態を脱するために，人々は，平和を求める自然法

によって，正・不正，合法・非合法を定める市民法を創る権利を主権者に専属
させると論じていたホッブズにとって，そのような絶対的な主権者の権利，権
能を侵害し，平和を乱す元凶であったのが，聖職者であり，クックに代表され
る法律家たちであった。

　ホッブズのクック批判は，『イングランドのコモン・ローをめぐる哲学者と
法学徒との対話』という小論で具体的に示されているが，ホッブズが特に強く
批判したのが，裁判官，法律家の技術的理性の概念であった。ホッブズは，法
学以外の学問でも研究の積み重ねが必要であるが，それらは自然的理性を行使
してなされるとして，裁判官，法律家の技術的理性の特権視を，まず批判す
る。さらに，「法律を作成するのは，学識ではなく権威である」（『イングランド
のコモン・ローをめぐる哲学者と法学徒との対話』第1章）と断じ，法律を創るのは，
立法権を有するものの専権であることを強調する。裁判官の理性が最高の理性
で，法律そのものであり，それにより国王大権も規制できると考えているクッ
クは，裁判官の権限を越えていると批判されているのである。

　ホッブズには，コモン・ローに代わる立法論がなかったこともあり，コモン・
ローやそれを運用する法律家たちは影響力を維持し続けた。しかしながら，
クックらが提示したコモン・ローの法原則には，先例とは矛盾するようなコン
トロバーシャルなものもあり，例えばフランシス・ベーコンによって，裁判官
の職分を越えたものであると批判されていた。また，クックがコモン・ローの
歴史を強調していた点に対しても，ベーコンと同じく著名な法律家であった
ジョン・デイヴィスにより，国王大権は王権の歴史と同じだけの歴史を持つ
——コモン・ローよりも古い——と論難されていた。1670年代に首席裁判官を
務めていたヘイルは，より明確な規準により，**法の支配**を説明することを試み
ている。

　例えばヘイルは，議会の許可なしにワインを売ることを禁じ，罰した刑法の
適用を，国王が一部の商人に免除できるかという問題について検討している。
クックも，同様の問題を，一部の人々に特権を与えることは，コモン・ロー上
の格率，法原則である自由貿易——ホッブズが批判していた裁判官，法律家の
技術的理性によって導かれたものであったが——に反すると論じていた。一方
でヘイルは，11の先例に依拠しながら議論を展開し，国王の当該行為は不法で

あると結論づけた。ヘイルは，制定法やマグナ・カルタ，長期にわたる慣習，慣例，**コモン・ロー**の先例といった確固たるもの，「知られた法」に依拠することで，国王大権の範囲は明確にされると考えていたのである。さらに18世紀後半のブラックストーンも，17世紀の内乱後に「国王大権と自由の境界線がよりよく定められ」，「臣民の権利が，法的規定によってより明白に守られた」（『イングランド法注釈』第1巻第3章）と論じ，**権利請願**，権利章典，さらに**コモン・ロー**の先例に憲法的規準を求めている。

1689年に制定された権利章典では，国王が議会の同意なくして課税することは不法であることが再度明記され，また，上記の国王による法律の適用免除も廃止され，議会の立法権が保障された。この権利章典は，あくまでも制定法の形を取ったものであっが，国王大権を**法の支配**に服せしめようとした17世紀初頭のクック以来の法律家たちの尽力の成果が集約されたものである。ただ，名誉革命は，同時に，議会の国王に対する優位，議会主権をも確立したのであり，ボナム医師事件でクックが示したような，議会制定法をコモン・ローの支配に服せしめる試みは，裁判官，法律家の間でも支持を失っていく。

ブラックストーンは，18世紀を代表するイギリスの法律家であり，裁判官を務めるとともに，オックスフォード大学の初代イギリス法講座担当教授になり，イギリスの大学では初めてとなるイギリス法の講義を行っている。その成果である『イングランド法注釈』は，18世紀後半のイギリス法を詳述したもので，非常に影響力の強い著作であった。当然，そこでも議会主権の原則は論じられており，議会には，「すべての政府にどこかに存在していなければならない絶対的で専制的な権力が，憲法によって委ねられている」（同上書第1巻第2章）とブラックストーンは述べている。

さらにブラックストーンは，不合理な制定法を裁判所がどう扱うべきかについて，自らの訴訟を裁くというクックと同様の例で検討している。ブラックストーンは，「もし議会が不合理なことがなされるべきであると明確に制定するならば，私はそれをコントロールできるいかなる権力も知らない」と述べている。そして，「ある人が，ほかの人々の訴訟と同様に，彼自身の訴訟も審理すべきであると……明白ではっきりとした言葉で表現されているとき，その立法府の意図を覆す権力を持った裁判所はない」と論じた（同上書「序論」）。ブラッ

クストーンは，当時の制定法の拙さを批判していたが，立法者になることが期待されていたオックスフォードのジェントルマンたちに，コモン・ローの法原則を教授することで，**コモン・ローに基づく立法**を制定するよう促したのであった。

Ⅳ—ベンサムと法の支配

　18世紀終盤から19世紀前半に活躍したベンサムは，議会主権をより徹底させ，立法を重視した議論を展開している。そして，ベンサムの立法論は，クックに代表されるコモン・ローの伝統に対する包括的な批判に基づいていた。ここでは，ベンサムのコモン・ロー批判とともに，おもにクックと比較しながら，ベンサムにおける立法論と**法の支配**について検討したい。

　イギリスでは，民事・刑事などの裁判のほとんどは，コモン・ロー，判例法に基づいて行われていた。ベンサムもオックスフォード大学でブラックストーンのイギリス法の講義を聴いており，法曹を目指して勉強していたのだが，コモン・ローを早くから批判していた。イギリスでは19世紀の後半まで先例拘束性の原則は確立されておらず，さらに18世紀には，コモン・ローの法原則とともに，自然法の原理に基づいても数多くの先例が覆されていた。ベンサムは，裁判官は先例を尊重し，既存の慣行に敬意を払ったと賞賛を得ることもできるし，先例を無視して内容に基づいた判決を下し，実質的な正義を愛したと賞賛を得ることもできると指摘している。ベンサムによれば，コモン・ローの下での判決は予測不能で恣意的なのであった。

　ベンサムはまた，クックが国王大権を規制する際に用いたコモン・ローの格率，法原則も批判している。一般的な裁判でも，「法は，遠因ではなく近因を顧慮する」，「法は，不法行為者の害意ではなく，被害者の損害を見る」といった格率，法原則を用いて判決が下されるともに，それらによって従来の先例が覆されることもあったのだが，何が法原則であるかについては明確な基準はなく，裁判官たちのコンセンサスに委ねられていた。この点をベンサムは批判し，コモン・ローの法原則とは，「法の状態は何かに関する，それ（法原則）の作者の意見が含まれた命題」（『注釈の評注』第2章4節）に過ぎないと論じてい

る。さらにベンサムは，そのような法原則を導出するとともに，コモン・ローの内容を明らかにするとされた技術的理性も「法律家の好み」を意味するに過ぎないと断じた。ベンサムによれば，コモン・ローの支配は「法の支配」ではなく，恣意的な「人の支配」なのであった。

　ベンサムは，不合理な議会制定法をコモン・ローの法原則によって無効にできるとしたクックの議論に対しても，「裁判官に制定法を無効にする権限を与えるならば，人々が幾分のシェアを持つ会議体（議会）から，最高権力の一部を移すことになる」（『統治論断片』第4章）と批判している。さらに，立法者の意図が明白な場合は，不合理な法であっても覆すことはできないとしたブラックストーンに対しても，そのような条件を付す必要はないと論じていた。

　以上のベンサムの批判は，功利の原理，「**最大多数の最大幸福の原理**」に基づくものであった。功利主義者であるベンサムは，立法や制度などの正・不正は，当該社会の人々の幸福をどれほど増進させるか，あるいは減退させるかという基準で判断されるべきであると考えており，コモン・ローの裁判，内容は**最大多数の最大幸福**に反したものであると考えていたのである。まず，コモン・ローの裁判の不確定性に関しては，法の予測を困難にさせ，訴訟を増加させて弁護士の収入を増やし，手数料制であった裁判官たちの懐も潤すことを目的としているという批判を展開した。また，コモン・ローは，法の修練を積んだもののみ習得できる技術的理性に基づくとする立場は，法を一般市民が理解できないような，裁判官，法律家たちの独占物にすることにつながると指摘した。そして，裁判官自身もその一員であった支配層に有利な形で，例えば，名誉毀損罪を成立させることも可能になると批判している。

　ベンサムは，**最大多数の最大幸福**に反するコモン・ローを廃し，裁判官の裁量，あるいは，「裁判官，法律家の支配」を克服するために，包括的で完璧な法典（パノミオン）の構築に向かうことになる。そして，その法典は，裁判官の裁量を排除するために，十分に明確な法でなければならないと論じるとともに，詳細な違反行為（offence）の分類も試みて，ブランクがない法典の構築を目指していた。またベンサムは，各々の法に，その規定を正当化する理由を付して，裁判官の恣意的な解釈を防ぐことも検討している。さらに，ベンサムには准陪審（quasi jury）の構想もある。その准陪審員の役割とは，裁判官ととも

に審理に参加し，判決に関する意見を述べるというものであった。その際，准陪審の意見は裁判官を拘束しないが，裁判官は，彼らに対して判決の根拠を述べる必要に迫られるので，恣意的な判決を下しにくくなるとベンサムは考えていた。

　一方，議会制定法を裁判官がコモン・ローに基づき無効することに対するベンサムの批判は，議会のみが**最大多数の最大幸福**を実現できるというベンサムの認識に基づいており，地主階級などに限定されていた制限選挙制の廃止，普通選挙制の実現のための論陣を張るようになる。ただ，ベンサムは，人民は誰が立法権を行使するかを決定する最高選任権力は有しているが，立法権は，最高作動権力を持つ議会の専権であるとも論じていた。また，ベンサムは，法とは主権者の命令であり，主権者が自身を拘束する命令を出すのは論理矛盾であるという主権者命令説を採っている。よってベンサムにとっては，議会制定法は，「違法（illegal）とはなり得ない」（『法学の刑事的部門の領域について』第3節）ものであった。ならば，議会がパノミオンを採択せず，**最大多数の最大幸福**に反するような悪法が制定されても，違法ではなく，法としての効力を持つことになる。

　しかしながら，著名なベンサム研究者のG・ポステマが指摘しているように，ベンサムは，**法の支配**を維持するためのインフラ整備，基盤整備についても検討している。ベンサムは，世論こそが**最大多数の最大幸福**を反映しているとして，議員の毎年選挙を提唱していた。ベンサムには「世論法廷」という構想があり，首相や一定の役職者も，最大多数の最大幸福に反すると人々によって判断されるならば，全有権者の過半数の賛成でリコールされることになっていた。同じくリコールの対象となっていた議員，それから准陪審によって裁判官をも世論，民主的統制に服せしめることで，ベンサムは，**法の支配**の実現を保障しようとしたのである。

Ｖ—ダイシーによる議会主権と法の支配の両立

　ベンサムの法典は結局完成されず，イギリス法学への影響は限定的であった。また，「世論法廷」の構想に見られる世論への盲信は，「多数者の専制」を

導くとして，ジョン・ステュアート・ミルによって批判されている。1882年に，オックスフォード大学でブラックストーンと同じポストに就いた著名な憲法学者のダイシーは，コモン・ローと裁判官の役割を再評価することで，議会主権と法の支配の両立を試みている。

　ダイシーは，『憲法序説』（1885年）の第2部「法の支配」において，イギリスにおける法の支配の特徴として以下の3点を挙げている。すなわち，第1に，通常の裁判所，合法な手続で確認された法の違反の場合以外は，何人も罰せられず，不利益を受けない，第2に，すべての人々が通常の法，通常の裁判権に服する，そして，第3に，憲法の一般原則は，私人に関する裁判所の判決の結果であるという3点である。このうち，第3の点に関してダイシーは，立法を制約する実質的な原理を提示しておらず，また，『憲法序説』の議会主権の章でも，「悪法であると強く主張されていても一応は法であり，裁判所によって従われる資格があるという原則に基づいて，私たちの裁判所は一様に行動している」（『憲法序説』第1章「議会主権の性質」）と述べている。ブラックストーンやベンサムと同様，議会主権を前提にして，法の支配を考えていたのである。

　ただ，ダイシーは，国王大権を裁判所によってコントロールしようとしたクックと同様に，行政の恣意，行政裁量をコントロールする役割を裁判所に託していた。そして，それは，議会と共同に行われていると述べている。すなわち，イギリスの裁判官は，法を厳格に解釈するため，行政，政府は，広汎な自由裁量を得ようとするならば，そのように明記された法律を通過させるよう，議会を説得する必要があると論じているのである。また，ダイシーは，上記の第3点目において，裁判所の判決の結果としての憲法原則の例として，国王の勅使，警察官たちの行きすぎた捜査が，不法侵害訴訟となり，原告側に損害賠償が認められたウィルクス対ウッド事件（1763年）の判決などを挙げている。そして，イギリスでは，憲法的準則が，そのような数多くの具体的な判決の中に含まれているため，それらを議会が一挙に廃止することは難しいとも論じている。対照的に，人々の権利が成文の憲法典に根拠を持つとすれば，憲法典が廃止されてしまえば，人々はすべての権利を奪われてしまうだろうとダイシーは指摘している。ダイシーによれば，例えば，人身保護法が停止されるとして

も，イギリス人は，ほぼすべての基本的な権利を享受できるのであった。

　上記の例と関連するが，1765年の判決では，政府による職権乱用者が，被害者から特別な防御方法を持たないことが判示されている。また，クックが強調した「何人も自らの訴訟を決することはできない」ことも，後に，1926年の判決で確認されている。さらに，**権利請願**，権利章典に含まれている憲法原則も，クックなどの法律家たちがコモン・ローから導き出したものであった。もちろん，議会制定法をコモン・ローによってコントロールするというクックの構想は，イギリスでは受け入れられず，むしろアメリカの違憲立法審査制に影響を与えることになる。ただ，議会がコモン・ローの法原則を廃止するとしても，ブラックストーンも論じていたように，議会はその立法趣旨を明確にしなければならない。そして，そのようなことは選挙民の支持を得られないため，議会は控えるだろうとダイシーは論じている。ダイシーは，「私たちの憲法は，端的に言うと裁判官によって創られた憲法であり，それは，善かれ悪しかれ，裁判官法の性質を持っている」（同上書第4章「法の支配の性質と一般的適用」）とも述べていた。議会の謙抑という条件付ではあるが，裁判官，法律家たちによって発展させられてきた，法，憲法的原則により，行政の恣意から国民を守るとともに，基本的な権利も擁護されうるとダイシーは考えていたのである。

【参考文献】

トマス・ホッブズ『哲学者と法学徒との対話――イングランドのコモン・ローをめぐる――』〔田中浩・重森臣広・新井明訳〕（岩波文庫，2002年）

A．V．ダイシー『憲法序説』〔伊藤正己・田島裕訳〕（学陽書房，1983年）

【戒能通弘】

★コラム 1　国際法学の誕生

　今日の国際社会を規律する国際法の歴史は，一般的に17世紀のヨーロッパで始まった
と考えられている。その要因とされているものは二つある。一つは，16-17世紀のヨー
ロッパにおいて絶対的君主を頂点に据える国民国家が多数出現し，近代国際法上最も重
要な主体を構成したという歴史的事実である。中世の普遍主義的な帝権と教権の影響と
支配から離脱したヨーロッパ各国は，ウェストファリア条約（1648年）をもって主権を
確認され，国際法が展開される舞台である近代的国際社会を形成した。その枠組みは，
国際情勢が変化するたびに修正を加えられつつ，今日まで引き継がれてきた。他方，い
ま一つの原因は思想の世界に見出される。大航海時代と宗教改革を経たヨーロッパの
人々の世界認識には根本的な変革が生じ，中世のキリスト教世界対異教徒といった平面
的・対立的な構図に代わり，立体的・多元的な世界観が確立しつつあった。宗教，文化
などの諸観念がまるで異なる民族・国家が接触する際に共通に遵守すべき法というもの
がはたして存在するのか，存在するならどんな内容を有するのかといった問題は，16-
17世紀ヨーロッパの多くの神学者や法学者，思想家たちを悩ませた。彼らによる論究
が，やがて，国際法学の誕生を促した。国際法は，理論的研究の対象とされることによ
り，一つの独自の法分野として確立され，今日に至る実証的発展の基盤を整えられたの
である。

　国際法学の誕生について論じるうえでは，「国際法の父」フーゴ・グロティウス（Hugo
Grotius, 1583-1645）とその主著『戦争と平和の法（*De iure belli ac pacis*）』（パリ，
1625年）は避けては通れない存在である。グロティウスの生涯は，35歳を境に順風満帆
な前期と苦悩と挫折に満ちた後期に分かれる。オランダの名門に生まれ幼少時から神童
の名を馳せた彼は，ライデン大学で学び周囲の期待と予想そのままに一流の教養人に
育った。公職に就き政治的抱負を実現するかたわら，青年グロティウスは著述活動にも
励み，マラッカ海峡で発生したオランダ東インド会社の商船隊によるポルトガル商船カ
タリナ号に対する拿捕事件に触発され，母国オランダの国益を擁護する『捕獲法論（*De
iure praedae*）』（ハーグ，1868年）を執筆した。その中の第12章は後に『自由海論（*Mare
liberum*）』（ライデン，1609年）の題名で出版されている。同書の中で，グロティウス
は自然法と万民法の下では，海洋に対する支配権や海洋における航行権の独占，ならび
に東インドとの通商権の独占は何人にも認められないと論述した。それは，海が自由で
あるというグロティウス個人の学問的省察の成果であると同時に，新興国オランダから
発した，教皇の権威をもって認可された──トルデシリャス条約（1494年）とサラゴサ
条約（1529年）に基づく──スペインとポルトガルの二大海上覇権によって確立された
16世紀の世界秩序に対する否定でもあった。

　ところが，政治的立場と学術的観点が一致するこのような多幸的状況は，1618年，グ

★コラム1　国際法学の誕生　55

ロティウスの政治家としての失脚と投獄に伴い暗転した。終身禁固刑を宣告されたグロ
ティウスは，3年にわたる幽閉生活を強いられた後やがて脱獄に成功しパリへと亡命し
た。ここで彼に保護を与えたフランス王ルイ13世は，後に国際法史上不朽の名作となっ
た『戦争と平和の法』を捧げられることになった。同書の「プロレゴメナ」(序文)の
中で，グロティウスは，同時代のヨーロッパ大陸で繰り広げられる三十年戦争に対し次
のように観察している。「人々が些細の理由のために，或は何等原因もないのに戦争に
走」り，そして「武器が一度執られた時には」法に対する「一切の尊敬がなくなってし
まふ」と。「戦争に対する抑制」が欠如する現状に心痛したグロティウスは，それでも，
「多くの人民の間，または人民の支配者の間における法」の存在を確信し，その内容を
「全体的且つ体系的に取り扱」うことこそ自らの著述の目的であると明言した。ここに
おいてグロティウスは，かかる「有効なる共通法」の根拠を若かりし頃『捕獲法論』を
著した時と同様に神の意志に帰結するのではなく，「正しい理性の命令」である自然法
に求めた。そして，かの自然法は世間に存する普遍的規範であり，神でさえ変えること
ができないものであるとして，世俗的自然法論の成立を高らかに宣言した。『戦争と平
和の法』は出版後たちまち大きな反響を呼び起こした。グロティウス本人はほどなくし
て失意のうち水難事故で命を落とすこととなるが，度重なる再版や大量に発表された注
釈と研究，さらに18世紀に出版されたフランス語訳などが相まって，彼の，国際法の世
界における超然たる地位が築き上げられたのである。

　しかし，グロティウスと『戦争と平和の法』に対する批判も，すでに18世紀から根強
く存在した。国際法の見地から見ると，それらの批判は，主に二点に集約される。一つ
は，『戦争と平和の法』が中近世の著述家たちがすでに用いた素材と観点を網羅的に集
めたものに過ぎず，独創性に欠けていること，そしていま一つは，グロティウスが世俗
的近世自然法論に基づく普遍的な国際法規範の究明を目的にしながら，依然として中世
から続いたスコラ神学の伝統に依存しており，学説としての論理性と体系性が不明瞭な
ことである。

　ここで指摘される問題点は，実のところ，そのまま初期の国際法学を形成する源流を
象徴していると言えよう。というのも，国際法学の誕生を論じる際に，グロティウスに
並ぶ重要人物としてフランシスコ・デ・ビトリア (Francisco de Vitoria, 1483/86-
1546) とアルベリコ・ジェンティーリ (Alberico Gentili, 1552-1608) の名が挙げられ
るのであるが，グロティウスの著述には，ビトリアを始めとするサラマンカ学派からの
引用が大量にみられ，また，歴史的事例や中世ローマ法学者の見解についてもしばしば
ジェンティーリを介した説明がなされているためである。これらは，まさしく，グロ
ティウスにおける独創性の欠如という印象を生みだした最大の要因だと言えよう。ま
た，サラマンカ学派の唱えるスコラ神学的道徳理念とジェンティーリの提示する世俗
的・実証的規範をともに収録したことで，『戦争と平和の法』における国際法論の体系
と論理が晦渋なものとなったのであった。

　ちなみに，サラマンカ学派とは，ビトリアを創始者とし，近世スペイン中部のサラマ
ンカ大学を牙城に教育・研究活動を行った神学者のグループを指す。「後期スコラ学派」

の別名が示したように，彼らは中世に確立されたスコラ学の手法を継承し，トマス・アクィナスの築いた主知主義的神学理論に立脚しながら近世社会に発生する諸問題に取り組んだ。国際法の領域において，ビトリアは，インディオと呼ばれるアメリカ先住民の処遇をめぐる議論に挑んだ。そこで彼は，たとえキリスト教を信仰せず食人や生贄などキリスト世界では禁じられる風習があるとしても，キリスト教徒に実害をもたらさない限り，インディオの生命と財産を奪うことができないと主張した。その背後には，自然法と万民法が規律する，キリスト教徒と異教徒が共存する普遍的な人類社会の構想がある。サラマンカ学派の学説は，近世的変容を加えた面はあるものの，その根本は中世の神学とカノン法学で確立したキリスト教的正戦論の源流に属するものである。戦争と暴力行使に際して，正と不正の判断を何よりも重要視するこの長い伝統は，グロティウスにも強い影響を与えた。彼の国際法論の中では，神に代わって人間の理性が根拠に据えられてはいるが，普遍的・絶対的規範を究明し正義の達成を目指す姿勢そのものは神学者のそれとなんら変わりがなかったのである。

　これに対して，ローマ法学者ジェンティーリは，戦争および他の国家行為における道徳的規範を剥離し，国際法学における実証主義的伝統を切り開いた。イタリア中部に生まれたジェンティーリは，ペルージャ大学で法学教育を受けた後，信仰上の問題で亡命を余儀なくされた。たどり着いたイングランドでは，1587年にオックスフォード大学ローマ法欽定講座教授の座に就き，1605年に駐ロンドンスペイン公使の法律顧問に任命されるなど，学問と実務の両面において一流の法学者として活躍していた。アルマダ海戦が執筆の契機となった主著『戦争法論 (*De iure belli*)』（ハーナウ，1598年）の中で，彼は，万民法を自然法と同一視し，それがすべての民族の合意に由来するとしたうえで，国家が政治的に必要と判断する事由のほぼすべてを，戦争を発動しうる正当原因として是認した。彼は，実質的に絶対的正義の存在を否定し，戦争自体の正と不正に関する議論を無意味なものにしたのである。他方でジェンティーリは，戦争の公的性格——すなわち主権者のみが発動・遂行・終結できる権限を持つこと——を強調した。その上で，交戦規則と戦後処理をめぐりそれぞれ1巻の紙幅を割いて詳しく検討することを通じ，戦争に形式的・手続的制約を設けようとした。彼は，マキアヴェリ（Niccolò Machiavelli, 1469-1527）の現実主義的政治理論やボダン（Jean Bodin, 1530-96）の主権理論など近世国民国家の建設を支えた世俗的諸理論を国際法の世界に導入したのである。そして，国際社会における平和と安定を実現する道筋を，合意の結晶たる国際法への自律的遵守とともに，各国間の勢力均衡に求めたのであった。グロティウスは，ジェンティーリの著述から多くの要素を吸収している。自然法と意思法といった二つのカテゴリーからなるグロティウスの法体系に関する構想は，神学と法学の徹底的な分離を求めるジェンティーリから啓発を受けたものである。また，「戦争への正義 (*ius ad bellum*)」（＝戦争を発動するための正当原因）と「戦争における正義 (*ius in bello*)」（＝戦争遂行中の正しい行為）といった正戦基準の二段構成も，明らかに，ジェンティーリの影響の下で考案された。

　この，多くの素材を共有する二人の法学者は，しかしながら，それぞれが自然法論と

実証主義という近世国際法論の二つの流派を開拓することとなった。国家主権と国益を重んじるジェンティーリの理論は，以降数世紀に及ぶヨーロッパの国際法と国際政治の発展帰趨の歴史的現実に合致するものである。対して，人類の共通利益と普遍的規範の構築を目指すグロティウスの学説は，その曖昧さのゆえに，多様な主体が共存する現代国際社会により適合的であるとも言えよう。国際法学誕生期の理論を再考することからは，今日においても新しい示唆を数多く得られるのである。

【参考文献】
　グローチウス『戦争と平和の法』（全3巻）〔一又正雄訳〕（巌松堂書店，1950-51年）
　松隈清『国際法史の群像——その人と思想を訪ねて』（酒井書店，1992年）
　柳原正治『グロティウス』（清水書院，2000年）

【周　圓】

4講 社会契約
誰がために国は在る

I—社会契約説の特徴　　社会をなぜ「契約」で説明するのか？

　社会契約説は，人びとが互いに合意し契約することで社会共同体を作る（作った）という考え方である。しかしながら，いちいち「契約」しなくとも，人間ははるか昔から社会生活をしており，部族や近隣で集団ができ，それが拡大したり合同したり，一方が他方を征服したりして大小さまざまな規模の社会が生まれて，それぞれで統制をとりながら暮らしてきた。○○幕府や××藩，府県や道州といった個別の組織や制度はそこにいる人間が作るものだが，社会共同体そのものは個々人が意図して設置したのではなく，それに先行し，われわれにとって「所与」のものとして成立している。

　それにもかかわらず，契約などという概念を持ち出して社会を論じることに何の意味があるのか。それは「あるべき」社会，「正しい」社会を考えるところにある。社会そのものは人間にとって所与のものでも，そのありようがどうであっても構わないことにはならない。どういう社会のあり方，構成員同士の関係，制度やルールが望ましいか，あるべきかは，われわれ自身で考察し構想することができるし，それに向けた実践もできる。それを考える際に，社会を構成するわれわれ一人一人の，すなわち「個」の観点を採るところが社会契約説の大きな特徴になる。社会全体を「外」から眺めてどこが良い悪いと言うのではなく，その中にいる個々の構成員の立場に立ち，その意志や利益にかなう形で統治の仕組みや法のあり方を構想するところに，「契約」を持ち出して社会を考える意義がある。

　社会契約という発想の起源は，遠く古代のギリシアやローマまでさかのぼることができるが，それが花開いたのはなんといっても17世紀から18世紀にかけての近代はじめである。その中で代表的なものとして，トマス・ホッブズ（1588–1679）とジョン・ロック（1632–1704），ジャン−ジャック・ルソー（1712–78）の

思想をここでは見てみたい。

Ⅱ─ホッブズ　　万人闘争からの脱却

　ホッブズは，1588年にイギリス（イングランド）で生まれたが，彼が生きた
時代のイギリスは，混乱のさなかにあった。ヨーロッパ大陸で1618年から1648
年まで三十年戦争が繰り広げられる中，イギリスでも，国教会とピューリタ
ン，国王と議会の宗教的・政治的対立から内乱が発生し，ピューリタン革命
(1642-49年)，クロムウェルの独裁，王政復古（1660年）と政治的動乱が続く。
ホッブズ自身もその中でフランスへの亡命・帰国（1640-52年）といった波乱を
経験しながら，『市民論』(1642年)，『リヴァイアサン』(1651年)において，社
会契約の概念を通じて「平和と秩序」の達成に向けた国家論を展開した。

1　自然状態の闘争

　社会契約説の多くは，国家や政府のない自然状態の想定と，そこでの人間の
自然的な本性や行動原理の考察を起点にするという特徴を持つが，ホッブズの
思想はその典型である。そしてその際に，人間を「社会的動物」と見てその本
性を「社会性」に見出す考え方を否定するところが，ホッブズの思想の第一の，
そして根本的な特色である。人が仲間を求め，それと結びつこうとするのは確
かだが，だからといってどんな人とも等しく結びつこうとするのではなく，自
分に敬意を払い利益を与えてくれるような人と好んで結びつこうとする。人が
求めるのは，仲間そのものではなくそこからの利便であって，それを根源的な
目的として人と人はつながる。人間を結びつけているのは「仲間への愛」では
なく「自愛」に他ならない。こうして，ホッブズは，人間の社会性や社会的結
合を前提視するのではなく，その結合をそれぞれ自己中心的に動く「個々の人
間」に分解し，それを基本単位として自説を展開していく。

　そこで光を当てられた「個々の人間」が備える自然の本性として，ホッブズ
は，利己性と平等性の二つに着目する。各人は，外からの刺激や情報に反応し
て欲求や愛好，嫌悪，憎悪といった「情念」を抱き，それに基づいて運動（行動）
する。欲求・愛好の対象になるものが「善」で，その中身は基本的に自身の生

命や身体の維持に役立つもの（それに資する利益）——衣食住のための財産はもとより，地位や名誉，評判といった無形の利益も含めて——である。それらに反するもの，不利益となるものは「悪」で，嫌悪・憎悪の対象になる。一言でいえば，人間は，「自己保存」（生存）を目的とし，「死」を最大の悪として嫌悪し逃れようとする利己的な存在である。

　その際の心身の諸能力において，各々の人間は平等である。もちろん，個別に見ていけば脚力の強い弱いや計算の速い遅いなどでひとりひとりに差はある。しかしながら，腕力や知力が劣る者でも，やり方を工夫したり仲間と組んだりして強い者の命を奪うことが可能であり，「相手を殺す」という同等のことを互いになしうるという意味で各人は平等と言える。

　こうして個々の人間は，互いに同等の力を持ちつつ，それを用いて自己保存に向けて，そのために必要と判断することを自由に行う。それは人間の自然な姿であって，自分の生命や身体を維持し，死を逃れるようあらゆる努力を払うのは，間違いでも非難されることでもない。必要ならばそのために暴力を振るって他人の保有物を奪おうとする人がいるかもしれないが，自然状態に法律その他の規範は存在しないので，それを「いけない」とする規準や根拠はない。自己保存のために必要なことを自由に行うのは，自然状態で各人が当然に持つ「自然権」である。

　とはいえ，この状態では，人びとは生きるために，財産や安全をめぐって際限なく争い合うことになる。食べる物や着る物がない人は，持っている人からそれを奪おうとするし，それを防ぐために相手方は誰かが近づいてきたら先に攻撃して，追い払うか殺すかする。もし敵の方が強そうならば，味方を作って何人かで戦う。そのため，

> ある人が種をまき，苗を植え，便利な住まいを建てたり保有したりすると，他の人たちが力を合わせてやってきて，それを取り上げ，奪うと予想される。その対象は彼の労働の成果だけにとどまらず，彼の生命や自由にも及ぶ。そしてまた，この侵略者たちも，別の誰かによる同様の危険にさらされる（『リヴァイアサン』第13章）。

　人間の自然状態は，このようにして「**各人の各人に対する戦争（万人闘争）**」に陥る。

2　自己保存達成定理としての自然法

　この状態が，いかに人びとの自己保存に反するかは明白だろう。これではどんな人もいつ誰に襲われるか分からず，落ち着いて作物を育てたり家を建てたりしていられないし，そのための知識や技術を身につける余裕もない。生産性が上がらないばかりか，誰もが死の恐怖と隣り合わせで暮らすことになる。「自己保存」のためにはこの状態を脱け出し，「平和」に向かう必要がある。

　それには，ひとりひとりが「自己保存のため」に制限なく行動していてはだめで，その自由すなわち**自然権**を各人が放棄し，自分がされたくないこと（生命や身体に危害を受けること）は他人にしないようにしなければならない。そういう約束を互いにして，それを守らねばならない。そうすることで相互に脅威を与えあう闘争状態を脱け出し，それぞれが自己保存を全うできる。これは決して突飛な発想ではなく，理性をもって冷静に考えれば誰にでも分かる「正しい」理屈である。こうして，「平和をもとめよ」「自然権をすてるべき」「その約束を履行すべき」は，自己保存を志向する人間誰もに対して必然的に妥当する「**自然法**」となる（以下，ホッブズは「恩を受けたらそれに報いよ」「他人と自分を平等なものとみとめよ」など全部で19の自然法を挙げている）。一般に，自然法というと，時代や国境を超えて認められる自然的な善悪のルールといったイメージがあるが，ホッブズの言う自然法はそれとはニュアンスが異なっている。ここで述べたように，ホッブズは「何が各人の自己保存に役立つか」についての「定理」として自然法を導き出しており，各人が自己保存を達成するための客観的な方法的規則という意味合いがそこにはある。

3　絶対的主権者の設立

　とはいえ，自然法の諸規則は，それだけでは守られる保証がない。目先の誘惑やその時々の感情のために，あるいは周囲の人を過度に警戒するがために，それを破って他者を攻撃する人が出てくる。それを防ぐには強い「力による威嚇」が必要である。そのために人びとは，自身の自然権すなわち「自己保存のために必要なことを判断し実行する力と権限」を，特定の誰か（もしくは合議体）に譲り渡し——そういう社会契約をし——て共通権力を設定する。それを担うのが**主権者**（国家）で，この主権者が，人びとの平和と安全のために必要なこ

とを判断し実行して，人びとがそれに従うことで秩序が生まれ，各人の自己保存が達成される。具体的には，主権者は平和と秩序を維持するために必要な法律を作り，それに即して人びとの間の紛争を裁き，違反者を罰すると共に，外敵からの防衛のための施策を執り行う。すなわち，立法・司法・懲罰・外交などの権限を持つ。

人びとは自身の力と権限を主権者に譲り渡したのだから，主権者の「臣民」としてそれに従わねばならない。臣民に対して主権者の権力と権限は絶対的で，その決定に対する抗議や抵抗は認められない（それらが認められるなら，人びとは自身の判断で主権者やそれに従う他の人びとに対して実力行使できることになり，自然状態に戻ってしまう）。もちろん主権者は「平和のため」に設立されるのだから，平和に反する形でその権力と権限を用いることは許されず，自然法に従って臣民の安全のためにそれらを用いる義務を負う。とはいえ，人びとは，「自己保存のために必要なことを判断し実行する力と権限」を放棄し主権者に委ねているのだから，平和のために具体的に何が必要か，そのためにどういう規則を設けねばならないかを判断するのは主権者である。それゆえ，主権者は，臣民に適用される規則や施策を自身の意志と判断で決定する絶対的な権限を持つ。必要ならば，そのために人びとの意見や言説を統制してもよい。主権者が作る規則すなわち法律は，自身の権限に基づいて主権者が臣民に下す「命令」と位置づけられる（但し，自身の保存が害される場合は，人びとはそれに従わなくてよい）。

ホッブズのこうした見解に対しては，「主権者にそれほど絶対的な権限を認めたら，権力の濫用を招いてかえって人びとが苦しむ」といった批判がすぐに思い浮かぶ。これに対してホッブズは，

> 人間が，何らかの不都合のない状態にいることは決してない。何かの形の政府の下で人びとに対して一般に生じうる不都合は，最大限に見積もっても，内乱の悲劇と恐ろしい災厄に比べれば，あるいは，法への臣従がなく，掠奪や復讐に手を染めないよう人びとを拘束する強制権力のない，支配者なき人びとの放埒状態の悲劇と災厄に比べれば，ほとんど感じられない程度でしかない（『リヴァイアサン』第18章）

と述べて，そんなものは自然状態における闘争に比べればはるかに「まし」だと答える。さらに，

・主権者にとっては，臣民を害したり弱らせたりするよりも，それを活気づかせた方が自分たちの力になる
・人びとは自身の負担を拡大視する傾向を持っていて，自分たちの防衛のために費用を出すのを渋る。それゆえ統治する側は，有事の際に敵に対抗するために必要なものを，平時のときに臣民から引き出しておかねばならない

と言って，主権者が権力を濫用していたずらに人びとを害する危険性は一般に懸念されるほどではないこと，一見不当に思える主権者の措置でも実は平和維持のために必要な場合が多いことを指摘する。古来，人類は世界中で戦争と紛争を繰り返しているが，17世紀前半のヨーロッパの混乱を自身が文字通り肌身で経験し，「万人闘争」の自然性と害悪を何より重く見たホッブズは，そこからの脱却を至上命題として，以上のような形で主権者の設立とその絶対的権限を提唱し擁護する。

Ⅲ—ロック　　生命・自由・財産の保全

17世紀後半のイギリスでは，名誉革命を経て，国王の権限を制約した議会中心の政治体制が作られる。そうした中で，『統治二論』（1690年）においてホッブズとは異なる社会契約説を唱え，その後の社会や政治に強い影響を与えたのがジョン・ロックである。

1　自然法と固有権

ロックも，ホッブズと同様の筋立てで，自然状態の人間の考察を起点にして，社会契約による国家の設立を論じる。が，その中身はホッブズとは異なる。ロックの考え方では，自然状態はホッブズの言うように無規範ではないし闘争状態でもない。そもそも人間は理性を備え，それによって「人はみな平等で独立している」「他人の生命，健康，自由，財産を侵してはいけない」と教えられている。この「理性の教え」に基づいて，自然状態には「自然法」という規範が成立する。各人は自分自身を保存すべきであると同時に，他の人びとをも保存すべきであり，それゆえ他人の生命やその維持に役立つもの（身体，健康，自由，財産）を侵害してはならないというのがその内容で，生命，身体，

自由，財産に対する各人の「固有権（プロパティ）」の尊重がその中心になる。各人の身体はその人のものだし，その身体を使って——労働を加えて——その人が自然から取り出したり作り出したりした物も彼のものになるというのが，この権利が成り立つ根拠である（「固有権」は，「自然法に基づく権利」という意味で「自然権」と言えるが，『統治二論』での表現に従いここでは「固有権」を使う）。

2　固有権保全のための国家

しかしながら，自然法は明文化されているわけではなく，具体的でもなく，それに則して人びとの実際の紛争や対立を裁く上位者（裁判官）も自然状態にはいない。それゆえ，自然法を破って他人の権利を侵害する人の出現を抑えることはできず，権利を脅かされた人が自分の力でそれを守り，侵害者を罰しなければならない。すなわち，自然法の執行権は各人が持つ。もちろんその際の処罰は，侵害者の違反に釣り合う範囲——賠償と抑止に必要な範囲——に限られるが，相手からの権利侵害がどの程度で留まるのかを確定するのは困難で，加害者と防衛者の間では暴力の「やり合い」がエスカレートしやすく，それは結局「戦争状態」につながる。

ここからわかるように，自然状態では各人の固有権の保全はきわめて不確実で，戦争状態に陥る危険が常にある。それを防いで各人の固有権を安定して保全するために，人びとは互いに「合意」して一つの政治的共同体を作り，自身をその統治の下に置く。これが社会契約による国家の設立である。

> 人類は，自然状態で持つあらゆる特権にもかかわらず，そこにとどまると有害な状態に置かれるので，即座に社会へと駆りたてられる。……彼らは，統治体が制定する法の下に避難所を見いだし，そこに彼らの固有権の保全を求める。こうして，人びとは，彼ら一人一人がもっていた処罰権力をすすんで放棄し，その権力が，自分たちの間で任命された者によってのみ行使されるように，また，共同体（あるいは共同体からそのための権限を授けられた人びと）が同意した規則に従って行使されるようにする。立法権力と執行権力の権原と起源はここにあり，政府や社会の権原と起源もまたここにある（『統治二論』後篇第9章127）。

3　国家の権限とその限界

この政治的共同体は，各人の合意によって作られるものであるから，その全

体に関わる決定は構成員の多数派の意志によって導かれる。言い換えると，各人は，自身で合意し共同体に加わることで，その多数派の決定に拘束される。

ここでの共同体の権限は主に三つで，第一は，社会を保全し，また各人の固有権を保全するための恒常的な規則を作る立法権，第二はその法を執行し，違反者が出ればそれを処罰する執行・処罰権，そして第三は，当該政治共同体の外にいる人や共同体に対して和平や同盟，戦争などの交渉を行う外交権（ロックはこれを「連合権力」と呼んでいる）である。このうち執行・処罰権や外交権は，立法部の作った法を基に行使されるから，これらのうち最高の位置にあるのは立法権である。

こうした権限は，共同体を構成する各人が自然状態でもともと持っていた権限を，自身の固有権を保全するために共同体に委ねたもの――「信託を付して引き渡したもの」（『統治二論』後篇第15章171）――であるから，もとより自然法の規定を受ける。すなわちそれは恣意的でも絶対的でもなく，その社会の成員の生命，自由，財産を保全する目的や基準に沿ったものでなければならない。それらを害するものであってはならないし，社会の安全や公共善に反するものであってはならない。立法部や執行部が人びとの意に反して恣意的に権力をふるう場合や，人びとの生命，自由，財産を奪ったり破壊したりしようとする場合は，「信託」に反することになるから，その権限は失われる。人びとがそれに従う必要はなくなり，委ねた権限を取り戻して新たな担い手を設けることができる。つまり，権力の恣意的な行使に対する「抵抗権」を人びとは持っている。

以上のように，ロックは，自然状態において自然法に基づく固有権を各人が持つという前提から，その固有権を保全するために，人びとの合意によって作られるのが国家だとする。ホッブズが自然状態を闘争状態と捉え，国家とはそこを脱け出して平和を確保するために作られるものと見てそのために国家に絶対的な権限を認めるのに対して，ロックの場合は，自然法や固有権という規範がはじめに想定されて，その規定の下で人びとの固有権を安定的に保全するために，その役割を「信託」されるのが国家とされる。それゆえ国家の権限は決して絶対的でなく，固有権の保全という目的に限定され規定された範囲で成立する。

Ⅳ—ルソー　　社会共同体の中での自由と平等の回復

　ホッブズやロックに少し遅れて，フランスで独自の社会契約説を提唱したのがルソーである。17世紀の絶対王政の興隆を経て，18世紀後半のフランスは，第一身分（聖職者）と第二身分（貴族）が特権を持つ一方で人口の大部を占める第三身分（平民）は政治的権利を持たない不平等な旧体制（アンシャン・レジーム）の下で，財政赤字と経済不振が深刻化する不安定な状態にあった。そうした中で，1712年にジュネーヴの時計職人の家に生まれたルソーは，徒弟奉公と放浪生活の後1742年からパリで暮らし，1750年に『学問芸術論』を執筆して，フランス東部の都市ディジョンのアカデミーの懸賞論文に当選する。以降，多方面にわたる著作を執筆したが，その中でここで取り上げたいのは『人間不平等起源論』（1755年）と『社会契約論』（1762年）である。

1　平和な自然状態から不平等な専制支配へ

　このうち『人間不平等起源論』で，ルソーは，人間の自然状態を平和で平等な状態と捉えている。人びとはまだ十分な言語も知性も持たず，豊かな自然の中で木の実を採り川の水を飲んで暮らしている。彼らは互いにつながることなくばらばらに暮らしていて——男女の結びつきも出会いがしらで——，虚栄心や復讐心，所有や正義の観念などを持たない。他方で，生まれ持った感情として「憐れみ」を備えていて，他人が苦しんでいるのを見ることを嫌い，これを助けようとする。そこには進歩も教育もなく，粗野な暮らしが続くばかりだが，支配や服従，束縛や不平等はない。

　こうした状態が幾世紀も続くうち，やがて人びとは，季節や風土に対応するために火を使い毛皮を身にまとい，狩りや防衛のために道具を作るといった「工夫」をするようになり，その中で精神と技能を「進歩」させる。それぞれがたまたま見つけた樹木の下や洞窟で眠るのではなく，土を掘り木を切って小屋を作り，そこで一緒に暮らす家族が生まれる。ほどなくして隣り合う家族同士に結びつきが生じ，人びとの間にさまざまな交渉や関係が生じて「社会」が形成されるが，するとその中で人びとは互いの比較と評価を始める。他者から

尊敬を受けることが価値となり、虚栄と軽蔑、恥辱、羨望が生まれる。これが不平等への第一歩になる。

　社会において交渉や協同がなされ、「一人の人間が他の人間の援助を必要とする」ようになる中で、「ある土地に囲いをして『これはおれのものだ』と宣言することを思いつく」人が出てきて「私有」の観念が生まれる。と同時に、「ひとりのために二人分の貯えを持つことが有効であると気づく」人も出てきて平等が消える。特に冶金と農業が始まり、各人が「土地を囲い」、そこで自身が働いた成果を「自分のもの」にするようになると、他人に先んじて土地を持つ人とそうでない人、その中で「より多く」「より巧みに」仕事をする人とそうでない人とが出てきて、その差が人びとの間の成果の差を生み、富者と貧者が生じる。貨幣の発明と相続がそれに拍車をかけ、富者による財の貯めこみ、囲いこみが進む。貧者は生きていくために富者に隷従して財を分けてもらうか、あるいはそれを奪うしかなくなり、富者は貧者を支配しようとする。

> このようにして富める者の横領と、貧しい者の掠奪と、万人の放縦な情念が、自然的な憐れみの情とまだ弱々しい正義の声とを窒息させて、人々を強欲に、野心家に、邪悪にした。強者の権利と最初の占有者の権利とのあいだに、はてしのない紛争が起り、それは闘争と殺害とによって終熄するほかはなかった。生れたばかりの社会はこの上もなく恐ろしい戦争状態に席を譲った。（『人間不平等起原論』第二部、岩波文庫版103頁より）

　戦争状態の中では誰もが生命を脅かされるが、特に富者は、それに加えてせっかく確保した財産の危険にさらされる。そこで彼らは、皆で団結して最高権力を作り、その下ですべての人に等しく適用される規則を設定して全員の保護と和合を図ろうと呼びかける。つまり、政治体（政府）と法律を作ろうと呼びかける。対立と紛争に明け暮れる人びとは、この呼びかけの危険を見通すことができず、むしろその利をあてこんで誰も彼もそれに応じる。しかし、その結果、法律で所有権が保障されることで掠奪が非合法化され、富者の財産は安定し、不平等が固定化する。政治権力とそれに伴う職権が固まり、それを担う政治的強者と弱者の差が生まれ、その権力がほどなく専制化する。以上のようにして、もともと自然状態において自由で平等に暮らしていた人間は、暮らしと精神の「進歩」と共に、また「社会」の発達と共に、本来の自由を失い、不

平等が固定化した専制的支配体制の下で，鉄鎖につながれた奴隷として生きる羽目になる。

2 社会契約による自由と平等

この状態から脱け出して，誰もが自由でいられるためにはどうしたらよいか。いかにしたら社会に蔓延した不平等を克服できるか。それを解決するのが「社会契約」である（『社会契約論』）。

ルソーの言う社会契約とは，「社会の各構成員が，自身と自身の権利のすべてを共同体の全体に対して全面的に譲渡する」契約である。これにより各人は独立した「個」でいるのをやめて，一つの「集合的な団体」を作りその一部となる。これは言うなれば，ひとりひとりが共同体全体と一体化することを意味しており，そこで構成員同士が結びついた「公的な人格」として成立するのが「国家」である。

国家は，構成員に共通する「公の利益」に向けた，独自の意志としての「一般意志」を持つ。これは，構成員ひとりひとりの私的利害に基づく個別の意志である「特殊意志」や，それをそのまま足し合わせた「全体意志」とは異なり，そこから「相殺しあう過不足を除いて」，その間で一致した「共通の利益」を志向する，団体としての意志である（野球選手が個々には「流行りの服を着たい」とか「ホームラン記録を作りたい」といった私的利害に基づく「特殊」意志を持ちつつ，チームの一員として「勝利」や「優勝」に向けた「一般」意志を共有し，そのためにプレーすることを想起されたい）。一般意志を行使する権限が「主権」で，それはちょうど「私」が自身の手足をコントロールする絶対的な力を持つのと同じように，国家においてその各部分や全構成員を動かし配置する絶対的な力となる。主権を担うのは，国家を構成する集合的存在としての「人民（市民）」であり（人民主権），個人としての「私」が自分の意志を人に譲ったり分割したりできないのと同じように，主権も誰かに譲り渡したり分割したりはできない。

一般意志は，「法」として表明される。それは共同体全体や人びとの行為一般に関わる事柄——特定の人やその行為に関わる事柄ではなく——について，人民が互いに十分な情報を持って自身の意志を伝えあい，審議・投票した結果（その多数意見）として表れる。その際に徒党や部分的団体が作られてその意志

や利害が反映したのでは，結果が「特殊的」になるのでいけないし，人びとの「代表」たる代議士によって審議されるのでもいけない。集合体としての人民はそれ自体誰かに代表されえず，代表者は人民たりえない。あくまで人民が自ら集い，自分自身の意見を言って承認することで，一般意志の表れとしての法が成立する。その一方で，一般意志と法を執行するためには，国家や主権者の「代理人」たる政府が必要で，（立法ではなく）法の執行に関しては政府が人民の代表となる。政府の構成員はしばしば「王」や「支配者」と呼ばれるが，彼らは主権者たる人民によって委ねられた権力を代理して行使しているにすぎず――「政府は主権者のしもべである」――，人民はその権力を自由に制限・変更し取り上げることができる。

　ここで人びとは，かつて自然状態で有していた「拘束を受けず気ままに動く自然的自由」を失い，共同体の中で法に従いその制約に服しつつ生きることになる。しかし，その法は，共同体と一体化しその一部と化した自分自身の意志の表れであり，法に従うことは自身の意志に従うことを意味する。こうした「自律」的意味での「市民的自由」を，社会契約によって人びとは手にする。と同時に，共同体と一般意志への参加は，富者／貧者を問わずすべての人が同じ立場で行うもので，それによる市民的自由の享受も全員に等しくなされるし，一般意志の適用もすべての人に同じようにされる（特定の人だけを対象にするものは「一般」意志ではない）。このように，社会契約によって国家という共同体を作り，その中で一般意志の表明である法に従って生きることで，各人は，それ以前の社会における専制を脱け出し，自由と平等を新たに手に入れるというのがルソーの考えである。

V—共通点と相違点

　冒頭でも述べたように，これら社会契約説の特徴は，社会を所与性から切り離し契約の産物と捉える――そういう思考をする――ことで，社会の「正しい」あり方を構成員個々の目線から考えるところにある。その際，ホッブズもロックもルソーも，「自然状態の考察」から始めて「社会契約による一定の国家像の提示」という流れで話を展開させるが，その内容と考え方には三人の間で違

いがある。それを最もシンプルな筋立てのホッブズから最も複雑なルソーへの順で対比的に表せば**図表4-1**のようになる。

　三人の間では，自然状態そのものについての見方は，ホッブズが最も悲観的で，次いでロック，ルソーの順に楽観的・肯定的になるが，社会契約の前と後とで区切ると三人の見方はむしろ共通している。すなわち，社会契約以前の状態が個々の人間にとっていずれもはなはだ不都合・不利益であるのに対して，社会契約を通じてその不都合・不利益を克服した社会や国家を作り出すという形になっている。但し，基にある自然状態についての見方の違いに応じて，社会契約後の社会で実現されるべき重点要素が違っており，ホッブズの場合はなにより「闘争停止と平和」が，ロックでは「固有権の保障」が，ルソーでは「自由と平等」が実現される社会と国家が構想される。このそれぞれは，三人が，社会の中で各人が享受すべき利益として何を重視したかの違いになっているが，その利益を構成員各人に保障するところに国家の意義と正当化根拠が見出される点――すなわち「個」の利益を基盤に「正しい社会」が構想される点――もまた，三人の社会契約説に共通する重要な要素である。

VI―その影響と現代的意義

　彼ら三人の思想は，近代国家・社会の発展に大きく寄与するとともに，数多くの学者や思想家に活用・批判されてその後の法思想・政治思想に多大な影響を与えた。代表的な例をいくつか挙げておこう。

　ロックの思想，とりわけ「国家以前にすべての人間が固有に持つ権利」や「その権利の確保のために人びとが合意して作る政府」といった視点は，アメリカの独立宣言や憲法に組み込まれその柱となった。自然権（人権）を保障する憲法を制定し，それによって立法部を含めた国家権力を縛るというそこでの考え方は，立憲主義の基本理念として，日本国憲法など各国の憲法と憲法理論に採り入れられている。

　同様に，ルソーの思想がフランス革命に強く影響したことも広く知られている。『社会契約論』などの著作は，ロベスピエールをはじめとするフランス革命の指導者に参照され，その思想的な支えになったし，人民主権，一般意志に

図表 4-1 社会契約説の対比（ホッブズ，ロック，ルソー）

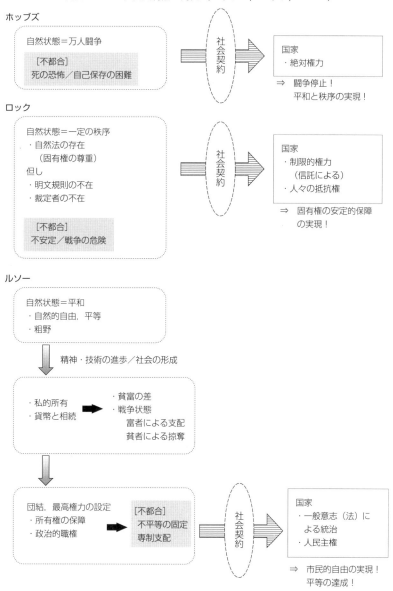

基づく統治，その表れしての法律といった発想は，フランス人権宣言——第3条「国民主権」，第6条「一般意志の表明としての法律」「市民の立法参加」など——に反映されている。その中で，「一般意志の表明としての法律」の考え方は，1875年の第三共和制憲法以降のフランス憲法の展開の中で，（アメリカとは異なる）議会中心主義の伝統形成につながっていく。

　これらに加えて，理論的な問題として忘れてはならないのが，現代正義論に対する影響である。三人に代表される社会契約の考え方は，その後，厳しい批判にさらされた。その典型はデイヴィッド・ヒュームとジェレミー・ベンサムによるもので，二人は，社会契約が人間社会の歴史的事実ではないこと，そうした「虚構」によって社会的な制度や法の正当性を論じるべきではないことを主張し，社会契約説に打撃を与えた（ヒューム「原始契約について」1748年，ベンサム『統治論断片』1776年）。しかし，20世紀の後半になって，社会契約説は，社会的な「正義」を問う議論の中で復活する。その契機となった『正義論』(1971年）においてジョン・ロールズは，自身の性別や地位，能力などを隠された「原初状態」において各人が合意する原理として「正義」を提示した。この考え方は，価値観の多様化した現代社会の中にいる個々人に焦点を当てて，各人の利益にかない各人が合意できるものとして「正しい社会」のあり方を考えるという発想に基づいており，社会契約説を哲学的な規範理論として再生しリベラリズムを基礎づけたものとして以降の正義論・法価値論の原点となった。また，1986年の『合意による道徳』において，デイヴィッド・ゴティエは——ホッブズと同様に前提となる規範や規範意識を想定せずに——道徳そのものを「個々人の合意（利害の一致)」として基礎づけ説明する契約論的道徳論を提示し，リバタリアニズムをはじめとする規範理論の展開に強い影響を与えている。

　このように，社会を構成する個人の観点に立ち，その間の合意や利害の一致として国家や社会制度を説明し正当化する社会契約説の考え方は，近代における国家論以来，現代までの立憲主義や正義の議論を通じてきわめて重要な思考の枠組みであり続けている。

【参照文献】——（1）原書
　トマス・ホッブズ『リヴァイアサン（一）〜（四)』〔水田洋訳〕（岩波文庫，1992年改訳）

4講　社会契約　73

――『リヴァイアサン1』〔角田安正訳〕（光文社古典新訳文庫，2014年）
――『市民論』〔本田裕志訳〕（京都大学学術出版会，2008年）
ジョン・ロック『市民政府論』〔角田安正訳〕（光文社古典新訳文庫，2011年）
――『完訳　統治二論』〔加藤節訳〕（岩波文庫，2010年）
ジャン－ジャック・ルソー『人間不平等起原論』〔本田喜代治・平岡昇訳〕（岩波文庫，1972年改訳）
――『人間不平等起源論』〔中山元訳〕（光文社古典新訳文庫，2008年）
――『社会契約論』〔桑原武夫・前川貞次郎訳〕（岩波文庫，1954年）
――『社会契約論／ジュネーヴ草稿』〔中山元訳〕（光文社古典新訳文庫，2008年）

【参考文献】――（2）邦語文献
重田園江『社会契約論――ホッブズ，ヒューム，ルソー，ロールズ』（ちくま新書，2013年）
飯島昇藏『社会科学の理論とモデル10　社会契約』（東京大学出版会，2001年）
梅田百合香『甦るリヴァイアサン』（講談社選書メチエ，2010年）
松下圭一『ロック『市民政府論』を読む』（岩波現代文庫，2014年）
福田歓一『ルソー』（岩波現代文庫，2012年）
仲正昌樹『今こそルソーを読み直す』（NHK出版生活人新書，2010年）

【内藤　淳】

★コラム **2**　『法の精神』と権力分立

　モンテスキュー（バロン・ド・ラ・ブレード・エ・ド・モンテスキュー．1689-1755）
はボルドー大学で法学を学び，ボルドー高等法院副院長を勤め，風刺小説『ペルシア人
の手紙』（1721年）などの著作もある文人だが，代表作は『法の精神』（1748年．原題を
直訳すれば『諸法律の精神』）である。この書物が権力分立を説いた古典だということ
は中学生でも知っている。しかしそれは岩波文庫版で約1400頁に及ぶこの大著の内容の
ほんの一部にすぎない。本書の副題はこうだ。

　「法律の精神について，あるいは，法律が政体の構造，習俗，風土，宗教，商業など
　　に対して持つべき関係について。

　　　これに，著者は相続に関するローマの法律についての，また，フランスの法律や封
　　建制の法律についての新しい諸研究を加えた」（訳文は岩波文庫版による。以下同じ）
この副題だけでも想像できるだろうが，この本は法についてのあらゆるトピックに多
かれ少なかれ触れており，脱線に満ち，たやすく著者の主張を要約することはできな
い。モンテスキューが序文の最後で「この本がもし成功しているとすれば，その成功は
私の主題の壮大さによることが多いであろう」と書いているのも無理はない。本書の構
成はしばしば気ままで，ある章はただの一文からなっていると思えば，別の章は岩波文
庫版で20頁に及ぶ。文体は時には雄弁だが，また時には気取って簡潔すぎて論旨をつか
みにくいこともある。最後の第30—31編では中世のフランク族の封建制の法律の歴史を
詳述して読者の忍耐力を試すだけ試したあげく，ウェルギリウスの叙事詩『アエネーイ
ス』からの趣旨不明瞭な引用で全巻を閉じる，といった具合である。

　『法の精神』の中に見出せる主要な主張，あるいは興味深い主張として，目につくま
まに次のものをあげることができる。

・「法律とは，その最も広い意味では，事物の本性に由来する必然的な諸関係である。
　そしてこの意味では，ありとあらゆる存在はその法律を持っている。神はその法律を
　持ち，物質的世界はその法律を持ち，人間より上位の叡知的存在はその法律を持ち，
　動物はその法律を持ち，人間はその法律を持つ。」実定法に先立ってこれらの自然の
　法律（伝統的な「自然法」というよりも，むしろ「自然法則」とでも言うべきもの）
　が存在し，それを前者が確定するのである。（第1編。引用文は冒頭の文章）
・共和政体の原理は「徳」であり，君主政体の原理は「名誉」であり，専制政体の原理
　は「恐怖」である。（第2-8編）
・政治的自由とは安全，あるいは安全についての確信である。（第12編）
・温度など風土の相違は異なった人間精神と生活様式を作り出し，それは法律の違いに
　も結びつく。（第14編。その第15章によると「日本の人民は，彼らの立法者や為政者

が彼らにどんな信頼をも抱きえなかったほど残虐な性格を持っている」が、「インドの人民は、これと反対に、穏和で、優しく、同情心に富む」とのことだ。)

・商業は破壊的な偏見を癒し、国民の習俗を穏やかにさせる。商業の精神は諸国民を結びつけ、平和をもたらす。(第20編)
・相続法の内容は自然法ではなく、各国の国制と国法に依存する。(第26編第6章)
・個人の所有権を保護することこそが公共の利益なのだから、公共の利益という名目で個人の財産を奪ってはならない。(第26編第15章)

　モンテスキューが多様な観点から比較および実証という方法を駆使して古今東西の法制度と国制を検討した『法の精神』は近世啓蒙思想を代表する著作であり、法社会学や歴史法学の先駆的業績とみなすことができよう。ローマ教会はキリスト教、特にカトリシズムを他の宗教と同列に扱うモンテスキューの相対主義的態度や瀆聖行為処罰への批判(第12編第4章)を危険視して、1751年に『法の精神』を禁書に指定した。

　ここで権力分立というテーマに移ろう。モンテスキューは『法の精神』第11編第6章「イギリスの国制について」において、彼が1729年から1731年にかけて一年半滞在して見聞したイギリスの政治体制の中に、権力分立による「政治的自由」、言いかえれば法の支配の実現を見出した。

　モンテスキューはこの章の冒頭で「各国家には三種の権力、つまり、立法権力、万民法に属する事項の執行権力、および公民法に属する事項の執行権力がある」と言う。二番目の「万民法に関する執行権力」とは外交の権限を意味するが、モンテスキューはその後で内政に関する権限もこの権力に含めて、単純に「執行権力」とだけ呼んでいる。これは今で言う行政権ということになる。そして彼は「公民法に属する事項の執行権力」を「裁判権力」とも呼ぶが、これは当然司法権を指す。

　モンテスキューはこの三権の結合を厳しく警戒する。以下が有名な文章である。

　「同一の人間あるいは同一の役職者団体において立法権力と執行権力とが結合されるとき、自由は全く存在しない。なぜなら、同一の君主または同一の元老院が暴君的な法律を作り、暴君的にそれを執行する恐れがありうるからである。
　　裁判権力が立法権力や執行権力と分離されていなければ、自由はやはり存在しない。もしこの権力が立法権力と結合されれば、公民の生命と自由に関する権力は恣意的となろう。なぜなら、裁判役が立法者となるからである。もしこの権力が執行権力と結合されれば、裁判役は圧制者の力をもちうるだろう。」

　すでにジョン・ロックはモンテスキューより前に『統治二論』(1690年)第2論第12章の中で国家の「立法権力」、「執行権力」、「連合権力」(外交権のこと)という三種の権力を分離したが、ロックは執行権力と連合権力は実際には分離しがたいと考えた(この点はモンテスキューと実際上同じ)だけでなく、裁判権力を執行権力から分離させず、また立法権力が至高の権力だと主張したという点で、現在考えられているような三

権分立論者ではなかった。

　モンテスキューは裁判権力が他の二つの権力から独立していなければならないと強調したが，この思想を，彼の法服貴族としての立場を反映するイデオロギーにすぎないと解するとしたら，それは酷というものだろう。モンテスキューは他の二権に比べると裁判権力は「ある意味では無である」とか「国民の裁判役は，法律の言葉を発する口にすぎない」とも書いている。とはいえモンテスキューの三権分立論が当時のフランスの君主・貴族・平民という社会的権力の均衡を擁護する保守的なものだったということは否定しがたい。

　『法の精神』はその後本国フランスではルソーの直接民主主義思想に覆い隠されて，あまり政治への影響力を持たなかったように思われる。むしろモンテスキューの政治思想はロックの自然権思想とともに大西洋を渡って，建国期のアメリカで大きな役割を果たした。独立戦争（1775-81年）以前から『法の精神』は広く読まれていたが，イギリスからの独立達成後，13の植民地が合衆国（合州国）憲法（1788年発効）を制定して連邦制国家を形成するに至る時代，その憲法案をめぐって全米で激しく闘わされた論争の中で，賛成派（フェデラリストと呼ばれる）も反対派（アンチ・フェデラリストと呼ばれる反集権派）も，「かの有名なモンテスキュー（the celebrated Montesquieu）」を持ち出して自説を補強した。

　たとえば連邦憲法反対派の代表的文書「ペンシルヴァニア会議少数派の建白」（1788年12月18日，未邦訳？）は，『法の精神』から上記の文章を引用して，憲法案は大統領と議会とを危険なほど結びつけ，連邦政府に過大な権力を与えてしまうと批判した。その一方で賛成派のジェイムズ・マディソン（1751-1836）は，アレクサンダー・ハミルトン（1755？-1804）およびジョン・ジェイ（1745-1829）と分担して書いた『ザ・フェデラリスト』（1788年）第47編の中で『法の精神』の同一の個所を引用しながらも，次のように憲法案批判に答えた。——イギリスの国制を一瞥しただけでも，立法と行政と司法が完全に明確に分離されているわけでないことはわかるし（とマディソンは多くの実例をあげる），モンテスキューもそのことを知っていたに違いない。彼がそこで言いたかったことは，「ある部門の全権力が，他の部門の全権力を所有するものと同じ手によって行使される場合には，自由なる憲法の基本原理は覆される，ということ以上には出ないのである」（訳文は岩波文庫版による。強調は原文のまま）——。ハミルトンも第78編で憲法案の司法部門に関する個所を検討する際に，モンテスキューの三権分立論を引き合いに出した。ハミルトンはさらに第9編全体をあてて，「モンテスキューの提言は，諸州全体の連邦に反対などしておらず，民主政の及ぶ範囲を拡大し，君主政の利点と共和主義の利点とを調和させるための方法として連合共和国を好意的にとらえている」という主張を説いて，民主政は小さな国家にふさわしいという，当時有力だった見解に反対した。

　最近のモンテスキュー研究家の中には，モンテスキューはイギリスの政治形態の説明として三権分立をあげたにすぎず，それを政治的自由に関する彼の一般的な主張とみなす解釈は「神話」にすぎない，と主張する人もいる。またモンテスキューが考えたほど

イギリスで三権が分立しているかについても昔から疑問が寄せられてきた。しかしモンテスキュー自身の主観的な意図やイギリス憲政観がどうだったのであれ，特にアメリカ建国期の議論を通じて，立法・行政・司法の三権分立による「法の支配」という理想は，近代の法思想と政治制度に計り知れない影響を及ぼしてきた。それは今では立憲主義と切っても切り離せない制度になっている。日本国憲法もその例外ではない——というよりも，その思想の一つの典型なのである。

【参考文献】

モンテスキュー『法の精神』（全3冊）〔野田良之ほか訳〕（岩波文庫，1989年）

A. ハミルトン，J. ジェイ，J. マディソン『ザ・フェデラリスト』〔斎藤眞・中野勝郎訳〕（岩波文庫，1999年）

【森村　進】

★コラム3 アダム・スミスの共感法学

　デイヴィド・ヒューム（1711-76）とともに18世紀のスコットランド啓蒙Scottish Enlightenmentを代表する哲学者アダム・スミス（1723-90）の主著は，倫理学に属する『道徳感情論』（初版1759年）と経済学の古典『国富論』（初版1776年）の二冊だが，彼は法思想史上も注目すべき存在である。スミスはこの領域では結局何も著作を残さなかったが，エディンバラ大学とグラスゴウ大学で法学の講義を担当してきて，そのうち1760年代にグラスゴウ大学で行った「法と統治の一般的原理」に関する講義を聴講した学生による講義ノートが二つ発見されている。「ノートA」と呼ばれるものは1762年12月24日から翌63年4月13日までの講義のノート，「ノートB」と呼ばれるものはおそらく1763年の終わりに行われた集中講義のノートである。両者の内容は大体似ているが，ノートAは豊かな例証を含み，ほとんど講義そのままではないかと思われるくらい詳細である一方，より簡潔なノートBが含んでいる租税や軍備や国際法を扱った最後の部分が失われているという欠落がある。

　両者を合わせて読めば，それ以前の自然法学ともそれ以後の歴史法学や分析法学とも異なる，スミスの独特な法学理論の全貌が浮かび上がる。それは所有権法，相続法，身分法，契約法，刑法，統治形態，国際法だけでなく，彼が後に『国富論』で詳論することになる経済や貿易に関する議論も含んでいる。なおスコットランドはイングランドと違ってコモン・ローの判例法ではなく，ヨーロッパ大陸と同様ローマ法が導入されていたために，スコットランド啓蒙の法理論の主たる対象は，ローマ法に由来する法制度である。

　スミスの『道徳感情論』は，利害関係のない「公正な観察者impartial spectator」が当事者に対して持つであろう「共感（同感）sympathy」に道徳の原理と基準を認めるもので，このアプローチは人々の利己的な「自愛心」をもっぱら想定する『国富論』とは異なる，ということはよく知られている。アプローチの点で，スミスの法学は『道徳感情論』を継承し，共感という観念によって多くの法制度を説明しようとした。スミスはこの立場から，自然権や社会的効用にすぐに訴えかける近世自然法論に批判的だった。彼はこれらの考慮を無視するわけではないが，少なくとも自然状態とか社会契約といった観念は退けた。

　共感理論に戻ると，スミスが『道徳感情論』の中で一番本格的に検討していた種類の共感は不正行為の被害者に対する人々の共感なのだが，彼はその本と同様に法学講義の中でも，刑罰の意義を犯罪者に対する公衆の怒り（被害者の復讐感情への共感）に見出す。

　　もし被害者の復讐が犯人を死に至らせるものであって，観察者は同調できないが，もし彼

がその侵害に対して軽度の体罰か小額の罰金による復讐に同調できるとすれば，それがこの場合に科されるべき処罰なのである。すべての場合に，それを科すことについて観察者が被害者と一致するような処罰であれば，それは人類のうちの彼ら以外にも公正と思われるのである。受けた侵害を犯人に返すようにせきたてる被害者の復仇心は，犯罪処罰の真の源泉である。グロティウスその他の著者たちが共通して処罰の根源的な尺度だと主張する公益への考慮は，処罰の制度を十分に説明するものではない。……被害者の憤慨は，処罰を三つの目的に完全に応えるように規制するだろう。(『法学講義1762～1763』107-8頁)

スミスがここで言っている処罰の「三つの目的」とは，第一が加害者に対する復讐，第二が犯罪の抑止（刑法学でいう一般予防と特別予防の両方を含む），第三が被害者への損害賠償だ。犯罪予防も刑罰制度の無視できない理由の一つではあるが，公衆の処罰感情の満足ほどには重要でないのである。

スミスはまた所有権取得の規則も被害者への共感によって説明する。たとえば無主物（ここでは林檎の実）先占の制度の説明はこうだ。

諸君は私が，すでに説明した体系［『道徳感情論』のこと］から次のように言ったのを思い出すだろう。それは，ある人が侵害されたという意見を中立的な観察者が持ったときに，われわれは，何かの侵害がその人に対してなされたと考えてよいのであり，その被害者の関心に同調し，彼が占有している対象を暴力的な攻撃から守るとき，あるいは彼の手からそのようにして不正にもぎ取られたものを取り戻そうとするとき，彼に賛成するのだ，ということである。……観察者と占有者との間のこの同感あるいは同調の原因は，観察者が占有者の思考の中にはいり，占有者がその果実を—あるいはそれが何であっても——好きなように使用することについて合理的な期待を形成してよいという，その意見に同調することである。(同上14頁。訳文は少し変えた)

また約束が契約として拘束力を持つのは，「約束されたものを取得するだろうという約束相手の期待と依存が，まったく合理的だと受け取られ，中立的な観察者はそのようなものとして，ためらいなくついていく」(同上89頁)場合だと言われる。

この共感理論に対する自然な反応は，公正中立な観察者はどんな人にも共感するわけではないのだから，誰に共感し誰に共感しないのかの基準がどのようなものなのかを知りたい，というものだろう。このことは，『道徳感情論』でも法学講義でも，共感理論が単に現実の道徳や法を叙述するだけでなく，規則や制度や行為を規範的に評価するためにも用いられているからには，スミスにとって重大な問題であるはずだ。だが彼はそれが難問だと感じていたようには見えない。彼は誰でも私心を捨てて虚心坦懐になれば中立的な観察者の判断がわかると信じていたようだ。

共感の概念と並ぶスミスの法学のもう一つの特徴は，歴史段階による法の分析である。スミスは人類の歴史を狩猟段階・牧畜段階・農耕段階・商業段階という四段階を経て発展すると考え，法の内容もそれぞれに適したものになるのが当然だとみなした。こ

のことは所有権法の論述において一番明確である。たとえば狩猟段階では所有の対象は捕えた獲物，あるいはせいぜい追跡中の獲物に限られているから法はほとんど不必要だったが，牧畜段階になると所有の対象は家屋と家畜にまで及ぶようになった。

　しかし，所有はまだ土地や牧草地には及ばなかっただろう。牧畜民の生活は，彼がしばしば生活環境を変えること，少なくとも，彼の家畜の牧場を見つけるために放牧地を変えることを必要とする。彼が生活環境を築いた場所の所有は，彼がそこを立ち去るや否や終了するものと理解されただろう。劇場の座席や海岸の小屋が，彼によって占有されなくなれば誰のものでもないのと同様である。(同上19頁)

　だが古代ギリシアのような農耕の段階になると当然土地の所有が行われるようになり，相続制度もそれにつれて発展した。そしてスミス自身の時代である商業段階になると，商品交換や分業に不可欠の契約に関する法が重要になったというのだ。所有形態についてほど明快ではないが，スミスは統治や家族の形態も社会の発展段階によって変わってきたと考えた。

　スミスの法学講義は公刊されず，その内容が長く知られなかったために後世に影響を及ぼさなかった。しかしそれは人々の道徳心理と経済の発展段階に注目するという貴重な洞察を含んでいた。特に道徳心理への着目は，スミスがスコットランド啓蒙内の先行者であるハチソンやヒュームの道徳感覚学派moral sense schoolから受け継ぎさらに発展させたにもかかわらず，それ以後ほとんどの法思想家が軽視することになるアプローチである。スミスの法学講義は，しばしばなされているように『道徳感情論』あるいは『国富論』との関係で検討されるだけでなく，法学自体の観点からも研究される価値がある。そして法に対するスミスのアプローチを今日復活させようとするならば，そこで助けになるものは，スミスの時代には未発展だった経済史と道徳心理学の知見だろう。

【参考文献】
　アダム・スミス『法学講義』〔水田洋訳〕岩波文庫，2005年（ノートBの邦訳）
　『アダム・スミス　法学講義　1762〜1763』〔アダム・スミスの会監修〕名古屋大学出版会，
　　　2012年（ノートAの邦訳）
　デイヴィッド・ラフィル『アダム・スミスの道徳哲学——公平な観察者』〔生越利昭・松本哲
　　　人訳〕昭和堂，2009年（特に第12章「法学」）

【森村　進】

5講 ドイツ観念論の完成
自由から法と国家を構想する

I─はじめに　　ドイツ観念論の法思想とは？

　ここではドイツ観念論の中心的思想家であるカント，フィヒテ，ヘーゲルの法思想を扱う。

　一般的には，カントの批判哲学の影響の下に，その継承と克服を意図した哲学が「ドイツ観念論」と呼ばれる。ここにカント自身を含めるのがその広義の用法であろう。ドイツ観念論という呼称自体は後に19世紀半ば頃から用いられはじめたものであって，彼らが自覚的にそのような思想運動の中にいたわけではない。とはいえ彼ら共通の問題意識や課題ははっきりと認められるのであり，ドイツ観念論という一連の思想として捉えることには意義がある。

　「観念論」にあたるドイツ語はイデアリスムス Idealismus であり，イデー Idee という語に基づいているが，ここで取り上げる思想家たちの著作ではこれは通常「理念」と邦訳されている語である。そして法哲学を含む実践哲学のすべての体系の中心かつ土台となる理念とは，「自由」の理念である。自由から人間と法や国家を構想する思想──これがあえて言えばドイツ観念論の思想家に共通する姿勢ということになるだろう。

　また彼らは皆，自由の歴史において現代は特別な時代であり，自分たちが今その歴史の転換点にいるという意識を共有している。そしてこの時代に達成された個人の自由の積極的な意義を肯定しようとする明確な意識を持っている。そうした彼らの歴史意識を形成した重大な構成要素としてフランス革命が持つ意義は大きい。彼らの思想はいずれも，フランス革命の持つインパクトを真剣に受けとめた思想であると言ってよい。同時にそれは革命に影響を与えたルソーの思想的影響下にもあることを意味する。

　とはいえ，自由な個人を出発点とするのは近代自然法論一般に共通する特徴でもあった。ドイツ観念論の哲学者たちの課題は，近代自然法論が確立した個

人の自由という成果を継承しつつ，その問題点を克服して新たな段階へと発展させようとする試みだったと言える。この点に留意しながら，以下三人の思想を各々見ていくことにしよう。

Ⅱ─カント　　　自由が共存する体制は義務である

　カント（Immanuel Kant. 1724-1804）が著した著作のうち狭義の法思想に関わるものは，『理論においては正しいが実践には役立たないという俗言について』（1793年，以下『理論と実践』），『永遠平和のために』（1795年），『法論の形而上学的基礎』（1797年，以下『法論』）等，ほぼフランス革命勃発以降に出版されたものであるが，それ以前の1760年代からルソーの影響下に彼の法思想は懐胎されていたとみてよい。また彼の執筆活動の最中に勃発したフランス革命に対しては，そこから発生するテロリズムなど否定的側面に厳しい目を向けつつも，革命の歴史的意義については絶対的肯定の立場に立ちつづけた。『諸学部の争い』（1798年）でカントは，革命の直接的余波としての政治的事象の進展よりもそれを観察する諸国民への自由の意識への刺激としてフランス革命を評価している。

1　自由の位置づけ──人倫法則（道徳法則）と法体系
　カントの普遍主義的な自由の思想は，法哲学のみならず彼の思想全体を一貫して流れるものである。彼の哲学体系全体における自由の位置づけを確認しておこう。
　物を客体として把握しようとする理論的認識にとっては，自由の存在は肯定も否定も証明できない「理念」にとどまるというのがカントの『純粋理性批判』での主張であった。しかし人間の行為を主題とする実践哲学では自由は「理性の事実」として実在を認められその体系の前提となる。その自由は理性の無条件の命令（定言命法）である道徳法則を通じて人間に認識されるが，この道徳法則に従うことが自律としての自由である。
　道徳法則は「自分の行為の原則が同時に普遍的法則となりうるか」を判定基準とする。さらに他人を単なる手段ではなく常に同時に目的とみなすこと，自

らをそうした目的自体としての人間からなる国における成員と見なすことを人間に要求する。これはさしあたり倫理・道徳思想として語られたものだが，人間のあり方を「**目的自体**」として明確化したカントの定義は，以降の法思想や法律学にも直接かつ決定的な影響を与えている。

『法論』では，法は「各人の意思の自由があらゆる他人の自由と，自由の普遍的法則に従って共存することを可能にする諸条件の総体」として定義される。なお，カントの自律としての自由概念は，そのルソー的由来も相まってアイザイア・バーリンの区分に由来する積極的自由にあたるとされ，真に自律的でないとされた個人に対する強制の根拠とされかねないという懸念が向けられることもある。しかし特に『法論』における自由は，「他人の強制的意思からの独立」であると定義され，生得的権利として全ての権利や制度の出発点になっており，少なくとも法思想においては消極的自由の意味をも含む自由の概念が基礎に置かれていると言えるだろう。

この道徳法則について，有名な「**道徳性**」と「**合法性**」の区別が成り立つ。道徳はその行為の動機が道徳法則であること（道徳性）を要求するのに対して，法は，行為が道徳法則に外形的に合致していること（合法性）のみを要求する。したがって合法性を性質とする法は他人によっても強制可能である。この区別は，法と道徳の差異に関する思想史上のカントの功績であるが，同時にこの議論は，法もまた理性の命令としての道徳法則に基づいて人間を拘束するものであることを明らかにしている。道徳法則は『法論』では「自由の法則」とも表現されるが，法・権利・国家はこの自由の法則から根拠づけられることになるのである。

2 私法論と自然状態

『法論』において法体系は，私法，国家法，国際法，世界公民法に分けられる。

まず私法論では，私的所有権や他人に対する債権などの私法上の権利が正当化される。これは近代自然法論における自然権に該当する諸権利であるが，これらの権利は自由の概念の具体化として，直接的に理性からその必然性が正当化される。

私法的な権利主張が各人に正当化されても，それが公法によって保障されない状態はホッブズ的な「自然状態」でありつづけるとカントはみなす。各人の自由と他人の自由との共存を命ずる理性は，このような自然状態が存続することを許さず，公法的な配分的正義が支配する状態すなわち「公民状態」を実現しその中に相互が入り込むことを命ずるのである。

3　理念としての社会契約・普遍的結合意志・世界公民体制

　このようにカントは自然権の保障のための国家という論理を近代自然法論から継承していると言えよう。しかしカントにおいては，自然権である私権を守るために人々が「社会契約」によって案出したものとして国家（公民体制）が要請されるのではない。『法論』ではっきりと述べられているように，国家状態に生きることそれ自体が理性の定言命法によって命じられるのである。

　ただし社会契約という理論装置が捨てられるわけではない。それは「社会契約の理念」あるいは「根源的契約の理念」として受け継がれているが，それはただ理性において措定されるのみであり決して現実の契約ではないことを，カントは常に強調している。またそのような契約を締結してできた主権的意志は，ルソーの一般意志を継承して「普遍的結合意志」と呼ばれるが，しかしそれも普遍的結合意志の「理念」なのである。「理念」としての契約や結合意志の表象は，すべての個人が契約したとしたらどのような状態を実現すべきか，すべての自由な個人の意志が合致した場合には何を必要とするかという判定基準として，現実に対して規範的に機能する。ここにカントにおける社会契約説の継承とその克服を見て取ることができよう。

　国家の持つ形式も，こうした根源的契約の理念，普遍的結合意志の理念から，したがって理性の内なる法原理から導出されるが，そうしたあるべき国家体制は「共和制」でなければならないとカントは様々な機会に述べている。『法論』ではそれは「純粋共和制」と呼ばれ，現実の国家に対する規範としての国家像の役割を果たしている。

　カントの考える共和制とは次のような条件を満たすものを指す概念である。まずそれは国民に対して，自由と平等，自立性が保障される体制である。また「普遍的結合意志」の理念に基づいて，全体としての国民が主権者とみなされ

る。その主権は立法権に置かれ、立法に従う権力としての執行権、最終的に立法にしたがって法的関係（権利関係）を確定する司法権への権力の分割、いわゆる権力分立が不可欠の条件である。さらに権力の行使に関しては「代表制」をとることが共和制の条件である。

ただしカントは、代表制という言葉で代議制議会のことを指示しているわけではない。カントの「代表」概念は、主権者である国民の結合意志が代表としての統治者を通じて行使されること、主権者（国民）が直接権力を把握しないことを意味している。主権者が統治権力を同時に手中にすることは多数の意志の「専制」をもたらすからである。カントの抵抗権否認論もこの代表制に根拠を持っている。これはカントの主張の中では能動的公民と受動的公民への国民の区分と並んで評判の悪いものであるが、自由の保障にとっての代表制の必要性という点からは論理的に首尾一貫していると言える。すなわち、国民が主権者を代表（代理）する統治者に抵抗したとき、それが正しいかどうかについて主権者が自分自身の裁判官になるという専制が発生し、結果として国民の自由を損うことにつながるからである。

カントが国家に不可欠だとするものは、このように自由の共存という理性の法概念から導出される条件に限られる。それは一方で、国家の使命として国民の「幸福」を原理とすることを否定する。それは特定の幸福を国民に押しつける専制となってしまうとカントは考えるからであり、カント国家論の**自由主義**的な性格がそこに表れている。

国家だけが公民体制ではない。国家も国家同士の関係ではそれぞれがそれぞれに対して潜在的な戦争状態としての自然状態にある。国家同士の関係も公民状態に移行しなければならないのは、同じく理性に基づく義務である。現実に成立が期待されている体制は、諸国家の連合体である（カントは世界がひとつの国家となることは、専制をもたらすとして否定的である）が、その究極に「**世界公民体制**」が措定されている。ただしこれも世界公民体制という「理念」であって、諸国家のみならず個々人が追求すべき目標であり続ける。

4　あらゆる自由を支える自由＝言論の自由

こうしたカントの「自由」の概念の中でも重要な位置にあるのが、言論の自

由である。言論の自由といっても，公共的な問題について彼自身の意見を公表し交換しあう自由を意味し，これをカントは人間が決して放棄しえない不可譲の権利とみなす。

『理論と実践』の「ペンの自由は，国民の諸権利の唯一の守護神である」という言葉が示唆するように，言論活動の自由は，他の諸自由や公民体制そのものを守る重要な役割を果たす自由である。そもそも『純粋理性批判』でカントは，理性そのものの存在すら批判の自由に基づいているとまで述べていた。カントにおいて言論の自由は，まさに彼の思想全体を支える礎石としての特別な意味を持っているのである。

『啓蒙とは何か』（1784年）でカントは，こうした言論活動の自由を「理性の公的使用」の自由と呼んでいる。それは組織の一員としての思考である理性の私的使用と異なり，全世界の人々へ向けて**世界市民**の一員として考え，かつそれを伝える自由を意味している。自らの立場を反省を免れた特権的なものとせず，常に全てを普遍的な人類の立場から見ること，そうした世界市民としての観点をカントは「多元主義」とも呼んでいるが，カントの法思想全体がこの普遍的な世界市民としての自由を体系化したものだと言えるだろう。

Ⅲ―フィヒテ　　ルソー直系の社会契約説か？

理論哲学におけるカントの課題の継承と克服を「知識学」の形で試みつづけたフィヒテ（Johann Gottlieb Fichte. 1762-1814）であるが，法思想史の観点から注目すべきは，彼の思想形成におけるルソーの影響である。フィヒテがカント哲学と出会ったのは1790年頃とされるが，それよりはるか前，1774年からのギムナジウム生活の中ですでにフィヒテはルソーの著作・思想に触れている。匿名で出版された『フランス革命についての公衆の判断を正すための寄与』（1793年，以下『フランス革命論』）はカントの一連の法哲学的著作の出現前の著作であるし，自らの法哲学を初めて体系的に詳述した『知識学の原理に基づく自然法の基礎』（1796～97年，以下『自然法論』）も，カントが最も体系的に法を論じた『法論』の出版（1797年）より前に構想・執筆されている。ここに我々は，フィヒテが『実践理性批判』等でのカント実践哲学の基本思想を受け継ぎながらも，法

思想としてはプレ・カント的な性質を持っていることを予想することができる。

1 実在する社会契約と一般意志に基づく国家

フィヒテは，道徳性と合法性の区別をカントから受け継いでいるものの，それは上述のようにカント『法論』のそれではなく『実践理性批判』（1788年）での議論を前提にしており，カントのように法と道徳が同等に理性の道徳法則に基づくという構成をとってはいない。法は道徳から切り離され，理性が個々人の意思（恣意）に委ねた領域のものとされる。したがって権利や国家法の演繹は，道徳法則とは別の根拠を持つことになる。

『自然法論』では，個々人の権利は自我の自由の措定から出発して，他の自我にも自由を認めなければならないことが導き出される。このような自由の「相互承認」のプロセスを通じて，個人の自由によって所有権をはじめとする私権の必然性が証明されるのである。

この相互承認によって互いの権利侵害を控えようとする「共同意志」が成立するが，国家以前においてはそれは相互の信頼関係に基づくものにすぎない。確実な権利の保障は，万人の共同意志によってのみ達成されるのであり，こうした万人の共同意志を成立させ国家を設立するのが「公民契約」である。もちろん公民契約と共同意志という概念はルソーの「社会契約」と「一般意志」の概念に対応するものであり，またこのようにして国家の存在が演繹されることは，自然権の保障のために国家の必要性が示されるロック的な近代自然法論の論理を受け継いでいるとも言える。

ここで重要なのは，フィヒテが，ある時点において実際に全員の一致によって公民契約が締結され共同意志が実際に表明されることが必要であると強調していることである。法は理性の義務ではなく個人の意思決定の領域に属するのであるから，国家の基礎はカントのように理性の義務そのものに求めることはできないからである。こうして，国家の強制力の根拠は事実としての公民契約に，そしてそこでリアルに現実化される万人の共同意志に置かれることになる。

2　監督官制度と人民集会

　公民契約は，相互の所有権の尊重・保障の契約と国家と個人との服従契約からなるが，服従契約の締結後は，共同意志はその公共体としての現実存在を失い，国家権力の行使はすべて執行権によって代表（代理）されることになる。カントと異なり，フィヒテは公民契約に基づいて成立した権力についてその分立を重視せず，執行権が公共体すべての管理を司るものとしている。この執行権による主権的意志の「代表」の必然性は，カントと共通の論理によって国家に不可欠の要素とされる。すなわち，もし執行権が代表されていなければ，主権的意志自身が統治において誤りを犯した嫌疑があるときに主権的意志が自らが自己について裁判するという専制に陥るからである。

　前述のようにカントはここから代表された権力に対する抵抗権の否認を導き出すことになるが，フィヒテの対応は異なっていた。まずフィヒテは，場合によっては執行権によって人民集会が召集され，実際に人民の共同意志を確認する手続も想定している。さらに，諸個人の権利が侵害されるなど，代表された執行権の行使が誤りうることも想定してそれを正す方法がなければならないと考える。そこでフィヒテが導入するのが「監督官（エフォラート）」の制度である。

　監督官は，公権力の行動に対する監視を行う官職でありその身は不可侵とされる。彼は執行権力が誤りを犯していると判断した場合に，執行権の権力行使を停止し，人民集会を召集する権限を持つ。これは一箇所で開催されるのではなく国内の各都市・各地域で開催され，人民による熟議がそこで行われるのである。そしてこの人民による集会＝公共体の決定が全て正しいとされることになる。さらには監督官を置く条件が整わない場合に限ってであるが，人民自らが直接人民集会を開催することすら認めている。

　このように，フィヒテは，国家の成立根拠を実際に結ばれた公民契約に基づけているのみならず，事に応じて国民全体の共同意志を実在させることができると考えており，そこに究極の法の効力を基礎づけようとしていることが分かる。このようなフィヒテの考え方とカントにおける「理念」としての社会契約の論理構成を比較するとき，我々は，フィヒテの法思想が，カントによる近代自然法論の理論装置の理念化・規範化という大転換の前に位置していることを理解する。フィヒテにおいてはまさにルソーの「社会契約」や「一般意志」が

直接的に継承されていると言えるであろう。

3　生存権思想と管理国家・統制経済の思想

　フィヒテの構想する国家は，各人の権利の領域を守る目的のために国民に対し管理統制的な権力をもつものとして描かれる。たとえば後にヘーゲルが名指しで揶揄するように，身分証明書の常時携帯を義務づけ，官憲の要請に応じて提示する義務を課するなど，ある意味では強力な国民監視も肯定されている。これは法が基本的には人間の外面的な自由にのみ関わり，内面的な道徳とは切り離された領域にあるという彼の基礎理論に由来するところも大きいと思われる。

　さらに，フィヒテにおける個人の権利の概念に**生存権**の性質があることも，そうした管理統制をもたらす一つの要因であると言える。各人が自分の労働によって生きることができることがあらゆる理性的な国家の原則とされており，そこから国家の国民の労働・生活環境に対する監督の思想が発してくるのである。国民は国家に自分の職業を申告し，国家は各人にその職業を独占的に許容する。このような生産の管理の他，経済的交換についてもそれが国民に必要な需要を満たすように管理することが国家の使命とされる。『自然法論』で概要が示されたこうした統制的経済の思想は『閉鎖商業国家』（1800年）でさらに詳述されることになる。

　このようなフィヒテの姿勢は，後述のように市場原理が支配する市民社会を重視したヘーゲルはもちろん，世界平和の実現を促す要素としてグローバルな商業活動に期待したカント（『永遠平和のために』）と比べても，近代の市場経済に対する警戒という点で特徴的である。ここには，ルソーを通じて，さらに古代的共和主義に近い観点から同時代を見ているフィヒテの姿が見てとれるかもしれない。

Ⅳ──ヘーゲル　　自由の実現と市民社会・国家

　30代半ばのイェナ大学時代に執筆された著書『精神現象学』（1807年）の序論でヘーゲル（Georg Wilhelm Friedrich Hegel. 1770-1831）は，「我々の時代は誕生の時代でありかつ新しい時代への移行の時代」であって，精神はこれまでの世界と

決別してその改造という作業を行っているのだと述べている。ここに見るようにヘーゲルは徹底的に彼の生きた時代を意識し続けた哲学者であり，そして彼は何よりもフランス革命とそこに現われた「自由」に根を持つ哲学体系を作り上げようとしたのである。そうしてこのような課題を直接引き受ける法哲学という分野こそ，ヘーゲルの全哲学体系の中心をなすと言ってもよい。従来，プロイセン国家の権威主義的絶対化などと評されてきたその国家論すら，本来は，革命によって具現化された歴史的課題を引き受け，さらにそれを確実に現実世界に刻み込むための作業であった。

1　自由の理念と法哲学

　ヘーゲルにとって哲学とは自ら自由を本質とする精神が自己を主体として，そして自由として自覚し「理念」に到達するまでをたどり尽くそうとする歩みである。ただしここでヘーゲルの言う「理念」とは，カントのそれのように理性が措定する思考上の表象ではない。ヘーゲルにおいて理念とは，精神の概念（本質）である自由が，さらに現実性を獲得しているあり方のことである。ヘーゲルが『法哲学綱要』（1821年，以下『法哲学』）の第1節冒頭で，法哲学の対象は「法の理念，すなわち法の概念とその実現」であると述べているのもこのような意味なのである。理念であるということと理性的であるということとは同義であり，『法哲学』序言の「理性的なものは現実的であり現実的なものは理性的である」という有名な言葉は，そのような理念のあり方を意味している。

　こうして法哲学とは，法を自由の本質から抽象的に理解することから始まり，最後に理念として制度や社会の中に確実に根を下ろしたあり方を確認するに至るまでの営為ということになる（ただしこれは論理的なプロセスであって，諸制度の歴史的発生の順序ではないことに注意すべきである）。抽象的な自由の把握から理念へと向かう発展は，いわゆる**弁証法**的なプロセスとして把握される。すなわち，抽象的にとらえられた自由は自らを否定する契機にであうことによって自らの限界を脱却して，より具体的な実在である理念へと高まっていくというプロセスである。この展開を動かしていく主たる動因は，特殊性と普遍性，言い換えれば，かけがえのない個であるという性質と，他との関係の中ではじめて個であり得るという性質という相対立する契機である。

2 抽象的権利と道徳

まず「抽象的権利」の章では，個人が人格として存在すること，人格が持つ所有権や契約上の権利などが理性的に根拠づけられる。これらはいわば近代自然法論およびカントによって正当化されてきた諸権利の体系であるが，ヘーゲルはそれが抽象的な普遍性にとどまっていて，人間にとっての具体的な意味に到達していないという限界を看取する。ここで，ヘーゲルは近代自然法論の理論的成果を受け継ぎながらも，それを近代社会を形成する一面の契機にすぎないものと位置づけることで，近代自然法論の換骨奪胎を行っていると言えよう。

また次の「道徳」の章では，そうした諸権利・法の普遍的体系と区別された内面的な道徳の領域が扱われるが，カントが合法性／道徳性として定式化したような，外面的関係としての法・権利と内面的な道徳の峻別という近代社会に特徴的な性質がここでも扱われているのである。

3 人倫の諸段階——家族・市民社会・国家

普遍性と個別性のそれぞれ一面のみに分裂していて，自由の現実化としてはそれぞれまだ不十分である抽象的権利／主観的道徳の段階は，現実的な理念へと近づくためには「人倫」の段階へ進まなければならない。ヘーゲルが「人倫」と呼ぶのは，特殊性と普遍性の両面を含んだ，その意味で人間にとってより具体的な生活を支える実体的な関係のことである（翻訳によっては「倫理」と訳されている場合もある）。人倫的関係もいくつかの段階に分かれており，それぞれの段階も，より現実的な理念へと移行していくことが，弁証法的に明らかにされていく。

まず最初に現れてくるのは「家族」という人倫的関係である。家族は愛によって結びついた共同体であり，個としてのあり方もそこで形成されるような，人間にとって不可欠な関係である。しかし家族の一員としての人間は，個として自立し，市民社会の一員となるべく家族の一体性から離れていく。そうして自由な諸個人が欲望の自由を行使する関係が次の「市民社会」である。

市民社会は経済的自由の行使が全面的に展開する自由主義的な市場原理の世界であり，ヘーゲルはそれを「欲望の体系」と呼んでいるが，この資本主義へ

と向かう近代社会のあり方を，自由の不可逆の発展の歴史における重要な，かつ否定しえない成果として捉えている。ここにはヘーゲルが，ジェームズ・ステュアートおよびアダム・スミスの経済学に多大な関心を持ち研究してきた成果が反映されているが，この点はフィヒテの統制的な職業編成と経済観とは大きく異なるヘーゲルの近代性の現れであろう。先に論じられた抽象的権利と主観的道徳のあり方も，実は，歴史的順序から見ればこの市民社会こそが生み出したものであり，それらは結局，近代市民法とそれを支える市民的道徳を描写したものだったというわけである。

　市民社会は，特殊性と普遍性の両契機を含みながらもそれらが分裂している状態にある。すなわち，一方の個人の欲望という自由は，一方で普遍的な市場原理・経済原則に支配され，個人はそれに飲み込まれて疎外された状態に陥っている。この状態は放置されてよいわけではなく，そこには市民社会の様々な問題を処理する司法や行政の機構が成立するのが必然である。この市民社会の一機能としての司法や行政の機構をヘーゲルは「強制国家」とか（理性的な段階まで達していないという意味で）「悟性国家」とも呼んでいる。たとえばフィヒテの国家もそこに含めていることからもわかるように，近代自然法論において「国家」として考えられてきた統治機構の機能の多くはこの市民社会の機構に含まれている。

　そうした市民社会内の司法・行政によっても，市場社会の本質としての特殊性と普遍性の分裂は最終的に解決されるわけではない。そこで理性は，個であることが全体の一員でもあるという両契機の一体性が回復された「国家」という人倫関係へ移行する必然性を導き出すのである。この国家こそは，自由の概念が最高度に現実化された状態であり，つまり自由の理念そのものである。なお国家の上には「世界精神」が支配することになるが，これは歴史の中で登場が期待されるものであって人倫的実体ではない。現実的な理念としては国家が最高の存在と位置づけられる。

　近代自然法論に対する関係では，以上のようにして導き出される市民社会における行政機構もそのあとに来る人倫的国家も，自由の現実化の過程で不可欠な段階として理性が把握するものであって，人民の契約に基づく国家という理論装置は（カントのように規範的な表象としてすら）全く用いられていないどころ

か，意識的に否定されていることが注目される。ヘーゲルは，近代自然法論が理論化してきた近代社会の諸性質を抽象的権利から市民社会に到る論理として継承し肯定しながらも，それを担ってきた社会契約というフィクションからは完全に脱却を果たしたのである。

4 自由を実現する場としての国家

国家に関する記述について，ヘーゲルが『法哲学』の出版直前に，プロイセン当局の意向を意識してその内容を変更したこと，それ以前の時期の講義録と比べて個人の自由の点から見ていくつか後退的な変化が見られることは確かである。しかしそこで彼がプロイセン国家を神格化し体制への迎合に走ったという評価は——かつてはしばしばヘーゲルに浴びせられてきた批判であるが——正当な評価とは言えない。

まず，市民社会は国家の中で消滅するわけではない。それまで理性が確認してきた諸段階，すなわち家族，市民社会という人倫的関係や，抽象的権利の観念や個人の主観的な内面の尊重といった諸契機は，国家の存在のもとでその領分を位置づけ直されながらも積極的な存在意義を持ち続けるのである。刑事罰に関しても個人の責任原理（「道徳」の章で扱われている）をヘーゲルは堅持している。むしろヘーゲルの人倫体系全体は，市場経済とそこで成立した生活様式を前提とし，それを含み込んだ上で社会的統合と協働の理論を企てようとした思想史上初の包括的試みとも評価できるだろう。

また，『法哲学』で描かれる国家像は現実のプロイセン国家とは異なっている。たとえば国家には，権力の三権への分立が不可欠の条件とみなされていることもその一つである。ただしヘーゲルの言う権力分立は，カントとは異なって，立法権／統治権／君主権の三権への分立であるが，とはいえ君主権にはまさに国家の統合の象徴としての意味しか与えられておらず，プロイセンのみならず当時現実には見られないほどの純粋な立憲君主制を志向したものと言える。

立法権は代議制の議会によって担われるが，これも現実のプロイセン国家には存在していなかった制度である。確かに代議制議会といっても，議員が国民の選挙によることは重視されておらず，むしろ職能団体を基本にその代表からなる議会が構想されているが，それは職能団体を基礎とする市民社会のありよ

うを議会に反映させるためのものであり，このようなコーポラティズム的な政治は近代国家に見られない制度ではない。

　言論の自由については，より以前の講義録と比べると『法哲学』における重要度は後退しているとも言えるが，言論の自由が必要である姿勢は維持されつづけているし，議会の審議の公開性も理念的国家に不可欠の要素とみなされている。また「市民社会」の章においてではあるが，司法を論じた諸節では，法が成文法として公知されることや裁判の公開も，必須の原則として扱われている。

　こうしたヘーゲルの国家は，ジョン・ロールズが彼の『哲学史講義』で指摘するように，当時としては相当程度リベラルな国家像を提示したものと見ることができるのであって，少なくとも実在の権威主義的国家をまるごと肯定するのがヘーゲルの真意ではないと考えるべきである。先にも引用した「現実的なものは理性的」という表現も，現状の無批判な肯定を意味する言葉ではない。ヘーゲルは，普遍性とともに個人の特殊性の尊重が存在していないような状態は，たとえ現存していても「現実的」とは呼ばないのだと『法哲学』の講義の中で述べており，したがって市民社会やそこにおける個人の諸自由を否定した現存の国家体制は「現実的」な理念的国家ではないことになる。

　たしかに，国家は抽象的権利や道徳，家族，市民社会の上に立つものとして位置づけられ，また国民へ統合されることが個人の最高の目的であり義務であるとされるなど，国家の権威づけや神格化と受けとれる叙述が見られるものの，それらはリベラルな国家を支える遵法精神や公民的徳の形成・維持を念頭に置いたものと理解することも可能である。また近代国家の形で現実化しつつある自由の成果を，フランス革命後の混乱のように観念的・抽象的な自由の暴走によって失ってしまわないようにとの意図もそこにはある。その意味でヘーゲルの国家論には，理性に基づく国家の神格化が見えるにはしても，非合理で神秘的な国家や民族なるものを権威づけようとしているわけではないのである。

　ヘーゲルの国家・法概念があくまで自由の観点から理性的に基礎づけられたものであることは，民族の感情や伝統・歴史に依拠する保守的なロマン主義やサヴィニーらの歴史法学に対して徹底的かつ執拗な批判を展開していることか

らも見てとれる。サヴィニーとティボーのいわゆる法典論争以来の統一民法典編纂の問題に関しても，もちろんヘーゲルは合理的な法典編纂を支持し，反歴史法学の立場を明確にしているのである。

　ヘーゲルが法哲学で示した抽象的自由から国家への弁証法的展開とは，歴史の中でようやく成立した自由の諸制度が人間にとって必然であり不可欠であることを跡づけて確認し，自由の歴史が逆転されることのないよう擁護しようとする試みであった。「ミネルヴァのフクロウは夕暮れとともに飛び立つ」というこれもまた有名な『法哲学』序文の言葉（フクロウは哲学の象徴である）は，そうしたことを言い表したものとして理解されるべきであろう。

【参照・参考文献】

　ここで取り上げた思想家については，すでに，カント全集（岩波書店），フィヒテ全集（哲書房），ヘーゲル全集（岩波書店）と，それぞれ邦訳全集が刊行されている。

▶カント『法論』は現在全集以外では入手がしがたいが，その他の法哲学的著作の多くは以下に収録されている。

　『啓蒙とは何か』〔篠田英雄訳〕（岩波書店，1974年）

　『永久平和論』〔宇都宮芳明訳〕（岩波書店，1985年）

　『法論』の詳細な研究としては，

　　ヴォルフガング・ケアスティング『自由の秩序——カントの法および国家の哲学』〔船場保之・寺田俊郎監訳〕（ミネルヴァ書房，2013年）

▶フィヒテ『自然法論』『閉鎖商業国家』は全集に収録されているのみ。『フランス革命論』については，

　　『フランス革命論——革命の合法性をめぐる哲学的考察』〔桝田啓三郎訳〕（法政大学出版局，1987年）

がある。フィヒテの法・政治思想を詳述する文献はそもそも数が少ないが，その中で，現在までの内外のフィヒテ研究も踏まえた最良の案内と思われるものとして，

　　清水満『フィヒテの社会哲学』（九州大学出版会，2013年）

▶ヘーゲル『法哲学要綱』については全集収録のものの他，講義録からの抜粋を付した版に基づき注釈も詳細なものとして，

　　『法の哲学Ⅰ・Ⅱ』〔藤野渉・赤沢正敏訳〕（中央公論社，2001年）

▶本文で言及したロールズのヘーゲル評価については，

　　ジョン・ロールズ『ロールズ哲学史講義（下）』〔坂部恵監訳〕（みすず書房，2005年）

▶その他，ヘーゲルの思想への導入として本稿でも参考にしたものとして，

　　権左武志『ヘーゲルとその時代』（岩波新書，2013年）

　　シュロモ・アヴィネリ『ヘーゲルの近代国家論』〔高柳良治訳〕（未來社，1978年）

【高橋洋城】

6講 中世ゲルマン法と歴史法学
「良き古き法」と民族精神

I―序　説

　近代日本の法学が模範としてきたドイツ近代法学の基礎には，歴史法学の創始者であるサヴィニーの**法生成論**があった。1814年の**法典論争**において，自然法論に依拠して法典編纂を主張するティボーに対して，サヴィニーは法生成論を掲げて反論し，翌年に弟子のグリムらと『歴史法学雑誌』を創刊して歴史法学を旗揚げした。歴史法学はその後，サヴィニーに代表される**ロマニスト**と，グリムに代表される**ゲルマニスト**に分かれていく。この両者はそれぞれ古典主義とロマン主義という別々の精神史的潮流に属し，研究対象だけでなく政治的立場も異にした。しかし，**法命令説**を拒否して，法を言語や習俗と同じく**民族精神**の発露と考える点で，両者は一致していた。

　法生成論は，単なる理論ではなく，古典期ローマ法学と「ゲルマン法」に関する法史的事実の認識に基づいたものだった。とはいえ，史料的制約のゆえに「ゲルマン人に固有の法」は実際には認識不可能である。この問題について，**世良晃志郎**は，いわゆる「ゲルマン法」の概念について徹底的な批判を行った。この批判を踏まえると，認識対象としての「ゲルマン法」の概念は，ローマ法でもカノン法 (中世カトリック教会法) でもない法のうち，遅くとも中世盛期 (11〜13世紀) までにヨーロッパで観察されるもの，という便宜的な定義とならざるを得ないだろう。

　このような「ゲルマン法」を象徴するのが「**良き古き法**」の観念である。不文慣習法に基づく未開社会では，環境に応じた無意識的な変化が仮に生じたとしても，法は依然として永久不変のものと観念される。このような「良き古き法」の観念は，とりわけ中世盛期以降，支配体制を強化すべく新しき (悪しき！) 法が導入されようとするたびに，かえって強く意識されることになった。このような支配体制の強化と固有法文化の保全という2つのベクトルのせめぎ合い

は，6世紀頃からゲルマン部族国家で編纂された「贖罪金のカタログ」である**部族法典**においても，12〜13世紀に法知識を有する編者が私的名義で不文慣習法を採録した**法書**においても，それぞれ独特の仕方で痕跡を残している。

II—「ゲルマン法」の概念

1　ゲルマン人に固有の法？

　ゲルマン法は，法学の基本概念の一つであって，ローマ法・カノン法とならぶヨーロッパ法文化の源流の一つである。しかしそれは慣例的に「ゲルマン法」と呼ばれてきた，そうとしか呼びようのない法が存在するという意味であって，「ゲルマン人に固有の法」という素朴な理解は現実に即したものではない。

　バルト海沿岸やユトランド半島を原住地とするゲルマン人は，先住民であるケルト人を駆逐しながら南下し，紀元前後にはライン河・ドナウ河を境として古代ローマ帝国と接触した。この時代のゲルマン社会の様子を記録した史料としては，カエサル『ガリア戦記』（前1世紀中頃）とタキトゥス『ゲルマーニア』（後1世紀末）がある（この2冊しかない）。ローマ人と接触する以前のゲルマン社会は無文字社会だったので，成文法や判例集や契約書や法律書など，われわれが当該社会の法を知る手がかりとなる文書記録がもともと存在しなかった。ルーン文字（エトルリア文字の影響を受けて北イタリアで成立したとする説が有力）を持つようになった後も，ゲルマン人の法観念は，文字によって事前に確定した法を解釈・適用する，というものではなかったから，ローマ人とは違って，法について文書記録を残そうとする意欲に乏しかった。

　また，カエサルは軍人・政治家で，タキトゥスも歴史家・政治家である。どちらも法学者ではないから，ゲルマン人の法に関する記述は乏しい。また『ガリア戦記』はその執筆目的からして平時のゲルマン人を描いたものではなく，より客観的とされる『ゲルマーニア』に関しても，繁栄に溺れるローマへの警鐘としてゲルマンの姿を実際よりも質実剛健に描き出したとされる点を割り引いて読まねばならない。

　タキトゥス『ゲルマーニア』第11章は，多くのゲルマン法学者の研究関心を集めてきた。それによれば，ゲルマンの民会では，指導的地位にある者がいて

図表 6-1 「ゲルマン法」の概念

便宜的な「ゲルマン法」の定義

も命令で物事が決まる訳ではなく、むしろさまざまな立場の者が順々に発言を行い、人々はその提案に不満であれば「ざわめき」によって拒否し、満足であれば「武器をもって」賛同するという。しかし、このような議事運営・意思決定のあり方は、むしろ未開社会に広く見られる現象ではないだろうか。

例えば、古代ギリシャの叙事詩『イリアス』第二歌の全軍集会の場面では、武器を持って集まった兵士たちが、智将オデュッセウスの言葉に歓呼の声をあげて賛同する様子が描かれている。またジャレド・ダイアモンドによれば、ニューギニア高地の集落では、村人たちが意見を順々に述べる形で村会議が進み、「ビッグ・マン」と称される有力者であっても、全体の意思決定により強い影響を及ぼしうるだけで、何ら特別な決定権を行使しうる訳ではない。さらに日本の「寄合」を想起すれば、意に添わない提案を人々の「ざわめき」で何となく否決してしまうのは、未開社会でなくともお馴染みの光景である。

民法で占有を論じる際にローマ法の「ポセッシオ」と対比して説明されるゲルマン法の「ゲヴェーレ」についても同様である。ゲヴェーレとは、本権の現象形態として把握される土地や財物の物理的支配であって、公然たる支配の事実（公示性）をその特徴とする。しかし、およそどんな社会でも、整備された裁判制度を持たなければ、ある物を法的に所有するということと、その物を現実に公然と所持し使用することを、観念的に区別することはない。

このように考えてくると、「ゲルマン人に固有の法」という素朴な理解は、その基準に合致する史料がほとんど残らない空疎な定義であることが分かる。

2 世良晃志郎の「ゲルマン法」批判

このような問題をすでに半世紀前に鋭く指摘した世良晃志郎は、「ゲルマン

法」の概念の用法を，①ゲルマン時代のゲルマン人の法，②ドイツ固有法，③ゲルマン民族共通の法，という三つの意味に整理した。①はすでに論じた通りだが，②と③はどうだろうか。

　世良によれば，②と③はそれぞれドイツ民族ないしゲルマン民族の特性を保持しているか否かを，継受された帝政期ローマ法（ユスティニアヌス法典）の影響を受けているか否かという基準のみによって判断する考え方である。ゲルマン古代法がこの基準を満たすことは言うまでもない（が認識不可能である）。しかし，「フランク帝政時代の法も，封建社会の法も，中世都市の法も」あるいはイギリス法もオランダ法もスカンジナビア法も，この基準を満たすかぎり「ゲルマン法」となる。この基準からすれば，ゲルマン法に特有とされる法制度が，たとえ古代ギリシャやニューギニア高地や日本でも同様に観察されたとしても，ユスティニアヌス法典に記されていない限り，「ゲルマン法」ということになる。すなわち，「ローマ法的でないということが，すなわちドイツ法的であり，ゲルマン法的であることを意味する」のである。

　この論理に従えば，例えば商法も「ゲルマン法」になってしまう。ローマ法では徹底した個人主義のゆえに団体法が発達せず，それゆえ商法を欠いたからである。もちろん，狩猟・牧畜を基礎とする現実のゲルマン社会では，所有権移転の主な原因が婚姻・相続・掠奪であって，商法どころか契約法すら満足に持たなかった。しかし，ナショナリズムの高まりを背景にこのような論理が幅を利かせた19世紀後半から20世紀初頭にかけてのドイツでは，実際，ゲルマン法の研究業績がないと商法の教授になれなかったのだ。

　さすがにこれは馬鹿げているし，弊害も大きい。やはり，ローマ法（およびカノン法）に由来しないという基準だけでなく，遅くとも中世盛期までには存在が確認される法に限る，といった常識的な線引きが必要だろう。それ以降の法史料については，誰がどのような目的で何を参照して作成したのか，法制史的に確定できるケースが多くなるからである。結論的に言えば，ヨーロッパ法文化には，ユスティニアヌス法典に記されたローマ法とは異なる，由来のはっきりしない諸要素が存在し，それらを便宜的に「ゲルマン法」と呼び慣らわす仕来りなのだ，という程度に考えておけば十分である。

Ⅲ—中世ゲルマン法の実像

1 「良き古き法」観念

　以上のような意味での「ゲルマン法」を象徴する観念が「良き古き法」である。「中世の法と国制」（1919年）においてこの観念を定式化したフリッツ・ケルンによれば，古きことは良きことであり，新しきことは悪しきことである。古き良き法は非制定的な不文慣習法である。それゆえ古き慣習に反して定立された新しき法は不正であり，旧法によって新法が破られねばならない。法の改新とは古き法の再興である。その意味において良き古き法は永久不変であり，これを国王や裁判官が侵犯するとき，人民はその不法に反抗できる。それゆえ，有名な「国王といえども神と法の下にある」（ブラクトン）という言葉は，何らイングランド特有のものではなく，むしろヨーロッパに共通する中世的な「法の支配」の観念をごく当たり前に表現したものにすぎない。

　しかし，このようなケルンの学説には，カール・クレッシェル「一二世紀における法と法概念」（1968年）とゲルハルト・ケープラー「中世初期における法」（1971年）によって徹底した批判がなされた。彼らの批判はいずれも法言語的な実証研究に基づくもので，特にケープラーは，古代末期から中世初期にかけての史料を網羅的に調査して，「権利」「法」「慣習」などの用法を調べ尽くした上で，「良き古き法」観念の存在が中世初期のどの史料によっても裏付けられないことを示した。これらの徹底的な批判を受けて，現在では，「良き古き法」の観念はむしろ，ローマ法学の復活やそれと連動した領域的支配国家の形成がみられた中世盛期に，まさにそのような「悪しき新しき」動きに抵抗するべく掲げられた観念として扱われることが多い。

　実際，裁判集会において長老などの法名望家が「良き古き法」を回答したとされる「法判告」の記録は，中世盛期にようやく始まり，まさにローマ法継受時代である16世紀頃にピークを迎えた。また，法判告の際に，領主の派遣した役人が質問項目を用意することも多かったので，法判告で記録された法を単純に古来の伝統的な不文慣習法とみなすことはできない。

　とはいえ，そもそも論文のタイトルが「中世の」法と国制であったことから

も明らかなように、ケルンは何も「良き古き法」が「ローマ法やカノン法の影響を受けない純粋なゲルマン時代に特有の法観念」だと主張した訳ではない。中世初期以前という時代規定にこだわっていたのは、むしろ批判者たちの側である。

「良き古き法」がクローズアップされたメカニズム

ここで「ゲルマン法」そのものが便宜的な概念としてしか定義できなかったことを想起しよう。変化に乏しい未開社会では、特に攪乱要因がなければ、十年一日のごとく同じ風習が繰り返されて当然だろう。また部族の首長が、重大な事柄について専断的に命令を下すだけの権力を持たず、ただ部族民の賛同を期待することしかできない「ビッグ・マン」の類であれば、彼が「法の下にある」のは不思議でも何でもない。そこにおいて判決は、立法者が制定した法律を解釈適用した結果ではなく、また権力者の専断的意思の強制でもなく、裁判集会に集まった人々の共通意識から汲み出され発見されたものと観念されるだろう（判決発見）。さらに、不文慣習法であれば、部族を取り巻く環境の変化に応じて、特に意識されることなくいつの間にかルールが変化していくことは、おおいに考えられる。しかも、そのような無意識的変化の事実と、永久不変の法という理念は、こと不文慣習法に関しては容易に両立可能である。

2　部族法典の二つのベクトル

それでは、攪乱要因が発生した場合はどうなるだろうか。4世紀後半からの民族大移動と、新たに定住した場所での部族国家の形成、さらに476年の西ローマ帝国滅亡は、ゲルマン人たちの社会を大きく変化させた。このとき、ゲルマンの諸国家は、ローマを範とした**部族法典**を作成することで新たな環境に適応しようとした。部族法典の特徴は、それぞれの部族がおかれた状況の違いに応じて、さまざまである。

当初、ゲルマン諸国家は支配地域内に住むローマ人を知識の担い手として保

護し，自民族への同化政策を取らなかった。それゆえ法についても属人主義を採用し，ローマ人が引き続きローマ法のもとで生活することを妨げなかった。それどころか「ブルグントのローマ人法典」(500年頃)や「西ゴートのローマ人法典(アラリック抄典)」(506年)のように，テオドシウス法典(438年)をもとにローマ人のための法典をわざわざ整備した例もある。また属地主義を採用して自民族とローマ人をともに対象とする法典が作られる場合も，内容的にローマ法の影響を強く受けたものが多かった。ただし，古典期ローマ法のような精緻さは維持できず，しばしば理解不足による独自の解釈や変更が加えられたので，ローマ法の卑俗化が進むことになった(いわゆる「卑俗ローマ法」)。

　これに対して，自民族のための法典を整備した動機には，二つのベクトルがみられる。一つは，ローマ帝国を模範として，強力な支配体制を作り上げようとするゲルマン諸王たちの意欲である。自民族のための法典と称しながら，内容的にローマ法に依拠したり，すでに法典を作り終えた他部族の法典から借用したりしたのは，そのためである。属地主義を採用した部族法典が主にローマ法に依拠して作成されたことも，同じ理由と考えて良いだろう。

　もう一つのベクトルは，ローマ法文化の流入に対して，民族固有の法文化を維持しようとする逆方向の動きである。しかし，これもまた，王権への求心力を高め，支配体制を強化することに役立ったはずである。

　この代表例としては，クローヴィスが編纂したフランク王国の「サリカ法典」(507-511年)が挙げられる。サリカ法典は，クローヴィスがカトリックに改宗した(497年)後，ローマ人法律家を用いてラテン語で編纂された。しかし，その内容と形式は，およそキリスト教的でもローマ的でもなかった。

　むしろ目に付くのは，フランク人やその首長たちから四人が選ばれて，過去の判例や慣習をもとに法典が作成され，しかもそれが「合意協定」された，と序文で述べられている点だ。サリカ法典は，王が一方的に内容を定めて民に命令した「法典」ではなく，判決発見という伝統的な仕方で既存の不文慣習法を採録し，その内容が真正であることをフランク人たちが承認したことで成立した「協約」だった。少なくとも，序文はそのように標榜している。とすれば，どこにも「良い」「古い」という言葉が用いられていなくとも，サリカ法典序文の背景には「良き古き法」の観念があったと考えうるだろう。

ところで，サリカ法典に限らず，ゲルマンの諸部族法典の主な規定内容は，個別具体的な刑事事件について加害者と被害者を和解へと導くための賠償（贖罪金）の額をリストアップした「贖罪金のカタログ」だった。なお，罪を犯したキリスト教徒が果たすべき償いを定めた教会の「贖罪規定書」からの影響を指摘する説も近年有力であるが，『ゲルマーニア』第21章にも贖罪金による和解に言及があるので，あえて由来をどちらか一方と決めつけず，キリスト教平和思想とゲルマン法伝統の融合と考えれば良いだろう。

いずれにしても重要なことは，サリカ法典が強制的な紛争解決規範として提示された訳ではない，ということである。トゥールの司教グレゴリウスが『歴史十巻』に記録した有名な「シカルのフェーデ」の例が示すように，聖俗の権力がともに平和の実現を望んでも，肝心の当事者に和解する気がなければ実力行使（フェーデ）が止むことはなかった。フェーデによる裁判外の自力救済こそ原則であって，裁判による紛争解決はむしろ例外だった。賠償額の目安を提示した「贖罪金のカタログ」は，あくまでも当事者が和解を望む場合にのみ速やかな解決に寄与しえた。クローヴィスのフランク王国であれ，他の部族国家であれ，裁判の場での紛争解決を強制するだけの実力を欠いたからである。

もちろん王権が強制力のある命令を一方的に発することもあった。特に，ザクセン人など自らが征服した異教徒に対して発せられたカール大帝（シャルルマーニュ）の勅法（カピトゥラリア）などには，そのような傾向がみられる。自己の権力の源泉である自民族や文明の伝え手であるローマ人と違い，ゲルマン系の被征服民からは，必ずしも自発的な支持を調達しなくてよかったからだろう。なお王権は，被征服民に対する専断的な統治をひとたび確立すると，今度はこれを逆手に取って，やがて自民族に対する支配を強化する試みに着手することになる。

3 ザクセンシュピーゲル

支配体制の確立と固有法文化の保全という二つのベクトルは，最も代表的な法書であり，中世ゲルマン法を知るために最も重要な史料とされてきたザクセンシュピーゲルにおいても明らかである。なお，**法書**とは，一般に12〜13世紀にかけて法知識を有する編者が私的名義で不文慣習法を採録した文書のこと

で，公的な権力が立法した法典とは区別される。

　従来の理解によれば，ザクセンシュピーゲル（「ザクセン人の鏡」の意）は，アイケ・フォン・レプゴウがザクセンの慣習法を採録したもので，伝統的な法観念を色濃く映し出しているとされてきた。しかし，近年のペーター・ランダウによる一連の研究で，このような理解は克服されつつある。それによれば，アイケは，伝承のようにファルケンシュタイン城内でザクセンシュピーゲルを編纂したのではなく，アルトツェレのシトー会修道院で，ノルマン系カノン法文献を用いて編纂した。また，依頼主もファルケンシュタイン伯ホイヤーではなく，アンハルト侯ハインリヒ１世だという。

　このようなランダウの研究の論理的帰結は重大である。当時，神聖ローマ皇帝フリードリヒ２世は，メルフィ法典を編纂して自己の権力基盤であるシチリア王国の統治を確実にし，それを足がかりに全帝国を諸部族の連合体から一個の領域的支配国家へと脱皮させようと目論んでいた。縁戚関係にあるフリードリヒの宮廷会議にも加わったハインリヒの命でアイケが編纂事業にあたったとするならば，ザクセンシュピーゲルは，皇帝の動きと連動したアンハルト侯による統一法整備として捉えることができる。

　侯国における統一法の整備こそが課題であれば，アイケがザクセン固有の慣習法を採録することに固執せず，カノン法の文献を参照して修道院で作業にあたったとしても，何ら不思議ではない。また，このように考えれば，まずラテン語で記された後に低地ドイツ語に翻訳されたという編纂過程への違和感も無くなる。もちろん，アイケ自身が熟知していた伝統的な慣習法をベースとして採用することは，作業の効率を高めるとともに，この法書を固陋な在地貴族たちにも受け入れられやすいものとしただろう。

　そもそも法書が各地で盛んに作られた時代を考えると，それらが総じて12世紀イタリアにおけるローマ法学の復活への対抗という側面を有したことは否めない。「悪しき新しき」ローマ法の登場が，中世盛期において「良き古き法」観念をクローズアップさせたのである。しかし，この「対抗」は「反対」という意味だけでなく「競合」という意味でもありうる。部族法典の項でみたように，内容的にローマ法に依拠せずとも，ローマ法の導入に等しい集権的な効果を狙うことは可能だからだ。そもそも，ザクセンシュピーゲルがザクセン人固有の

慣習法を単純に記録したものにすぎなければ，それがすぐにドイツ各地で模倣され，さらに遠くウクライナやスウェーデンにまで継受された事実が理解できない。これらの地域にとって，ザクセン慣習法であれローマ法であれ「固有法」でないことに違いはないのだから。

Ⅳ—歴史法学

1 法典論争

サヴィニーが歴史法学の綱領論文「立法と法学に対する現代の使命について」を発表したのは，対仏解放戦争勝利の興奮さめやらぬ1814年のことだった。

フランス革命の後，すでに形骸化して久しかった神聖ローマ帝国は，ナポレオンによって正式に解体された（1806年）。プロイセン王国，ザクセン王国，オーストリア帝国など北東ドイツ諸邦は国家として一応の自立性を保持したが，西南ドイツ諸邦によって結成されたライン同盟は，ナポレオンを盟主とし，フランスの強い影響下に置かれた。ヴェストファーレン王国などの傀儡国家ではナポレオン法典が強制され，バーデン大公国などの諸邦でも多少の修正を加えた形で導入がなされた。その他の諸邦でも，フランス主導の強制的な改革を回避するために，何らかの改革姿勢を率先して示す必要に迫られた。こうして，ナポレオンが失脚する頃までに，西南ドイツではナポレオン法典による緩やかな法統一が生まれつつあった。

こうした中で，ハイデルベルク大学教授アントン・フリードリヒ・ユストゥス・ティボーは『ドイツにおける一般民法典の必要性について』（1814年）を発表した。ティボーは，政治的に分裂したドイツをまず法的に統一するために，その要として，統一民法典の編纂を提案した。ティボー自身は著名なローマ法学者だったが，15世紀以降ドイツに継受され受容されてきたローマ法は一般市民とは疎遠であるとの理由から，これを柱とすることを拒んだ。こうしてティボーは，自然法論者たちと歩調を合わせて，明快で合理的な体系的法典を要求し，その理想としてフランス民法典を高く評価した。

これに対して，直ちに反論を提起したのが，ベルリン大学教授フリードリヒ・カール・フォン・サヴィニーである。サヴィニーは，政治的分裂を克服す

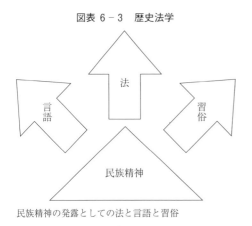

図表 6-3　歴史法学

民族精神の発露としての法と言語と習俗

るステップとしての法統一という提案には賛成したが，法典編纂をその手段と位置づけることは拒否した。

サヴィニーによれば，法の本来的な存在形態は慣習法であり，言語や習俗と同じく「民族の共通の確信」によって生成し，民族とともに発展する。法は歴史とともに変遷するのであり，自然法論者のように「完全な法典」を夢想して既存の法を顧慮せず人為的に法を制定しようとすれば，かえって立法者の恣意を招くことになる。換言すれば，法は「立法者の恣意によってではなく，内部でひそかに働く諸力によって」成長する。

民族の青年期は法の技術が未熟であるから，その状態を固定化しかねない法典の編纂は有害である。やがて民族の成長とともに法の専門的な担い手として法学者が登場する。しかし，法学者といえども，自ずと生成・発展していく法を洗練する役割を担うだけである。この時代は，まさに法学者たちが高度な技術的専門知識を自在に用いられるので，あえて法典を必要としない。そして，老年期には法典の編纂に必要なすべてが失われてしまう。

この**法典論争**の勝者は，サヴィニーだった。サヴィニーは，翌1815年に『歴史法学雑誌』を立ち上げ，19世紀前半のドイツ法学を主導することになる歴史法学派を旗揚げした。19世紀後半に歴史法学に取って代わり，戦前の日本の法学にも決定的な影響を与えたパンデクテン法学は，歴史法学のなかから派生的に誕生した（すでにその萌芽はサヴィニー自身にみられる）学派である。したがって，近代ドイツ法学（および近代日本法学）は，このとき誕生したといって過言ではない。

近年の研究によって，サヴィニーが法典論争以前からすでにフランス民法典を詳細に研究し，その意義に疑問を呈していたことが明らかになっている。とはいえ，サヴィニーの勝利は，周到な準備に基づく理論的優越性だけによるの

ではなく，高揚するナショナリズムを味方につけてのことだった。

ティボーがいたハイデルベルク大学はバーデン大公国に属し，ティボー自身，フランス法の講義を担当していた。ティボーにとって，ナポレオン法典はすでに現実の生活であり，実際，少なくとも西南ドイツでは統一法としての機能を果たしていた。また一部とはいえドイツ人が実生活で用いている現実は，ナポレオン法典がフランス人だけの法ではなく，むしろ自然法を実定化したものに他ならないことの証だった。

しかし，このような考え方をするドイツ人は多くなかった。サヴィニーのベルリン大学が属するプロイセン王国を始め，大部分のドイツ諸邦において，ナポレオン法典はそもそも現実の生活と関わりがなかった。解放戦争の勝利でナショナリズムが高揚する中，よりによってナポレオンの法典を模範としてドイツ法を統一するなど，全く受け入れがたい提案だった。

2　サヴィニーとグリム

サヴィニーは（モンテスキューの『法の精神』から示唆を受けて）法を言語や習俗と並ぶ「**民族精神**」の発露と称した。とすれば，歴史法学者はドイツ民族ないしゲルマン民族に固有の法を歴史的に探求するのが筋であるように思われる。だが，サヴィニー実際に研究したのは古典期ローマ法（紀元前50年頃〜紀元後230年頃）であり，しかも「歴史的方法」よりも「体系的方法」に軸足を置いていた。サヴィニーの意図を理解する鍵はここにある。

確かに，サヴィニーの論法には，当時の時代思潮であったロマン主義の薫りが立ちこめている。民族の発展を人の一生に準え，ドイツ民族をいまだ青年期にあると位置づけたことは，ナショナリズムに燃えるドイツ・ロマン主義者たちの強い共感を呼んだだろう。

しかし，サヴィニーはローマ法を研究対象に選んだ。その理由は，何百年にも及ぶ継受の過程でローマ法はすでにドイツ民族の血肉と化したからだという。それにもかかわらず，サヴィニーはドイツに継受されたローマ法ではなく，ローマ民族の壮年期にあたる古典期のローマ法を選んだ。理由は，それが模範となる時期だから，というに尽きる。それゆえ，学ぶべき対象は，古代ローマ法を後世に伝えたユスティニアヌス法典のうち，古典期ローマ法学者た

ちの学説を収録した学説彙纂（パンデクテン）に絞られる。

　ここには古典主義者としてのサヴィニーの顔がはっきりと現れている。模範となるべき民族の模範となるべき時期に学ぼうとするサヴィニーには，「民族固有の法」へのこだわりは全くみられない。こうしてサヴィニーが自ら率いた体系志向のローマ法学者（ロマニスト）たちが，歴史法学派の主流を形成することになった。彼らが歴史的方法へのこだわりを完全に捨て去るとき，歴史法学は概念的・体系的なパンデクテン法学へと転換することになるだろう。

　これと好対照をなしたのが，弟子のヤーコプ・グリムだった。グリムは「民族」であり「民衆」でもある「フォルク」に徹底的にこだわった（ドイツ語のVolkには両方の意味がある）。歴史法学派の旗揚げに参じたグリムは，法を言語や習俗と同じく「民族精神の発露」とするサヴィニーの法生成論を，誰よりも（したがってサヴィニー本人よりも）忠実に，文字通り実践しようとした。

　グリムといえば，『子供と家庭のメルヒェン』全3巻（1812-22年，いわゆる『グリム童話集』，弟ヴィルヘルムとの共著）や『ドイツ伝説集』（1816-19年）のような文学的業績で知られるが，これらは創作文学ではなく，古来の習俗を伝える民間伝承を蒐集したものだった。また『ドイツ語辞典』全16巻（1854-1961年，Fの途中まで編纂して死去）や『ドイツ文法』全4巻（1819-37年）といった言語学的業績も有名である。しかし，グリムはこれらの仕事を歴史的方法によるゲルマン法研究と不可分一体をなすものと考えていた。ドイツ民族の法生活におけるさまざまな象徴や様式を描いた『ドイツ法古事学』全2巻（1828年）や，法判告を蒐集した『法判告録』全4巻（1840-63年，没後1868-78年に弟子が補巻3巻を追加）は，法を言語や習俗と一体をなすものとして総体的に捉えようとするグリムの多年にわたる研究の精華であった。

V―まとめ

　グリムに代表されるゲルマニストたちの多くは，ロマン主義的に「フォルク」を追究するなかで，1848年の三月革命の際には「民衆」の側に立って民主主義を求める運動に身を投じ，また1871年のドイツ帝国成立後は「民族」主義者としてナショナリズムの色彩を強めていった。他方，サヴィニーに代表されるロ

マニストたちの多くは，古典主義的に「フォルク」を把握した結果，「民族」的起源を問わないコスモポリタンな近代市民法学の構築に成功し，日本を含む諸外国の近代法学にも多大な影響を及ぼしたが，それは同時に法学が一般民衆から乖離した保守的エリート層の独占物となることも意味した。

　このように，歴史法学の二つの潮流は，19世紀末から20世紀初頭にかけて対立する政治的立場に行き着いた。とはいえ，必ずしも「立法機関によって公的に宣言された主権者の命令」だけが法ではない，と考える点において，両者は立場を共にした。「ゲルマン法」および古典期ローマ法学の歴史が実際にそうであったように，あるいは民衆自身が生活のなかで繰り返す慣習によって，あるいは法学者集団による自律的な議論によって，法は立法者の意思から相対的な自立を保ちつつ生成・発展してきた。日本の近代法学に決定的な影響を与えたドイツ近代法学は，この法史的事実を確認することから出発したのである。

【参照文献】

ヴィノグラドフ，P.『中世ヨーロッパにおけるローマ法』〔矢田一男・小堀憲助・眞田芳憲訳〕（中央大学出版部，1967年）

堅田剛『歴史法学研究』（日本評論社，1992年）

勝田有恒・森征一・山内進編著『概説西洋法制史』（ミネルヴァ書房，2004年）

久保正幡先生還暦記念出版準備会『西洋法制史料選Ⅱ中世』（創文社，1978年）

クレッシェル，K.『ゲルマン法の虚像と実像』〔石川武監訳〕（創文社，1989年）

ケルン，F.『中世の法と国制』〔世良晃志郎訳〕（創文社，1968年）

シュック，G.『ナポレオンとヨーロッパの統合』〔藤本幸二訳〕

山内進編『フロンティアのヨーロッパ』（国際書院，2008年）所収

世良晃志郎『歴史学方法論の諸問題〔第二版〕』（木鐸社，1975年）

ダイアモンド，J.『銃・病原菌・鉄（下）』〔倉骨彰訳〕（草思社，2000年）

タキトゥス『ゲルマーニア』〔泉井久之助訳註〕（岩波文庫，1979年）

耳野健二『サヴィニーの法思考』（未來社，1998年）

【屋敷二郎】

7講 「概念法学」批判
プフタとイェーリング

Ⅰ──「概念法学」概念の誕生

　「概念法学」（Begriffsjurisprudenz）という言葉は，1884年，ルードルフ・フォン・イェーリング（Rudolf von Jhering, 1818-92）が，そのユニークな著作『法律学における冗談と真面目──法学書を読む人へのクリスマス・プレゼント』の中で，自らを含む当時のドイツのローマ法学者（ロマニステン）による法的問題解決の方法を批判するために，その方法を特徴づける一般的呼称として用いたものである（同書第4部冒頭）。もっとも，法学的概念を法実務や現実生活から遊離した形で使用することに対するイェーリングの批判は，すでに1860年代初頭から始まっていたことが注目される。そのことは「今日の法律学に関する匿名者による親展書簡」（1861-1866年。『法律学における冗談と真面目』第1部に収録），および『ローマ法の精神・第3巻』（1865年）から窺い知ることができる。そうした批判を最もまとまった形で表明したものが，『法律学における冗談と真面目』であり，とくに，その第1部（前掲）および第2部「あるロマニストのお喋り」に続く第3部「法学の概念天国において──ある幻想」である。

　それは「私は死んだ。」という自己批判から始まる。そして，実務家が入ることのできない，理論家だけが行くことのできる「概念天国」（Begriffshimmel）の入口で，入国審査を受ける場面が描かれる。そこにおける番人らとのやり取りで，イェーリングはベルリン大学時代の恩師であるゲオルグ・フリードリヒ・プフタ（Georg Friedrich Puchta, 1798-1846）を批判するのである。

　イェーリング：〔この概念天国に〕入れる人は多いんですか。
　番人：　多くもないね。それもほとんどドイツからだけだ。ドイツからだって，つい最近になってからのことさ。……ここ50〜60年前からようやく最初の人々が到着し始めたんだ。受け入れを希望した最初の人は，プフタとか言ってたな。でも，その男の後は，実に嬉しいことに，受入れを希望する者が増えてきたんだ。……

7講 「概念法学」批判　　III

　ここにはサヴィニー（Friedrich Carl von Savigny, 1779–1861）もやって来た。
そして，辛うじて検疫を通過する。

　イェーリング：　それで，サヴィニーもやっぱり来てるの。
　番人：　あの男の場合には難しい事情があってねぇ。サヴィニーはまだ構成するとい
　うことを本当には理解していなかったんだ。それで，すんでのところで落第するとこ
　ろだったんだが，占有についての彼の著作が最後の決め手になったんだ。つまり，法
　制度を，その現実的かつ実際的な意味などに気をとられずに，ただただ法源とか概念
　から組み立てるという，この天国に迎えられたい者なら誰もが証明しなければならな
　い能力を，彼はこの著作で十分証明したと天国側は考えて，その点で大目に見たの
　さ。……

　こうしてイェーリングは，当時のローマ法学が「法制度を，その現実的かつ
実際的な意味などに気をとられずに，ただただ法源とか概念から組み立てる」
方法に専心していたことを批判したのである。このような方法に「概念法学」
というレッテルを貼ったのが，同書第4部「再び地上で――どのように改善さ
れるべきか」である。そこでイェーリングは，「私が『概念法学』，すなわち今
日のローマ法学におけるスコラ学に対して試みた攻撃は，私にとって真面目以
外の何物でもありません」と述べ，再び恩師プフタの方法を，かつて自分がそ
れ以上に概念法学的だったことへの自己批判を含めて，否定した。「プフタが
私にとって正しい法学の方法論の師であり，模範であった時代が，そして私が
まるでその模範の上を行くぐらい深くその方法に囚われていた時代」は，今や
「正しい道ではないという確信」を抱いたというのである。
　これは，イェーリングの法思想に「転向」が起きたことを意味していた。そ
して，「その転向は，内面からではなく，外的な刺激」，つまり，「私がいつも
探し求め，育み，そして自分のために利用していた実務家たちとの活発な交流
に起因」していた。そうしてイェーリングは，『ローマ法の精神・第3巻』（1865
年）第59節において，「その時初めて，『論理的なるものへの崇拝』や『机上の
弁証法』に対して公然と攻撃の槍を構えた」ことを述懐している。そして，そ
うした批判で終わりにするのではなく，「正しい道」を指し示すべく執筆され
たのが，『法における目的』（第1巻1877年，第2巻1883年）であった。そこには「法
とは何か」という根本問題に対する法思想の変化を見て取ることができる。

Ⅱ—プフタの法概念と法理論体系

1 時代背景

プフタは，1798年8月31日，プロイセン領カドルツブルク（ニュルンベルク西方）で生まれ，1846年2月8日にベルリンで47歳の比較的短い生涯を終えた。プフタが生きた19世紀前半は，フリードリヒ＝ヴィルヘルム1世およびフリードリヒ2世の手によって強力な常備軍ならびに官僚組織およびそれらを支える財政基盤の整備によって絶対主義体制を確立したプロイセンが，次第に自由主義的な内政改革およびドイツの統一国家形成へ向けて動揺し始めた時期であった。それはまた，ドイツにおいて政府主導の資本主義体制が整備され，産業革命と経済成長が始まった時期でもあった。

プフタの法思想形成には，ニュルンベルクのギムナジウム時代の校長G・ヘーゲル，エアランゲンでの大学生時代のカント派自然法学者K・グロス，B・ニーブールらが影響を与えた。プフタは学位および教授資格取得後にG・フーゴー，F・サヴィニー，A・ティボーらと面識をもち，最初に就職したミュンヘン大学では哲学者F・シェリングから刺激を受けた。例えば，「法史の諸時期について」（『民事法論集』（1823年）所収）における法発展段階論には，シェリングの歴史哲学やヘーゲルの歴史的弁証法の影響が見出される。

1828年にミュンヘン大学のローマ法正教授となったプフタは，マールブルク大学（1835年），ライプツィヒ大学（1837年）を経て，ベルリン大学（1842年）に移籍し，サヴィニーの講座を引き継いだ。この間，ミュンヘン大学滞在中に『慣習法論』（第1巻1828年，第2巻1837年），『法学提要の講義のための教科書』（1828年），『パンデクテンの講義に際して使用するための普通民事法の体系』（1832年）を，そして，ライプツィヒ大学滞在中に『パンデクテン教科書』（1838年）を執筆し，パンデクテン法学の体系を確立した。その後執筆された『法学提要教程』（第1巻1841年，第2巻1842年，第3巻1847年〔死後出版〕）は，ライプツィヒ時代からベルリン時代にまたがっている。

2 民族意識の発展としての法概念

　プフタは「法史の諸時期について」（1823年。前述１）において，法は習俗と同様に民族の中で生成するものであると捉え，ある民族の法が妨害されずに発展すれば，①原初的単一性の時代，②雑多性の時代，③再び単一性へ向けて雑多性を克服する「学問の時代」（＝法史の完成）の３段階を経るとみた。プフタは当時のドイツ法が③段階の初期にあるとみて（その後，『百科全書』（1825年）では，②段階が終結していないとみた），性急な法典編纂には反対した。

　つまり，「法の概念」は「本質的に民族の概念と関連」し，法の成立プロセスは「民族，民族意識，意識一般」の成立プロセスと一致する。なぜなら，「法は民族の確信の中で成立し，民族の意識を経て，それを越えて成立する」とプフタはみたからである。

　もっとも，プフタは，民族意識の表現形態は多様で，①民族意識が民族の行為態様によって直接的に表現される「**慣習法**」，②民族意識が民族の代表組織によって体制適合的な形で規定される「**制定法規**」，③民族意識が学界と実務界から民族を特別に代表する学識層に受容されることによって成立する「**法曹法**」があるとみたうえで，三者に対等な法源性を認めた。後にプフタは，Ｇ・ベーゼラー（後述するゲルマン法学者＝ゲルマニステンの１人）の『民族法と法曹法』（1843年）に対する書評（1844年）の中で，ベーゼラーが「法曹法」における学問の法創造力を否定し，最終的に制定法規に頼り，その結果として法典編纂の実現を目指そうとしたことに反対し，「学問が自由な活動において創造すべきことを立法者の外面的権威に手渡している」とベーゼラーを痛烈に批判した。

　その際，プフタが法曹法の中心素材としたものは，ローマ法であった。一般論として民族の確信を法の源泉と捉えながら，具体的にはローマ法を素材とすることは，フーゴーおよびサヴィニー以来のドイツ**歴史法学派**の伝統であり，プフタもこれを承継した。彼らはローマ法学者＝**ロマニステン**と呼ばれ，ゲルマン法に法素材を求めようとした**ゲルマニステン**はこれを批判した。しかし，ゲルマン法はローマ法に匹敵する質と量の法素材を欠いていたことから，主流化するに至らず，ロマニステンの成果を部分的に批判するにとどまった。ローマ法を素材とする歴史法学派は，その素材の主要部分であったローマ法の学説彙纂（Digesta）のギリシア語読みであるパンデクタエ（Pandectae）から名を取っ

図表 7 - 1 法思想史における「概念法学」批判の位置づけ

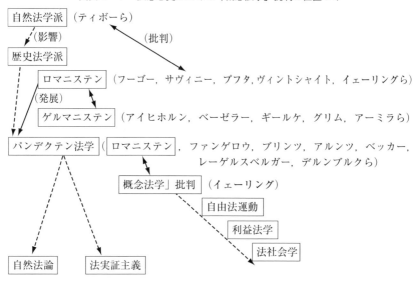

たパンデクテン法学（Pandektenwissenschaft）へと発展した。プフタに続くイェーリング，その1つ年上で没年も同じだったB・ヴィントシャイト（Bernhard Windscheid, 1817-92），H・デルンブルク（Heinrich Dernburg, 1829-1907）らは，パンデクテン法学の代表的学者であった（図表7-1参照）。

3　パンデクテン法学と法体系論

プフタの法概念および法体系論は，『パンデクテン教科書』（1838年）において具体的かつ詳細に展開された。プフタは，ローマ法を素材にしつつ，一定の諸前提から結論を論理的に演繹するという法認識方法をとった。その際，「外からの要素」としてのローマ法であっても，「外部的権力」によってではなく，「学問的説得力」のゆえに，あたかもギリシア哲学のように，継受されて新たな生命をもつと解したのである（§2）。

もっとも，プフタはローマ法それ自体を法源とみたのではなく，「法は法的共同体の中にいる人々の共通の確信」であり，民族が代表者を通じて表明した「国民の意思」を通じて発現するものであると捉えた。その結果，法がそこか

ら成立しうる法源は，①民族の直接的確信，②立法，③学問であり，各々に対応する法形態が①慣習法，②制定法規，③学問法である（§10）。このうち，プフタは，①民族の直接的確信および，②立法権力という外部的権威に基づく法は，学問的活動によってそれらの諸原理に還元され，体系（相互に前提となり，条件づけ合う諸命題の全体）として把握されるとし，③学問法に独自の意義を認めていた点に特色がある（§16）。

　演繹論に基づく法体系論として，プフタは，(i)人間が個人として考えられた場合の財産関係と，(ii)人間がある全体の構成員として考えられた場合の①家族関係，②国家関係，③教会関係を導出し，それに応じた法体系として，(a)私法（(i)財産関係と(ii)①家族関係），(b)公法（(ii)②国家関係），および(c)教会法（(ii)③教会関係）を導出した。もっとも，プフタは後に，財産関係と家族関係を対置させる法体系の認識方法を変更する。なぜなら，財産は法によって存在するが，家族は法以前から存在し，しかも法はその一部を規律するにすぎないからである。したがって，財産法と家族法を対等なものとして配置するサヴィニー以来の法体系には重大な欠陥があると批判した。そして，(a)権利能力をもつ人格に関する人格法，および(b)人格が意思による支配の対象とする財産に関する財産法（物権法，債権法，相続法）からなる法体系を提示したのである。

　プフタの法体系における「人格」の重視は，人格による法的な意思活動としての対象の征服（Unterwerfung）＝法的な自由に由来し，対象に対する法的な力をもたらす「権利」の重視に通じている。プフタは権利を「意思と対象との関係であり，この関係とは対象の征服である」とみて**権利意思説**をとった。その結果，権利の体系も，人格を起点に，①自己の人格に対する権利，②物に対する権利，③行為に対する権利，④権利者以外の人格に対する権利，および⑤権利者（相続人）へと移行し，この者によって代替される人格に対する権利（相続権）へと展開した（§46）。プフタの『パンデクテン教科書』は，このような権利の体系に基づいて緻密に展開されていったのである（第4編～第9編）。

4　法概念・法理論と法生活・法実務

　既述のように，イェーリングはプフタの法概念および法理論を，現実生活からかけ離れ，実務的な適用可能性のない，極端に形式論的なものと性格づけ，

「論理的なるものへの偶像崇拝」(『ローマ法の精神』第 3 巻),「概念法学」(『法律学における冗談と真面目』)として批判した(前述 I 参照)。しかし,プフタの『パンデクテン教科書』においては,概念法学的な演繹的推論というより,むしろ現実感覚に富んだ柔軟性も見出されることを看過することができない。例えば,賃貸人が賃貸借の目的物を第三者に売却した場合について,後にヴィントシャイトらのパンデクテン法学の影響を受けたドイツ民法典第一草案が導入することになる「売買は賃貸借を破る」という,**物権・債権峻別論**(所有権=物権の賃借権=債権に対する優越)からの概念的な演繹推論に対し,プフタは「売買は賃貸借を破る,という標語によっては,買主は売主の債権債務関係に入り込まないという当然の命題に対する不適切な表現が与えられているにすぎない」とし,買主が賃借人に対して引き続き利用を認める旨の取決めが「黙示的に」成立したと認められうる可能性を示唆している(§369および注 1)。このことは,現実の生活関係に法概念を当てはめて,法律関係を構成し,法的推論によって結論を導くことが,必ずしも実務的な感覚とかけ離れる帰結に通じるとは限らないことを示唆している。

Ⅲ—イェーリングにおける法思想の展開

1　時代背景

　イェーリングは,プフタが20歳を迎える直前の1818年 8 月22日,K・マルクス(Karl Marx, 1818-83)の出生から 2 か月半後,ドイツ北部の東フリースラントの首都アウリッヒで生まれ,1892年 9 月17日にゲッティンゲンで74歳の生涯を閉じた。イェーリングはハイデルベルク大学(ティボーのパンデクテン講義を聴講),ミュンヘン大学,ゲッティンゲン大学で学び,学位論文(1842年)および教授資格取得論文(1843年)を書いたベルリン大学でプフタの指導を受けた。

　1843年,ベルリン大学で「ローマ法の諸原理」を講じる私講師となったのを皮切りに,1845年にはバーゼル大学のローマ法正教授に就き,ロシュトック大学(1846年),キール大学(1849年)を経て,1852年,ギーセン大学に移籍する。そこでの16年間のうち,前半は恩師プフタを承継するローマ法学者(ロマニスト)イェーリングが,『ローマ法の精神』(第 1 巻1852年,第 2 巻第 1 部1854年,第

2巻第2部1858年）において，パンデクテン法学に特有の概念構成的法律学の方法論を確立した時期であった。しかし，その後半は，1858年12月の鑑定事件（買主危険負担主義に関するローマ法（学説彙纂）のパウルス法文を二重売主に適用することを回避するための法的構成の苦慮）を経て，「今日の法律学に関する匿名者による親展書簡」（1861年連載開始）を皮切りに，「概念法学」批判を開始し，「転向」を経験した時期であった。1868年，ウィーン大学に移籍し，1872年にそこを去る際のさよなら講演が，『権利のための闘争』となった。同年，ゲッティンゲン大学に移籍し，そこで『法における目的』（第1巻1877年，第2巻1883年）を執筆して，新たな法思想への転回に踏み入った。

　こうしてイェーリングが活躍した時期には，国家統一を成し遂げたドイツにおいて，国家に対する信頼と国家制定法の重視が市民意識の中でも強まっていった。1870年の普仏戦争におけるビスマルクの勝利は，アルザス・ロレーヌの獲得，ヴェルサイユ宮殿でのヴィルヘルム2世の即位によるドイツ帝国の成立をもたらした。地主階級に有利な経済政策と産業革命が進められ，近代経済成長が進展した一方で，19世紀後半は，次第に労働問題や社会格差の問題を生じ，資本主義経済の弊害が顕在化してきた時期に当たる。早くも1870年代には財政基盤の危うい会社の乱立と大恐慌が起こった。個人の自由は無制約ではなく，規律の下での自由の確保，そのための国家による権利や自由の規制が問題になってきた。経済・社会問題との関連性において，国家の政策が重要になり，政策目的の達成手段として法を捉える見方が強くなってきていたといえる。

2　ローマ法の精神から「概念法学」批判へ

　イェーリングは『ローマ法の精神』第1巻（1852年）～第2巻第2部（1858年）においては，個人の主観的意思に基づく自由な活動を支える「自由の体系」というものをローマ法に見出し，ローマ法の素材を用いた「法的構成」による法の概念的体系化の方法論をいかんなく展開し，確立した。これによってイェーリングは，典型的なロマニストとして，プフタを承継するパンデクテン法学の代表的法学者としての地歩を確立したといえる。

　しかし，既述のような転向を経て，ギーセン大学時代の後半に執筆された

『ローマ法の精神』第3巻第1部（1865年）は，第2巻第2部までと趣を異にしてくる。そこではローマ法素材を用いた「法的構成」ないし「法的論理」による法の概念的体系化は，法学を「法の数学」へと高めようとするものであったが，「概念のために生活が存在するのではなく，生活のために概念が存在する」のであるから，論理的なものの崇拝は誤謬であり，論理ではなく，「生活，取引，法感覚が要請するもの」が重要であり，それが法概念から論理的に演繹可能か否かは無関係であるとした（§59）。

　従来の方法論に対するこうした自己批判は，最も基本的な法概念である権利や法を抽象的にではなく，生活感覚に即してより経験的に捉えることへと通じた。その一環として，イェーリングは権利概念を再定義している。すなわち，権利を対象に対する意思の支配とみるサヴィニー以来の権利意思説——それをプフタも承継した（前述Ⅱ3末尾参照）——に対し，「権利の概念は利用についての法的な安定性に基づいており，諸権利は法的に保護された諸利益である」という**権利利益説**を提示したのである（§60）。

　権利利益説の提示は，イェーリングの法思想に決定的な転回をもたらした。つまり，権利主張をめぐる利益衝突の結果として獲得されるものとしての権利と法の把握，法形成における利益衝突の調整者としての国家の役割の重視，個人の利益と国家の利益を調整するための法の目的への着目である。それは『権利のための闘争』および『法における目的』の執筆へと通じる布石となった。

3　権利のための闘争

　権利を法的に保護された利益とみるイェーリングは，『権利のための闘争』（1872年）において，法および権利は利益の主張をめぐる闘争によって獲得されたものであるとみて，法が習俗や言語のように自から無意識的に生成するとみる歴史法学派の法概念を放棄するに至った。もっとも，イェーリングはすべての者がつねに権利のために闘争することを求めていたわけではないことに注意する必要がある。あくまでも，自己の「人格を害する仕方」で権利を無視された者は，ありとあらゆる手段で戦うことが，「あらゆる者の自分自身に対する義務」であるとともに，国家共同体に対する義務でもあるとした。なぜなら，国民各人の健全で力強い権利感覚が，国家の存立を維持する力の最も豊かな源

泉だからである。それは国内外の闘争を通じて国家統一を成し遂げたドイツ国民の意識を代弁するものでもあったであろう。これに対し，権利侵害が被侵害者の人格否定を伴うものでないときは，「和解」が紛争解決の「最も正しい方法」であることをイェーリングが強調している点は，見逃すべきでない。なぜなら，この場合には紛争の本質は「純然たる利害問題」だからである。

　ここでは，権利および法の形成が，個人から政府への意図的な働きかけを契機とし，それに対する政府の反応，個人の政府への新たな働きかけ，……を繰り返す中で，法改革が起こり，それを通じて，制度変化が生じるプロセスを明らかにしている。この意味で『権利のための闘争』は，今日の開発法学の観点からみると，制度変化の余地を知覚した者による意図的行動＝権利主張を起点とする制度の生成・変化のメカニズムを明らかにしようとする意味で，**制度変化の理論**として読み込むことのできる側面を含んでいる（松尾2002参照）。これは法や権利を社会科学の観点から観察することにほかならない。

4　法における目的

　イェーリングは『法における目的』（第1巻1877年，第2巻1883年）において，「目的がすべての法の創造者」であり，目的-実際的動機を源泉としない法規は存在しないという法律観に基づいて，法形成論を展開するに至った。そして，**法の目的**は「社会の生活諸条件の確保」であるから，**法**は「国家の強制権力によって達成された社会の生活諸条件の形式」として定義された。また，**法解釈**も，立法者の動機と法の機能に照らし，目的論的に行うことにより，立法目的＝法の意味＝**法の理性**（ratio legis）を明らかにすべきものとみた。

　このような法律観および**目的論的法解釈**は，法を国家の開発目標の達成手段とみる開発法学的な法律観・法解釈方法と大幅に重なり合っている。その背景には，イギリスよりも遅れて産業革命に乗り出したドイツにおける経済開発の推進と，経済発展の裏側で生じた労働者問題をはじめとする社会問題への対処という二重の法政策的な課題に直面していたドイツが置かれていた歴史的状況が存在したことを看過できない。

IV──「概念法学」批判の意義

1 「概念法学」批判とは何か

　以上のようにみてくると，イェーリングの「概念法学」批判は，法（および
それと密接不可分の権利）とは何かを追究し続けたイェーリングが，権利利益説
および制度論的な法観念へと至る道程の最初の契機にすぎなかったとみること
ができる。このことは，「概念法学」批判がローマ法の素材を用いた法的構成
をすべて否定し去るものではなかったことに端的に現れている。後に法社会学
の成立に寄与したE・エールリッヒ（Eugen Ehrlich, 1862-1922）がいうように，
イェーリングの「辛辣な嘲笑」にもかかわらず，「概念法学がそれによって消
滅してしまうことはなかった」！のである（『法学的論理』(1918年) 第1部第4節）。
　ローマ法以来，連綿と蓄積されてきた法的基本概念，それに基づく法的構成
と法的推論は，ある政策目的を達成するために新たに必要となる立法，そのた
めの新たな法概念と法規定の創造と矛盾するものではない。このことは，「概
念法学」批判にもかかわらず，サヴィニー，プフタ，イェーリング，ヴィント
シャイト，デルンブルク，……と承継されたパンデクテン法学の緻密な実定法
理が，ドイツ民法典の第1草案，第2草案を経てドイツ民法典（1896年。1990
年施行）に結実し，諸外国への法継受を経て，今なおわれわれの法秩序の一部
をなしていることからも，明らかである。「概念法学」批判がどこまで「冗談」
で，どこまで「真面目」かひとまず措いて，そのことは誰よりもイェーリング
を含む当事者たちが自覚していたに違いない。ゲッティンゲンでのイェーリン
グの葬儀に，『パンデクテン教科書』の執筆者で，「概念法学」批判の対象となっ
たロマニステンの代表格である，ちょうど1歳年上のヴィントシャイトが，ラ
イプツィヒから老体に鞭打って参列し，その40日後に死去したという事実は，
そのことを象徴するエピソードといえるであろう。
　たしかにイェーリングがとくに批判するプフタは，歴史法学派の法概念を承
継しつつ，「民族意識」，「民族の確信」，「国民の意思」といった諸概念を相当
実体化して捉えていた観もあり，形而上学的側面をもっていたことは否定し難
い。しかし，所有権＝物権，賃借権＝債権の形式的峻別論に基づき，買主の所

有権が賃借人の債権に優先するとの帰結を論理的に導く「売買は賃貸借を破る」との命題を，あまりに形式的であるとして，プフタが否定したことにも表れているように，ロマニステンが発展させたパンデクテン法学は，必ずしも実生活や法実務からかけ離れていたとは限らない。また，やはり「概念法学」的と批判された休止相続財産の法人構成（被相続人の死亡時から相続人が実際に登場するまでの中間時における相続財産＝休止相続財産を法人として取り扱うこと。プフタ『パンデクテン教科書』第8編，§446）も，今日ですら許容可能な法技術であるように思われる。それらをあえて「概念法学」と批判することの背景には，ロマニステンに対抗するゲルマニステンの台頭に対処すべきであるとの自覚，近代国家の整備に伴う国家法規の法学説に対する優越，法律学に対する信頼やその学問的権威の衰退等の歴史的事情が存在していたことも看過できない。

2 「概念法学」批判のインパクト

イェーリングの「概念法学」批判は，法概念を民族意識のレトリックから解放し，法概念の背後にある諸利益の対立・調整に目を向けることにより，一方では，法規範の成立原因を諸利益の衝突に求めるP・ヘック（Philipp von Heck, 1858-1943）らの利益法学，制定法以外の法規範の成立の余地を認めるH・カントロヴィッツ（Hermann Kantorowicz, 1877-1940）らの自由法運動，法を社会現象としての組織の内部秩序とみるエールリヒらの法社会学に影響を与えた（図表7-1参照）。また，目的を法の創造や法の解釈の原因とみる視点は，制度変化の余地を知覚した起業家の意図的改革を制度変化の起点とみる今日の新制度学派や，その制度変化メカニズムの理論を応用する開発法学の見方を先取りしていたとみることもできる。

他方では，「概念法学」批判は，ローマ法以来の基本概念に基づく法律構成と法的推論が法実務や実生活からかけ離れないことに注意を喚起しつつ，緻密な法的概念構成と法学的論理を通じて法的紛争問題に対する結論を導く法実証主義とパンデクテン法学を架橋したということもできる。と同時に，「概念法学」批判は，ローマ法の素材を用いつつ，自由を中核概念とする体系的正義論を展開することにより，自然法論を承継した歴史法学派ないしロマニステンの法学的論理が，無味乾燥な形式論に堕してしまうことへの警鐘を鳴らし続けて

いる。それはパンデクテン法学を自然法論の伝統と架橋する役割を果たしたともいえる。

　こうして，「概念法学」批判にもかかわらず，「概念法学」は生き残ったのである。しかし，「概念法学」批判は，法の成立プロセス，法源，解釈に多様性を付与し，「概念法学」に新たな息吹を吹き込んだ点で，少なからぬインパクトをもったということができる。

【参照文献】

イェーリング『法学における冗談と真面目——法学書を読む人へのクリスマスプレゼント：笑いながら真実を語る』〔眞田芳憲・矢澤久純訳〕（中央大学出版部，2009年）

——『権利のための闘争』〔村上淳一訳〕（岩波文庫，1982年）

——『法における目的』〔山口廸彦編訳〕（信山社，1999年）

勝田有恒・山内進編著『近世・近代ヨーロッパの法学者たち——グラーティアヌスからカール・シュミットまで』（ミネルヴァ書房，2008年）

笹倉秀夫『近代ドイツの国家と法学』（東京大学出版会，1979年）

平田公夫「ルードルフ・フォン・イェーリング」勝田・山内編著（2008）336-348頁

プフタ「古い法体系と新しい法体系に関する考察」〔松尾弘訳〕横浜国際経済法学10巻1号（2001年）127-150頁

松尾弘「イェーリング」尾形勇・山本博文ほか編『歴史学事典　第9巻　法と秩序』（弘文堂，2002年）17-18頁

——「ゲオルグ・フリードリヒ・プフタ」勝田・山内編著（2008）309-322頁

——「法の形成をめぐる個人と国家の関わり方：イェーリング『権利のための闘争』の制度論的側面」横浜国際社会科学研究7巻2号（2002）1-22頁

山田晟「サヴィニーからプフタ，イェーリングへ」日本法哲学会編『法思想の潮流』（朝倉書店，1951年）291-314頁

【松尾　弘】

8講 法社会学の形成
エールリッヒとウェーバー

Ⅰ—はじめに

　本講ではオイゲン・エールリッヒ（Eugen Ehrlich, 1862-1922）とマックス・ウェーバー（ヴェーバーとも表記する）（Max Weber, 1864-1920）の法社会学について，ごく簡単な紹介を行う。いずれも法社会学の基礎を築いた研究者であり，ほぼ同じ時代を生きている。ただし，以下に概述する通り，両者の法概念は相当に異なる。エールリッヒは社会学的な視角から法にアプローチした法学者・法制史学者であった。これに対して，ウェーバーは法律学・法制史に関して該博な知識を有しながらも，法学的考察方法と社会学的考察方法とを峻別しつつ，エールリッヒとは異なる形で社会学的に法にアプローチし，また法制度の展開を歴史社会学的に叙述した社会学者であった。

Ⅱ—エールリッヒ

1　エールリッヒの法概念

　エールリッヒは主著『法社会学の基礎づけ』（1913年）の中で生ける法（lebendes Recht）という概念を提唱した。また，概念法学を批判し，自由法論（国家実定法の体系には欠欠があり，裁判官の法創造がそれを補充しているという考え方）に与したことでも知られる（概念法学については7講を参照せよ）。

　かれはオーストリア＝ハンガリー二重帝国の辺境ブコヴィナのチェルノヴィッチ市（現在のウクライナ）にユダヤ人として生まれた。ウィーン大学で法律学を学んだ後，チェルノヴィッチ大学でローマ法の教授となった。オーストリア＝ハンガリー二重帝国は多民族国家であり，ブコヴィナもまた多様な民族を抱えていた（エールリッヒ自身も17-18の言語を操ったと言われる）。かれはオーストリア民法典が現実の生活を規律していない事実に気づいていた（たとえば，

南スラヴには民法典とは無関係な家族共同体ツァードルガが存在した）。同時に，かれ
は法制史の専門家であり，法規範を国家法と同視する見方（**国家的法律観**）を
受け容れることはできなかった（裁判や司法作用は主権国家成立以前から存在して
いた）。

　エールリッヒは法規範（Rechtsnorm）が ① 生ける法，② 裁判規範
（Entscheidungsnorm），③法命題（Rechtssatz）という三つの存在形態をとると指摘
し，そのうち①が日常生活にとって最も重要な法規範であるとした。かれによ
れば，法を生み出すのは国家ではなく社会である（**社会的法律観**）。社会団体が
生み出す「生ける法」は，法源の一つである。法社会学の目的の一つは，この
生ける法の探究にある。こうした構想により，かれは法社会学の創始者と目さ
れている。生ける法を重視するかれの議論は，法を成立させる淵源を民衆の法
意識に求めた歴史法学派（サヴィニー，プフタ）の議論を継承する。同時に，か
れはギュルヴィッチ（Georges Gurvitch, 1894-1966）などと並んで，**法多元主義**の立
場を打ち出した先駆者でもある。さらに，かれは生ける法を探究するために研
究所を設立し，法学者として初めて質問票調査や面接調査を実施し，契約書の
収集を行った。こうした経験科学的な態度にはモンテスキュー（Charles-Louis de
Montesquieu, 1689-1755）の影響が窺える。

　それでは，生ける法，裁判規範，法命題とは，それぞれどのようなものか。

　第一に，**生ける法**とは，社会団体（gesellschaftlicher Verband）の内部秩序または
行為規則である。かれによれば，社会は様々な社会団体（家族，組合，政党，社
交団体，営利会社，市町村，国家など）の集合体である（国家も社会団体の一つであ
る）。このように団体を重視する態度は，ギールケ（Otto von Gierke, 1841-1921）
の団体法理論を継承している。生ける法はまた「社会団体の成員により承認さ
れ，一般的には実際にも遵守されている規則」である。ここから分かるよう
に，エールリッヒは法の妥当根拠を社会団体の成員による承認にみている（**承
認理論**）。なお，生ける法は，これを破ると周囲から**分散的制裁**が加えられる。
分散的制裁とは，社会団体の成員による圧力や制裁であり，ゴシップや団体か
らの排除などである。ただし，この制裁も外部からの強制ではなく法の妥当を
承認する社会団体の成員によるものであるから，承認理論とは矛盾しない。後
述するように，ウェーバーは**強制装置**を法の定義の中に組み入れたが，エール

図表 8 - 1　法規範の存在形態

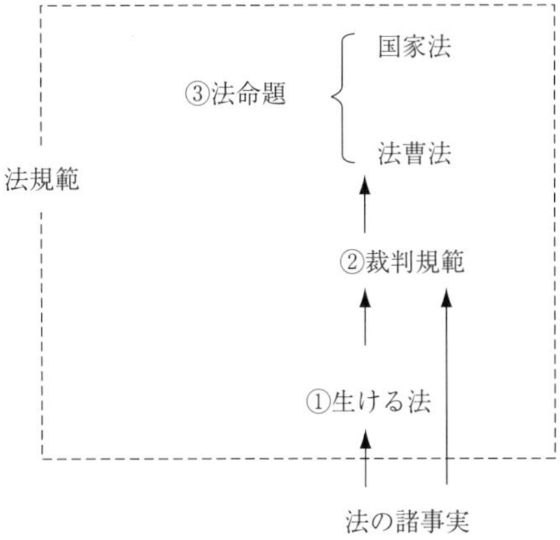

```
                        ┌ 国家法
             ③法命題  ┤
                        └ 法曹法
   法規範                      ↑

                      ②裁判規範
                         ↑      ↑

                      ①生ける法
                         ↑
                      法の諸事実
```

リッヒは反対に，強制は法の本質的特徴ではないとする。

　第二に，**裁判規範**とは，法的紛争を裁判するための法規範である。生ける法が社会団体の成員の行為を支配する規則であるのに対して，裁判規範とは紛争を解決する裁判官の行為を支配する規則である。裁判官は，既存の生ける法では解決できない紛争を処理するために，生ける法を一般化・統一化することによって裁判規範を創造するか，あるいは生ける法とは別個に新たな裁判規範を形成する。裁判規範は，国家が裁判権を有するに至ると，国家の組織的な強制力によって担保される（「分散的制裁」によるのではない）。

　第三に，**法命題**とは「普遍的に妥当するものとして，制定法や法律書の中で権威的に公示された法規則」である。この法命題には**国家法**と**法曹法**とが含まれる。国家法とは国家の官庁の権利と義務とを確定するために，国家機関の位置と任務とを規定する法命題であり，国家によって生み出される。他方，法曹法とは，裁判官が裁判規範を一般化することによって生み出す法命題である。法命題もまた，国家の組織的な強制力により担保される。

　なお，エールリッヒは，（法規範と区別される）**法の諸事実**（Tatsachen des Rechts）という概念をも提唱した。具体的には，①**慣行**（Übung，将来に規範を与える慣行），②**支配服従関係**（Herrschaft，父権・夫権に対する子・妻の服従や，主人に対する奴隷の服従），③**占有**（Besitz，占有者が物を経済的用法に従って利用すること），④**意**

思表示（Willenserklärung, 契約や遺言など）の四つがある。これらの法の諸事実は法規範ではないが，法規範が発生する源泉となる。

　エールリッヒの最大の功績は，「生ける法」の重要性を強調したことにある。後述するように，ウェーバーもまた社会規範（習律）の重要性を認めている。ただし，エールリッヒが生ける法を強調した背景には，オーストリア゠ハンガリー二重帝国における多元的な文化環境があった。また，世紀転換期の同帝国には，さまざまな思想的潮流（経験主義（マッハ），理性への懐疑（カフカ，フロイト，マゾッホ），反形式主義（シェーンベルク））がみられた。エールリッヒの概念法学批判（自由法論）や国家法批判（生ける法）も，この時代の思潮の内に位置づけることができる（参照，Assaf Likhovski, "Venus in Czernowitz: Sacher-Masoch, Ehrlich and the *Fin-de-siècle* Crisis of Legal Reason," in Marc Hertogh（ed.）, *Living Law: Reconsidering Eugen Ehrlich,* Hart Publishing）。かつて米国の法社会学者であるフィリップ・セルズニック（Philip Selznick, 1919-2010）は，法社会学の発展の基盤として歴史主義・道具主義・反形式主義・多元主義をあげたが，後二者はとりわけエールリッヒの法概念に顕著である（Selznick, "Sociology of Law," *International Encyclopedia of Social Sciences,* vol. 9 , pp.55-59）。

　他方，エールリッヒの法理論の弱点として，次の二点があげられる。

　第一に，法規範と法外的な規範とを区別するメルクマールが不明確であった。かれは法規範のメルクマールを，法違反に対して憤慨（Empörung）という心理的反応が生ずることに見出した。しかし，社会全体に関わる法規範の存否を，個人の心理的反応に基づいて判断することは困難である。

　第二に，上記の点とも関係するが，エールリッヒは法を行為の規則性からうまく区別できなかった（生ける法は「一般的には実際にも遵守されている規則」とされる）。だが，ドイツの社会学者ニクラス・ルーマン（Niklas Luhmann, 1927-1998）も指摘するように，法は違背の事実に抗しても維持される特徴をもつ。法を行為の規則性と同視するならば，法の**妥当**（Geltung, 法がある社会で有効なものとして通用するかどうか）と法の**実効性**（Wirksamkeit, 法がある社会で実際に遵守されるかどうか）とを区別できない。こうした曖昧さは——後述するように——法学的考察方法と社会学的考察方法，当為と存在とを峻別するウェーバーやケルゼンの立場からは容認できない。当為を事実に還元するルーマンの立場からいっ

ても，行為の規則性だけでは違背の事実に対する行為選択が明らかではないから，法規範のメルクマールとしては不十分であることになろう。

2　エールリッヒの影響──ロスコー・パウンド，末弘厳太郎ら

　エールリッヒの影響を受けた同時代の法学者としては，米国のロスコー・パウンド（Roscoe Pound, 1870-1964）や日本の末弘厳太郎（1888-1951）がいる（パウンドについては，★コラム3を参照せよ）。つまり，エールリッヒの業績はまずヨーロッパ以外の地で受容され，反対にヨーロッパでは1960年代まで忘れられていた。

　パウンドはハーヴァード大学ロースクール教授であり，エールリッヒを米国に紹介し，『法社会学の基礎づけ』の英訳に序文を寄せた。ただし，パウンド自身はエールリッヒとは異なり，法をもっぱら社会統制手段の一つとして捉えた。パウンドはまたlaw in books（紙の上の法）とlaw in action（法の現実の作動）とを区別した。後者はエールリッヒの生ける法に類似する。ただし，生ける法が規範であったのに対して，law in actionは規範のみならずその作動過程をも含むから，両者の意味内容はやや異なっている。

　末弘は東京帝国大学法学部の民法の教授であり，日本で民事判例研究を始めた人物である（末弘によれば判例も「生ける法」の一つである）。かれはまた，大正期に法社会学研究を開始した，日本の法社会学の始祖でもある。第一次世界大戦後，わが国では資本主義の浸透と経済的格差の拡大とを背景として，労働運動や小作争議，社会主義運動の拡大とがみられた。末弘はそれらを支持し，労働運動や小作人の運動の中に「生ける法」（生きた法律）を見出そうとした（末弘はエールリッヒの論考に触れたのみならず，1920年にスイスでエールリッヒとも面会している）。エールリッヒが世紀転換期の帝国辺境の多民族共同体に生きながら，国家法と民衆法との差異を鋭く意識したとすれば，末弘は大正デモクラシー期のリベラルな思想的雰囲気と日本社会の構造変動の中で，欧米から輸入した国家法と現実の日本社会における民衆法との差異を問題視した。昭和期になると，末弘は蓑田胸喜（1894-1946）ら右翼から攻撃を受ける一方で，北支慣行調査などの国策事業にも協力するようになり，社会運動への共感を示すことは少なくなった。だが，中国農村の現実の慣行を「生きた法律」として観察し

ようとする昭和期の末弘の態度は，大正期よりもエールリッヒ自身の生ける法に対する態度に近づいたといえる。

　なお，現代にも——たとえ「生ける法」という概念を明示的に用いていなくても——生ける法の存在を前提とした法社会学研究は多い。たとえば，ウィスコンシン大学のスチュワート・マコーレイは，ウィスコンシン州の製造業者が継続的取引において契約にこだわらず，裁判所にも頼らないことを実証した（Stewart Macaulay, "Non-Contractual Relations in Business: A Preliminary Study," *American Sociological Review* 28（1）pp.55-67, 1963）。また，イエール大学のロバート・エリクソンは，カリフォルニア州シャスタ・カウンティでは牧場主や農民らが近隣紛争を互譲的な社会規範で処理していることを解明した（Robert C. Ellickson, *Order Without Law: How Neighbors Settle Disputes,* Harvard University Press, 1991）。さらに，トリノ国際大学のグンター・トイプナーは，社会システム理論の立場から，生ける法の概念をグローバル化した社会における法多元主義的状況に転用した（Günther Teubner, "Global Bukowina: Legal Pluralism in the World-Society," in *Global Law Without A State,* Dartsmouth, pp. 3 -28, 1996）。

III——ウェーバー

1　ウェーバーの法概念

　ウェーバーはプロイセン王国のエルフルトで生まれたドイツ人である。ベルリン大学で教授資格を獲得し，ベルリン大学私講師を経て，フライブルク大学教授，さらにハイデルベルク大学教授，ミュンヘン大学教授になった。ウェーバーの社会学の問題関心は，なぜ西欧文明が他の文明に卓越したかというものであった。それは一言でいえば合理化という歴史的プロセスに求められるが，こうした文明全般に関わる問題関心はエールリッヒには見られないものであった。ウェーバーの法社会学の核心も，西欧における法創造（立法などの規範定立）・法発見（裁判などの法適用）の卓越性を剔出することにあった。かれはその卓越性を形式的で合理的な法創造・法発見のありかたにみている。かれの『法社会学』は1911-13年に執筆され，死後（1921年）に公刊されたが，浩瀚な大著『経済と社会』の一部分（第7章）にすぎない。しかし，米国の社会学者タルコッ

ト・パーソンズ（Talcott Parsons, 1902-79）によれば『法社会学』こそがウェーバー社会学の中核にあたる。

ウェーバーはエールリッヒと異なり，法学的考察方法と社会学的考察方法との差異を理論的に明確化した（『経済と社会』第 1 章第 1 節）。この点は，ウェーバーのハイデルベルク大学の同僚であった公法学者ゲオルグ・イェリネック（イェリネクとも表記する）（Georg Jellinek, 1851-1911）が，国家学を社会的国家学と国法学とに区別したことに類似する（イェリネクについては，**9** 講を参照せよ）。ウェーバーによれば，法学的な考察方法は「法として概念的に妥当するのは何か」を問題にする。これに対して，社会学的な考察方法は「社会的行為に参加している人々……が，一定の秩序を妥当するものとして主観的にみなし，また実際にもそれに従って行動する場合，つまりかれら自身の行為をその秩序に志向させるチャンスがある場合，そのことによってある社会の中で実際に何が起こるか」を問題にする。ウェーバーは社会学的考察方法によって法秩序にアプローチした（ウェーバーが法解釈論を展開したことは皆無であるようである）。

ウェーバーは法を次のように定義する（『社会学の根本概念』第 6 節（1922年））。「特にそのために用意された人の幹部が，秩序の遵守を強制し，又は秩序への侵害を罰することを目的とした行為を通じて，物理的又は心理的な強制を課すみこみによって，秩序が外的に保障されている場合，その秩序は法（Recht）と呼ばれる」。この定義には「**秩序の妥当**」とその「**（強制装置による）外的な保障**」という二つの要素が含まれている。

秩序とは，行為が一定の規準（格率，ルール）に方向づけられることである。妥当とは，そうした方向づけがなされる少なくとも一つの理由が，ある規準が拘束的または模範的な力をもつという信念にある場合をいう。ここで「慣習」（Brauch，行為の規則性が，ある人々の間での事実上の実行に基づいているとき）や「習俗」（Sitte，そうした事実上の実行が慣れ親しみに基づくとき）は，「秩序の妥当」に関する議論から除外されている。

保障とは，秩序の妥当に実効性をもたせることであり，内的な保障と外的な保障とがある。前者は，行為者の行為を内側から（感情や信念などを通じて）保障し，後者は，行為者の行為を外側から保障する。

外的な保障には二種類がある。一つは，周囲の人々の非難による保障であ

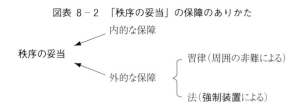

図表 8-2 「秩序の妥当」の保障のありかた

る。違反すると周囲の人々から非難を受けるみこみによって秩序の妥当が保障される場合，この秩序は「習律」（Konvention）と呼ばれる（この点で習律は，分散的制裁によって担保されるエールリッヒの「生ける法」に近い）。もう一つは，**強制装置**（Zwangsapparat）による保障である。強制装置とは，秩序の妥当を外的に保障するために組織された幹部であり，具体的には裁判官，検察官，行政官，執行吏などを指す。

このようにウェーバーは，強制装置によって秩序の妥当が外的に保障されたものが法であるとする。この法の定義は，エールリッヒの法概念と比較すると，より限定されている。強制装置を法のメルクマールとした点から，ウェーバーは法の妥当について**強制理論**に立つと言われる。ただし，強制装置は政治権力ではなく教権制的権力である場合もあるから，法は国家法には限られない（国家法以外の法は，**非国家法**と呼ばれる）。また，かれは法強制（強制装置）によって直接に保障されていない「間接的に保障された法」や「保障されていない法」もあるとする。ただし，かれの分析の中心は，強制装置によって直接的に保障された法におかれている。

ウェーバーは以上のような法の定義を採用した上で，原始社会から近世・近代にいたる法創造や法発見の歴史・変遷を叙述し，西洋社会が「形式的合理的法（裁判）」を発展させてきたことを指摘した。かれは法創造や法発見が**形式的**か**実質的**かという**区別**と，**合理的か非合理的かという区別**とを組み合わせる。ここでいう「形式的」とは，一定の手続を履践したり，一般的な基準に従うことを意味しており，そうでないものは「実質的」である。なお近年では，形式的と訳されてきた原語にformell（＝手続・態様の形式性）とformal（＝法の内容・性格の形式性）とがあること，また実質的と訳されてきた原語にもformellの対義語であるmateriell（＝形式性や定型性の欠如）とformalの対義語であるmaterial（＝

法の内容の実質性）とがあることが，しばしば指摘される。

これに対して，「合理的」とはすべてのケースに対して同じ一般的で理性的な基準が普遍的に適用されることを意味している（したがって，判断の理由を第三者にも説明できるし，次の判断を予測できることにもなる）。「合理的」でないものは「非合理的」である。

こう考えると，法創造や法発見について，①形式的に非合理的，②実質的に非合理的，③形式的で合理的，④実質的で合理的という四つの類型が区別できる。

①形式的（formell）に非合理的とは，法創造や法発見において，理性的に制御できる手段以外のもの（神託など）が用いられる場合である。神意裁判が例としてあげられる（正しい神託を得るためには儀礼的・形式的な手続を尊重しなければならないが，神託という方法は非合理的である）。

②実質的（materiell）に非合理的とは，個々のケースの完全に具体的な評価（倫理的，感情的，政治的な評価）が決定の基準とされ，一般的な規範が基準とされない場合である。カーディ裁判（カーディQâdîとはイスラム教諸国の裁判官を指す），古代アテナイの直接民主制における人民裁判，近代の陪審裁判が例としてあげられる（「ソロモン王の裁き」（旧約聖書・列王記・上3.16以下），「大岡裁き」などを含めることもできよう）。ここでは，手続が定型的（formell）ではなく，その場かぎりのものであることが特徴的である。たとえば「真の母親を判断する際には子を斬らせてみる」というソロモン王の裁判方法を定型化して毎回試すわけにはゆかないし，次にソロモン王がどのような判決を下すかも予測できない。

③形式的（formal）で合理的とは，一義的で一般的な要件メルクマールのみが尊重され，その結果，決定内容も一貫したものとなる場合である。ここでいうメルクマールには二つのものがある。一つは，一定のことばが語られたとか，署名がなされた場合のように，感覚的に直観的な性格のものである場合である（イングランド法学はこれを重視した）。もう一つは，論理的な意味解明を通じて厳格に抽象的な諸規則となった明確な法概念が形成され，適用される場合である（ドイツ普通法学，すなわちドイツに継受されたローマ法研究をもとに構築された法律学は，こちらを尊重した）。

④実質的（material）で合理的とは，倫理的命令や功利的規則，政治的格率のように，実質的な規範が決定の基準となる場合である。

図表 8-3 法と裁判の四類型

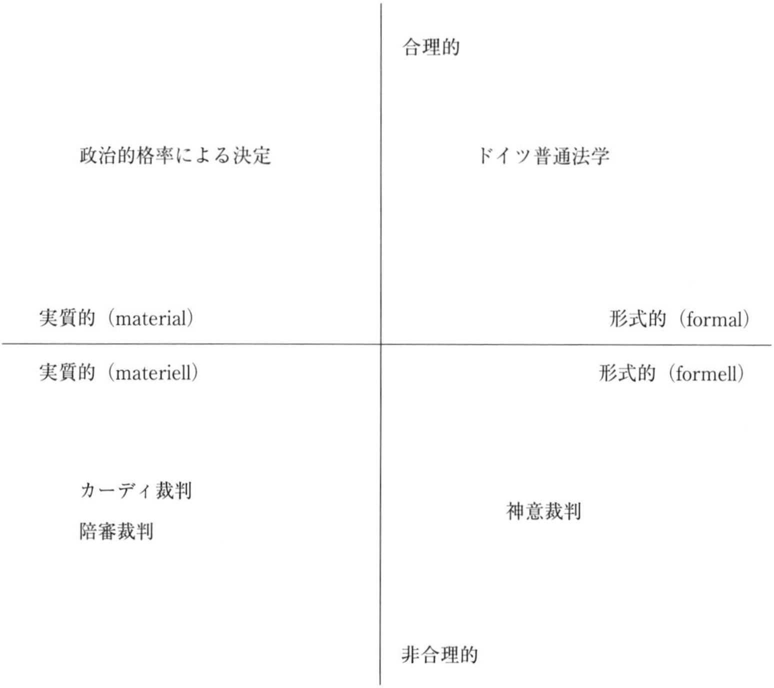

合理的

政治的格率による決定   ドイツ普通法学

実質的（material）   形式的（formal）
───
実質的（materiell）   形式的（formell）

カーディ裁判   神意裁判
陪審裁判

非合理的

　ウェーバーによれば，上記③の形式的かつ合理的な法の発展こそが，取引の計算可能性を高め，迅速かつ確実に機能する法を成立させ──官僚制的国家の形成とあいまって──近代の資本主義的経済秩序を実現する前提となった。ここでは経済秩序（下部構造）が法秩序（上部構造）を規定するというマルクス主義的な立場はとられていない。反対に，法秩序や官僚制的国家など，さまざまな与件が経済秩序を規定したことになる。

　ウェーバーによれば，法や裁判の形式的合理化は段階的に発展した。すなわち，①法預言者がカリスマ的に法を啓示する段階，②法名望家が経験的に法を創造し発見する段階（予防法学と先例による法創造の段階），③世俗的なインペリウムや神政政治的な権力が法を授与する段階，④法学教育を受けた専門的法律家層が体系的な法制定を行い，また，文献的で形式的・論理的な訓練に基づい

て専門的「裁判」を行う段階である。

　このうち，とりわけ注目されるのは④の**専門的法律家層**が果たした役割である。ウェーバーは西洋社会における法学教育について，**アングロサクソン型**と**大陸法型**とを区別している（上記④では，とりわけ大陸法型の専門的法律家層が念頭に置かれているが）。いずれも形式的かつ合理的な法思考の発展に寄与したが，両者の法学教育の違いが法思考の違いを生んだという。

　すなわち，イギリスでは資本主義的取引が早期に発達し，かつ司法権がロンドンの国王裁判所に集中したため，弁護士は裁判所周辺にツンフト（弁護士組合）を形成し，法利害関係者の要求を満たすような，実務的・具体的・経験的な法的知識を顧客に提供し，またツンフト内部で伝達していった（「**経験的法教育**」「**手工業的教育**」などと呼ばれる）。15・16世紀には裁判官も弁護士から選出されるようになった（「**法曹一元制**」）。ここから，先例を重視し，個別から個別への類推を核とするコモン・ロー特有の**経験主義的な法思考**が育まれた（反面，法の合理的体系化はなされなかった）。これに対して，ドイツでは国家統一が遅れ，また裁判権が領邦諸侯に分散されていたため，法律家層がツンフトを形成することはなかった。当初は裁判も農村の名望家が担っていたが，14世紀以降，ローマ法が継受され，大学でローマ法の教育（「**合理的法教育**」「**学問的教育**」などと呼ばれる）を受けた法律家（学識法曹）が，諸領邦の裁判官や行政官となった。この結果，大陸法諸国に特有の合理的・学問的・抽象的・体系的な法思考が普及した。

　それでは，ウェーバーは同時代の法状況をどのように把握していたのだろうか。かれは『法社会学』の末尾で，現代の法状況の特徴として①法発展において反形式的傾向がみられること，②法の専門化により法の不知が拡大していることをあげている。

　①法発展における**反形式的傾向**とは，法が形式的合理的な法として発展してきたにもかかわらず，近年では反形式化の傾向を強めていることを意味する。具体的には，自由心証主義によって証拠法が排除されること，「信義誠実」や「善良の」風俗のような倫理的カテゴリーが多用されること，階級問題の発生を背景として，一部の法利害関係者（労働者階級など）や法イデオローグが実質的正義を要求していること（「社会法」の要求），裁判官による法創造を認めるよ

うになっていること（自由法論）などを指している（ここでエールリッヒの自由法論は，法の反形式化傾向の一つとして批判的に描かれる）。ただし，ウェーバーはこうした反形式的な傾向が将来的に法秩序の形式化の進展を妨げるとまでは考えなかった。

次に，②法の専門化による法の不知の拡大とは，法が専門的なものになるに従って，素人が法を知りえないようになることである。

この点について，ウェーバーは『法社会学』とは別に『理解社会学のカテゴリー』（1913年）という論考において，理解（Verständnis）と諒解（Einverständnis）という概念を区別して説明を加えている。理解とは，あることがらの原理を知っていることであり，諒解とは，原理を理解していないが，単純にこれまでの習慣に従ってやってゆくことである。法学の専門分化が進行するにつれて，一般の人々はますます法の内容を知り得なくなり（したがってその原理を理解することもできなくなる），たんに法秩序を諒解するだけになってゆく。

もっとも，人々が法の内容を知り得なくなる（理解できなくなる）からといって，法秩序が崩壊するわけではない。ウェーバーは『経済と社会』第1章において，そもそも人々が法命題によって命ぜられていると考えて特定の行為をとることはふつうは決して起こらないと述べている。人々が法秩序に従った行動をとるのは，周囲がこれを是認し，その反対を是認しない（つまり**習律**がある）からか，あるいは**習俗**として慣れ親しんできた生活の規則性に従う無気力な習慣によるからかであり，法秩序に対する服従を義務と感じているからではない。

最後に，ウェーバーの法概念および法発展の歴史的検討をごく簡単に評価する。まず法概念については，秩序の妥当と強制装置による保障という二つのメルクマールによって，法をエールリッヒより明晰かつ限定的に規定したといえる。とりわけ秩序の妥当，すなわち「ある規準が拘束的または模範的な力をもつという信念」に着目した点は，後述するように，ハートらの現代の法概念論にも影響を与えていると思われる。他方，形式的かつ合理的な法が個人に計算可能性を与え，近代資本主義経済の発展の前提になったとする，巨視的な歴史把握も重要な意義をもつ。

しかし，ウェーバーは強制装置の内容や種類，機能については，詳細に分析していない。また，強制装置によって保障されていない法の存在は認めている

ものの，そうした法（たとえば国際法など）のありかたについては分析が深められていない。

2 ウェーバーの影響——ケルゼン，H.L.A.ハートら

ウェーバーの法概念は後代の法理論家に一定の影響を与えているが，ここではハンス・ケルゼン（Hans Kelsen, 1881-1973）とH.L.A.ハート（Herbert Lionel Adolphus Hart, 1907-92）について一言する（ケルゼンについては**10講**，ハートについては**11講**をも参照せよ）。

ケルゼンはオーストリアの公法学者であり，エールリッヒと同じくウィーン大学で法学を学び，同大学で公法学の教授となった（後に米国に亡命し，カリフォルニア大学バークレイ校でも教えている）。ケルゼンは新カント学派の影響を受け，当為と存在，規範的思考と因果的思考とを厳格に峻別する二元論を打ち立てるとともに，法秩序を考察するにあたっては徹底的に規範的思考の内部にとどまった。ケルゼンはまた，法規範は強制秩序であり，制裁を定めた社会秩序であると定義した。さらに，かれは国家を法秩序と同視した。

ケルゼンがウェーバーを参照していることは明らかであるが，ウェーバーがケルゼンを参照していたかどうかは明らかではない。前述の通り，ウェーバーは法学的考察方法と社会学的考察方法とを区別したが，ケルゼンも当為と存在とを厳格に峻別した。また，両者とも，法の妥当と実効性とを区別しながらも，妥当する法は最低限の実効性をもつとした。ウェーバーは強制装置を法の定義に組み入れたが，ケルゼンも法規範を強制秩序であるとした。さらに，ケルゼンはウェーバーが国家を規範的に把握していることを評価した。

しかし，ケルゼンは社会学的考察方法によって法秩序を認識できるとは考えなかった。この点から，かれはエールリッヒのみならず，ウェーバーの社会学的考察方法をも批判している（同様に，ケルゼンはイェリネックの社会的国家学をも強く批判した）。したがって，ケルゼンがウェーバーのアプローチに共感し，これを受け継いだとはいえない。

他方，H.L.A.ハートはオックスフォード大学の法理学の教授であり，法を第一次ルールと第二次ルールとの結合として定義した。ハートはウェーバーの自らへの影響について明示的に語っていない（むしろ否定している。参照，Nicola

Lacey, *A Life of H.L.A.Hart: The Nightmare and the Noble Dream,* Oxford University Press. pp.230-31.)。しかし，ウェーバーの法概念に含まれる「秩序の妥当」，すなわち，あるルールが拘束力をもつという信念を重視する考え方に影響を受けていると思われる。というのも，こうした信念は行為者がルールの正しさを受け容れている場合に生ずるが，ハートがいう**内的視点**（internal point of view）も，人がルールの正しさを受容している視点にほかならず，かつ，この内的視点という概念が，ルール（延いては法秩序）の存在を内在的に説明するための鍵になっているからである。他方，ハートはルールの正しさを受容しない視点を**外的視点**（external point of view）と呼ぶ。この内的視点と外的視点との区別は，ウェーバーの法学的考察方法と社会学的考察方法との区別を，法を観察する視点の区別として改めて概念化したものであるといえる。また，ウェーバーが慣習や習俗を「秩序の妥当」に関する議論に含めなかったように，ハートもまた，たんなる慣習的行為（habitual behaviour）を社会的ルールから区別している（なお，「強制装置」はハートの法概念においては重要な意味をもたない）。

　また，前述した通り，ウェーバーは，今日では素人による法の不知が拡大しており，人々は法知識をもたずに習俗や習律に従っているにすぎないと指摘したが，こうした認識はハートにも影響を与えているようにみえる。たとえば，ハートは主著『法の概念』の中で，一般市民は法秩序の構造等に関する知識を何らもっていないと指摘している。さらに，かれは法システムが存在するメルクマールとして，①市民が第一次ルールに服従している（obey）こと，②公的機関が第二次ルールを受容している（accept）ことをあげているが，①にいう服従とは，動機は何であれ第一次ルールの内容に従うことを意味している。すなわち，市民はルールに従った行動を正しいものであると考える必要はない。市民は服従しなかった場合に生ずる結果に対するおそれや，たんなる無気力から服従しているだけかもしれない。このハートの認識は，一般人の法理解に関するアクチュアルな観察であり，「法命題への服従の動機は考えられるかぎり様々なものでありうる」としたウェーバーの現実主義的な認識を受け継ぐものであろう。少なくとも，ここでのハートの議論のみから，ハートの法理論が法専門家至上主義であるとかリーガリズム（legalism）であると批判するのは適切ではない。

付言すれば，ルーマンは人々の法の不知はむしろメリットであるとする。なぜなら，法が高度に複雑化しているにもかかわらず，人があらゆる法的知識をストックとして蓄えておくことは，コストがかかりすぎるからである。むしろ人は法制度に対して一括的な信頼をもち，例外的な状況においてのみ法的情報を調べられればよい。こうした立場からは，ウェーバーのいう諒解とは，実定法段階における人々の法制度に対する一括的信頼を，行為者にとっての意味理解の側から記述した概念であることになろう。

【参考文献】 （邦訳または邦語文献）

オイゲン・エールリッヒ『法社会学の基礎理論』〔河上倫逸・M.フーブリヒト訳〕（みすず書房，1984年）

H.L.A.ハート『法の概念』〔矢崎光圀監訳〕（みすず書房，1976年）；〔長谷部恭男訳〕（ちくま学芸文庫，2014年）

ハンス・ケルゼン『社会学的国家概念と法学的国家概念』〔法思想21研究会訳〕（晃洋書房，2001年）

――『法学論』〔新正幸他訳〕（慈学社出版，2009年）

――『純粋法学（第二版）』〔長尾龍一訳〕（岩波書店，2014年）

ニクラス・ルーマン『法社会学』〔村上淳一・六本佳平共訳〕（岩波書店，1977年）

トーマス・ライザー『法社会学の基礎理論』〔大橋憲広監訳〕（法律文化社，2012年）

マックス・ヴェーバー『社会学の基礎概念』〔阿閉吉男・内藤莞爾訳〕（恒星社厚生閣，1987年）

――『法社会学』〔世良晃志郎訳〕（創文社，2000年）

――『理解社会学のカテゴリー』〔海老原明夫・中野敏男訳〕（未來社，1990年）

石村善助『法社会学序説』（岩波書店，1983年）

磯村哲『社会法学の展開と構造』（日本評論社，1975年）

海老原明夫「ヴェーバーとエールリッヒ――「法の歴史社会学」の二つの試み」比較法史学会（編）『比較法史研究（1）』（未來社，1992年）182-207頁

――「マックス・ヴェーバーのドイツ法学観」比較法史学会（編）『比較法史研究（9）』（未來社，2001年）60-85頁

中野敏男『近代法システムと批判――ウェーバーからルーマンを超えて』（弘文堂，1993年）

牧野雅彦『国家学の再建――イェリネクとウェーバー』名古屋大学出版会，2008年

――『マックス・ウェーバーの社会学――『経済と社会』から読み解く』（ミネルヴァ書房，2011年）

六本佳平『法社会学』（有斐閣，1986年）

六本佳平・吉田勇編『末弘厳太郎と日本の法社会学』（東京大学出版会，2007年）

【長谷川貴陽史】

9講 国法学と立憲主義

I ―イェリネクと美濃部達吉

　イェリネク（イェリネックとも表記する）(Georg Jellinek, 1851-1911) は，19世紀末から20世紀初頭に活躍したドイツの国家学の大家である。国家学というのは聞きなれない言葉であるが，国家を法学や政治学，経済学等，それぞれの学問領域を超えて，総合的かつ科学的に国家を理解しようとする学問である。国家学は，19世紀後半から20世紀前半にかけてドイツで盛んであった。それは，国家から独立した自律的な市民社会が早期に確立したイギリスなどと異なり，ドイツでは国家に対抗する市民社会の形成が未成熟であったため，国家の重要性や関心が高かったことが理由である。

　イェリネクは，権威主義的なドイツの国家と社会を，立憲君主制のもとで強力な議会と自律的な市民層が存在するイギリス型の国家・社会への転換を望んでいた。そして，彼は，自らの国家学がそのような目的に寄与することを期待していた。彼の研究は，そのための社会的条件を探索するものである。

　逆に，ドイツ第二帝政において，特に皇帝ウィルヘルム2世 (Wilhwlm Ⅱ, 1859-1941) のもとで皇帝権を強化し，絶対君主制の復活と皇帝親政の実現を期したのが，ボルンハック (Conrad Bornhak, 1861-1944) やレーム (Hermann Rehm, 1862-1917) といった家産国家論者であった。家産国家論というのは，かつての絶対主義国家のように国家を君主の所有物（家産）とする理論である。家産国家論者は，皇帝の支配権の妨げになる議会主義・自由主義勢力をことあるごとに攻撃した。特に，彼らは，自由主義的な国家学者のなかでもっとも著名であったイェリネクに対して露骨な敵意を示すとともに，論争を仕掛けた。

　イェリネクの法理論を日本で継受したのが美濃部達吉（1873-1948）である。周知のとおり，彼は，戦前日本で最も著名な憲法学者である。吉野作造（1878-1933）とともに，大正デモクラシーの理論的指導者と目され，その自由主義

的な学風が原因で昭和10年の天皇機関説事件で排撃されたことは知られている。美濃部は，イェリネクの国家学を日本へ輸入し，それを忠実に再現したとされる。美濃部自身も，初期の著書の中で，イェリネクの代表作『一般国家学』を「空前ノ一大良著」で「一般国法学ノ此ノ書ニ拠リテ初メテ大成シタト言ウテ得ヘシ」と非常に高く評価し，「此ノ書ヨリ得タルモノ甚タ多シ」（『日本国法学上巻上』）と，美濃部がイェリネクから多くの法理論を継受したことは，本人が告白しているとおりである。また，イェリネクがドイツで市民社会と議会主義を定着させようと尽力したことを考えると，美濃部が日本で自由主義的憲法学を展開し，大正デモクラシーを領導したことと符牒があう。

　美濃部の論争相手となったのが，穂積八束（1860-1912）のあとを継いで東大の憲法学講座を担当した上杉慎吉（1878-1929）である。彼は，ドイツ留学中，イェリネクのもとに２年ほど身を寄せている。上杉は帰国後もイェリネクの学恩に感謝していたが，その法理論は，むしろイェリネクに敵対するボルンハックやレームといった家産国家論者からの影響が強い。

　このように，天皇機関説論争は，美濃部と上杉が留学中にドイツで闘われていたイェリネクと家産国家論者の論争がプロトタイプであった。この点を把握しないと天皇機関説論争の法思想史的意義を正確に把握することはできない。そこで，本講では，イェリネクの国家学の意義と家産国家論者達との論争，それをふまえて日本で展開された天皇機関説論争を，それぞれの法理論の中に隠された政治的意味を読み解きながら立体的に解明していくことにする。

II―イェリネクの一般国家学

1　公法実証主義の隆盛

　19世紀中頃からドイツで主流であったのはゲルバーやラーバントに代表される**公法実証主義**であった。公法実証主義とは，私法で発達した実定法解釈学の方法論を公法に適用するもので，実定法の文理解釈を重視すると同時に，実定法の文言以外のものを極力排除する。このため，公法実証主義は，私法学的解釈によって国家を理解する。公法実証主義によると，国家は，法学的存在として自律的な人格となる（**国家法人説**）。そして，法人たる国家は，私法的人格が

私的自治の原則のもとで自由な権利主体となるのと同様，自己完結的で他者から何ら制約をうけることのない絶対的な人格として措定される。国家を法人として構成するからには，君主は法人の一機関として（多くの場合，法人の最高機関として）の地位を有することになる。これが君主機関説である（日本では天皇機関説）。国家法人説と君主機関説は，表裏一体である。

　公法実証主義は，ビスマルクが首相として辣腕をふるったプロイセンの成長とともに発展していった。そして，1971年のドイツ帝国成立に伴い，長年のドイツ統一問題に一応の決着がつき，まがりなりにも国民国家としてのドイツの体裁が整えられた。このような状況で，それまでの「どのような国家を構築するか」を論じる政治色の強い憲法学に替わって主流となったのが「制定された憲法や法律をどのように解釈するか」を主題とする実証主義的な憲法学，すなわち公法実証主義であった。

　公法実証主義は，法を徹底的に私法学的方法によって解釈するため，実定法以外の思考法——例えば，法制史的要素，比較法的要素，社会学的要素——を徹底的に排除する。この結果，公法実証主義は，現に存在する法制度や政府の政策を所与のものとして無批判に受容することになり，実定法秩序や政府の政策を批判的に検証するという視点を欠落させることになる。このような公法実証主義の特徴は，本人達の意図はどうであれ，時の支配者の統治を正当化する機能を担うことになった。実際，ビスマルク時代のドイツ第二帝政下でラーバントの主著『ドイツ帝国国法』は，有権解釈のガイドブックとなった。

2　イェリネク国家学の登場

　このような状況でイェリネクの国家学が登場した。先に見たとおり，イェリネクは，第二帝政ドイツの政治的状況を問題視し，これを改革する必要を感じていた。特に問題なのは，次の二点である。

　一点目は，国家権力の全能性を理論的に肯定する公法実証主義である。公法実証主義によって，強権的な権威的国家が理論的にも正当化されている状況にあった。このため，イェリネクは，国家の全能性を否定し，権力を批判的に検証・検討できる憲法理論が必要であると考えた。つまり，現状の法制度や政策を批判的に検証する視点を確保することによって，権威的国家を相対化し，市

民社会の自律を促すことが可能となる。

二点目は，権力に対抗できる国民性の研究である。いくら理論的に権力の権威を相対化したとしても，権威に弱い国民では強い市民社会を構築することはできない。このため，権威に盲従しない，換言すれば，国家権力に簡単に屈服しない国民性の醸成が必要である。このために，イェリネクは，人権観念の成立や憲法の成立の歴史的研究に注目した。イギリスやアメリカ，フランスにおいて，権力者に抵抗しつつ，革命や独立を経て勝ち取った人権思想や憲法思想の成立の歴史を研究することによって，ドイツ国民に不足しているものを見つけ出すことができるのではないか，と考えたのである。本章では紙幅の関係でこの点について言及できないが，これがイェリネクの『人権宣言論』や『少数者の権利』といった人権思想史の研究である。

3　一般国家学の構造

イェリネクの国家学の目的は，先に述べたとおり，国家の法律的全能を説いた公法実証主義者を克服し，国家権力を実質的に制限することにある。そのためには，まずは，公法実証主義が失った批判の機能を回復する必要があった。そこで，イェリネクは，法学以外の領域から国家を批判的に検証する視点の確保の必要性を感じた。これが**国家両面説**として結実する。国家両面説というのは，国家を法学的な一面的観点からのみならず，歴史学や政治学・社会学といった法学とは異なった別の観点からも国家を把握しようとするものである。国家両面説によると，国家は，厳に区別されなければならない二つの異なった方法で認識されなければならない。第一は，法学的方法論による国法学という方法である。これは，国家の法的側面，つまり，「国家に由来し，国家の制度と機能を統御すべき特定の法規範および法的評価規範に対する現実の国家諸事象の関係」（『一般国家学』第6章第1節）を研究するものである。第二は，社会現象としての国家を政治学や社会学等の観点から研究する国家社会学である。これは，「国家の具体的生活を組織する，現実的，主観的，客観的諸事象」（同上）に向けられる。イェリネクの国家学は，このように国法学と国家社会学の二つの認識方法による国家両面説によって構成される。

イェリネクの国法学は，これまでのゲルバーやラーバントの公法実証主義を

継承し，国家法人説を採用している。この側面を重視して，イェリネクは公法実証主義者であり，ゲルバーやラーバントの後継者であると説明されることもある。しかし，イェリネクの法理論と公法実証主義には決定的な違いは，イェリネクが国家学の中に国家社会学を採用したことである。彼は，公法実証主義者が自覚的に避けていた非法学的な歴史学や政治学——存在Sein（ザイン）の領域——を国家学に取り込んだ。これによって，イェリネクは，純粋な実定法学的分析だけではなく，社会学的分析をも導入し，法学のみならず社会学・政治学的側面からも国家を理解する総合的な国家学を確立した。それと同時に，国家両面説を採用することによって，実定法の外から，現行の実定法規や政府の政策を批判し，評価することを可能にした。これは，公法実証主義が失った「批判」の機能の回復を意味した。

4　主権論と国家の自己拘束

　さらに，イェリネクは，主権論に着目した。主権概念は，次の三つの法的特徴を内在しているとされる。すなわち，①他の国家との関係で独立した権力であること，②国内的に最高の権力であること，③原理的に制約されることのない絶対無制限の権利であることである。しかし，イェリネクは，主権の第三の特徴である無制限性は誤りであるとする。なぜなら，主権概念は法的概念であり，主権は法の上に立つことはできない。イェリネクによると，「国家は，どのような憲法を持つかを選択することはたしかに出来るが，何らかの憲法を持たなければならない。無政府状態は事実としてありうるが，法的な無政府状態というのはありえない。」（『一般国家学』第14章2）国家が法秩序を持つこと，そして，その秩序によって活動することは必然である。したがって，「国家は，法それ自体から解放され得るという意味で，法の上にあるのではない。国家が事実上あるいは法的な力でできることは，どのような法秩序を定めるか，ということのみであって，法秩序を定めるか否かということではない。」（同上）全ての国家権力は，何らかの法秩序の下に服することになる。ここから，イェリネクの国家の自己拘束説が導出される。国家の自己拘束説というのは，主権国家という制度のもとでは，誰であろうと（たとえ主権者であろうと）国家が定めた法に従わなければならないという法原則のことである。

図表 9-1 イェリネクの国家学

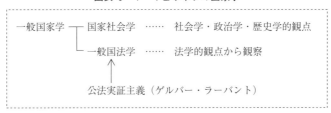

　このような主権論と国家の自己拘束説が有する含意は明白である。たとえ絶対的君主であろうと法に従わなければならない。このことをイェリネクは法原則として確立した。イェリネクは，一方で，ゲルバーやラーバントの公法実証主義の方法論を継承しつつも，彼らが公法実証主義によってビスマルク体制を肯定したことを批判し，他方で，のちに説明する絶対主義への復古主義的な家産国家論者のレームやボルンハックと対抗していた。このような構図の中で，イェリネクは，国家の自己拘束説を，国家の全能性を否定すると同時に，国家に対する個人の公権を承認し，ドイツ第二帝政における憲法体制を西欧議会主義的国家に組み替えるための重要な道具としての役割を果たすことを期待していた。

　イェリネクの国家学は，ビスマルク的な強権政治に親和的に機能した公法実証主義へのアンチテーゼとして登場した。イェリネクが目指したのは，イギリスのような国家から自立した市民社会を構築し，ドイツにおいて市民社会を構築し，イギリス流の立憲主義国家を確立することであった。このような彼の目論見は，見当外れのものとはいえなかった。ビスマルクが帝国宰相を辞任する頃には，ドイツ帝国の成立から約20年が経ち，国民国家の自覚と，徐々にではあるが市民層が成長しつつあった。そのような状況だからこそ，イェリネクの国家学が支持される素地があったともいえる。

Ⅲ—家産国家論者との闘争

1　ドイツ第二帝政の政治状況

　ビスマルク引退後のドイツ第二帝政では，三つの政治的勢力が存在した。第

一は，若きドイツ皇帝ウィルヘルム 2 世である。彼は，ドイツ帝国建国の立役者ビスマルクを放逐した。それど同時に，ビスマルクの外交政策であった勢力均衡策を廃棄し，「新航路」と名づけた帝国主義的世界政策を断行しようとしていた。第二は，ドイツ帝国を構成する領邦の君主の拠点である連邦参議院である。連邦参議院は，政治的には各領邦国家の封建君主や貴族の牙城であり，最も君主主義的かつ保守主義的な政治勢力であった。第三は，帝国議会である。帝国議会の議員は，25歳以上の成人男性による普通選挙によって選出され，帝国議会は，国民一般の代表として議会主義的であり民主主義的であった。ドイツ第二帝政のもとでは，この三者が合従連衡していた。

　イェリネクは，国家権力の制限を意図し市民社会の伸張を促す国家学を志向したことからも判るとおり，帝国議会勢力と親和的であった。そして，イェリネクとは逆に，ボルンハックやレームといった家産国家論者は，ウィルヘルム 2 世を支持し，皇帝親政と帝国主義的絶対主義の確立を目指し，そのための公法学的理論を提供した。

2　家産国家論

　ボルンハックやレームが標的としたのは，イェリネクの国家法人説である。先に述べたとおり，国家法人説というのは，国家を法人と観念し，君主を国家の機関とする。そして，主権は，法人たる国家が有するものとする。国家法人説は，主権を法人・団体としての国家に仮託することによって，原理的には相容れない君主主権と人民主権との対立を棚上げにする意味をもつ。そして，主権の問題を棚上げにしたままで，君主と議会制民主主義との同居——立憲君主制——を可能にする。この妥協的性格が，国家法人説の長所であった。しかし，彼らは，この点を論難する。

　ボルンハックによると，国家法人説に従えば，君主は実質的に国民のための単なる実行機関になってしまう。それは国家を集団としての国民と同視することを意味し，結局は人民主権と同様の帰結をもたらす。したがって，君主国において国家法人説を採用することはできないと主張する。君主国においては，結局のところ，君主が国家権力の担い手になることこそが原理的に正しいのであり，そのために君主が主権を担い，国家を体現する君主即国家説が正しい。

また，ボルンハックは，イェリネクや国家法人説論者がよく引用するフリードリヒ大王の「朕は国家の第一の下僕である」という言葉が正しいのではなく，ルイ14世の「朕は国家なり」という言葉こそが真実であるとする。

また，レームは，国家法人説と君主機関説を承認しながら，同時に，君主は国家を超越する存在であると主張する（「実定法は支配者を国家構成員とみなさない」）。そして，君主は，国家に対して最高執行権を有しているとする。ドイツでは，皇帝（と連邦参議院）が最高執行権を有している。したがって，ドイツ皇帝が直接統治を行うのは当然であるとして，ウィルヘルム２世の皇帝親政を正当化する。

さらに，レームは，この最高執行権の理論に基づいて，今日の議会主義を批判する。それは，君主国か民主国かを問う国家形態論において，形式的に（すなわち法的に）誰が主権を有するのかを問題にするべきではなく，実際に誰が統治しているのかということが重要である。仮に法的に君主に統治権があるとしても，実質的に議会や政府が国民から選出される立憲君主制の国家（典型例はイギリス）は，君主国とはいえず，実質的に民主国である。君主国であれば君主が統治すべきで，君主国であるドイツは，皇帝が直接統治すべきであるとする。

ボルンハックとレームがイェリネクの国家法人説を攻撃した理由は，その背後にある政治的意義・含意であった。先に述べたとおり，国家法人説は，君主主権と人民主権の理論的対立を中和し，両者を共存させるものであった。そして，その先にあるのは，「君臨すれども統治せず」を政治的実践の中で実現したイギリス型の議会主義の実現であった。家産国家論者は，このことを敏感に感じ取ったからこそ，イェリネクを攻撃したのだ。実際，イェリネクは，帝国宰相の失政が問題視されたデイリーテレグラフ事件（1908年）の際には，事実上の議院内閣制を可能にする法令の改正を提案している。

3　イェリネクの反論

家産国家論者の批判に対して，イェリネクは『旧法の新法との闘争』において，家産国家論者達を「プロイセン御用達の文筆業者」と揶揄しつつ，次のように反論する。「君主が国家を超越している，あるいはそれどころか国家その

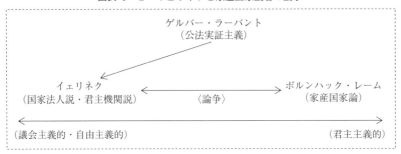

図表 9-2　イェリネクと家産国家論者の論争

ものであるとすると，君主は侵害できる法がそもそも誰の法なのかが判らなくなるし，君主が憲法を一方的に廃止する場合には，憲法破棄という問題全体が法学から追放されて倫理学になってしまう。」(『新法の旧法との闘争』Ⅳ章)。イェリネクは，「君主が国家を超越する」と主張するレームや「君主を国家そのものである」とするボルンハックの議論が法学の範疇に入れることすらできない非論理的・非法学的なものであって，彼らのように考えるのであれば，公法概念そのものを否定しかねないと述べる。

　また，イェリネクは，より大仕掛けな論理構成によって，家産国家論者たちがドイツ皇帝を絶対君主に仕立て上げようという企みの芽を摘んでいる。それは，第二帝政のドイツが，君主国ではなく共和制国家だというのだ。イェリネクは，君主制を「ただ一人の君主による統治」である。しかし，ドイツ第二帝政は各領邦の連邦国家であり，君主達の共同統治である共和制の国であると主張する。共和制国家であれば，皇帝一人の絶対君主的な統治はもはや許されえない。

　なお，イェリネクが唱えた，慣行・慣習として長年行われてきたものが法規範性を獲得するという「**事実の規範力**」は，法の現状維持な機能を表象した保守的要素と説明されている。もちろんそのような要素もある。しかし，「事実の規範力」は革新的要素として働く場合もある。イェリネクは，その例として，イギリスで多数党が内閣を形成すべしとする議院内閣制の大原則が実定法ではなく慣習として確立したことをあげる(『一般国家学』第11章第2節)。つまり，「事実の規範力」は，君主主義から議会主義・自由主義化が進む中で憲法

実践が変化していくことを正当化するためにも用いられている。「事実の規範力」は，漸進的に進歩していく社会における法制度の漸進的発展を是認する機能として説明することができる。イェリネクが「事実の規範力」で言いたかったことも，実はこのような状況である。

Ⅳ—天皇機関説論争と美濃部の憲法学

1　天皇機関説論争

　本節では美濃部達吉の憲法学を，イェリネクの国家学やイェリネクが家産国家論者との論争を念頭に置きながら，**天皇機関説論争**（「国体論争」ともいう）を通してみていく。天皇機関説論争とは，明治末年に始まった，憲法解釈をめぐる論争である。この論争は，美濃部が唱える天皇機関説と上杉の唱える天皇主権説との論争を軸に展開し，法学者間のみならず，マスコミや世間を巻き込んで一大論争に発展した。論争は美濃部が勝利し，それまで主流であった天皇主権説は，天皇機関説にとって替わられた。天皇機関説論争は，より絶対主義的な憲法解釈である天皇主権説を退場させ，より立憲主義的である天皇機関説を主役に押しあげたことで，大正デモクラシーの幕開けを象徴する事件である。

　論争は，美濃部の上杉に対する挑発によって始まった。美濃部は，『憲法講話』（1912年3月）の序文で，名指しこそしなかったものの，次のように上杉（や穂積）を批判した。「専門の学者にして憲法の事を論ずる者の間にすらも，尚言を国体に籍りてひたすらに専制的の思想を鼓舞し，……専制政治を行わんとするの主張を聞くこと稀ならず」と述べ，さらに，このような「変装的専制政治の主張を排することは，余の最も勉めたる所なりき」と上杉に対する宣戦布告を行った。さらに，上杉の著書『国民教育帝国憲法講義』の書評（「国民教育帝国憲法講義を評す」）において，美濃部は，次のように批判する。上杉の本は「国民教育の為に此の書を推奨することの出来ぬ」し，本書が「人を誤らしむるの虞が頗る多いであらう」と非難した上で，内容についても諸点論難し，「国民教育の為に甚だしく不適当なものであると信ずる。評者は重ねてこの書を世に推奨することの出来ぬのを悲しむものである」と痛烈に批判する。これに対し，上杉は「国体に関する異説」を発表し，他の法学者も巻き込んだ一大論争

へと発展した。

2　上杉の法理論

上杉は，「天皇即国家」とする**天皇主権説**を唱える。天皇主権説とは，上杉の
『国民教育帝国憲法講義』によると，国家の意思（体制意思）を決定するものを
「統治権の総攬者」とし，これを法的な「国家」と同義である理論である。帝
国憲法第１条にあるとおり，天皇が統治権の総攬者である以上，天皇がすなわ
ち日本国家の体現者であるとする（天皇即国家）。これはボルンハックの君主即
国家説と同様の論理構成である。

また，上杉は，**国体**を法学的概念として次のように定義する。国体とは「統
治権の総攬者が一人であるか，数人であるかの区別」（『国民教育帝国憲法講義』
第二）である。一人の場合が君主国体，複数人の場合を共和国体とする。ま
た，上杉においては，国体とは別の**政体**が存在する。政体とは統治の制度・方
法の区別のことである。統治権の行使する者が一人の場合は専制政体，複数人
の場合は立憲政体である。国体は基本的に不変であるが，政体は変更可能であ
る。以上より，日本は，憲法発布以前は君主国体・専制政体，それ以降は君主
国体・立憲政体となる。

3　美濃部の法理論

これに対し，美濃部は，**天皇機関説**を採用する。美濃部の『憲法講話』によ
ると，「国家は一の団体」で「共同の目的を以てする多数人の結合」（『憲法講話』
第一講）した団体であるとする。これを法学的にみれば，国家は，権利能力を
有する法人となる（国家法人説）。そして，天皇は国家という法人の最高機関と
して観念される（天皇機関説）。この結果，国家と天皇は，イェリネクと同様，
法の制限に服することになる（国家の自己拘束説）。「国家は一面には国際法の制
限を受け一面には国内法の制限を受けて居る」（同上）。このように，美濃部
は，公法理論の多くをイェリネクの国家学説からそのまま継受している。

さらに，美濃部は，穂積以来，当時の日本で通説であった国体・政体の区別
を認めない。美濃部は国体・政体の区別を「理由の無い説」（「国民教育帝国憲法
講義を評す」）で「大なる誤を含んで居るもの」（『憲法講話』第一講）であるとし

図表 9-3 天皇機関説論争

て退ける。それは，美濃部のように，国家法人説に基づいて「主権は国家という法人に属する」と考えれば，法学の上では国体概念が不要になる。美濃部によると，あるのは「国家の最高機関の組織如何に依る区別」(同上)である政体の区別のみで，最高機関が一人の自然人の場合を君主政体，多数人からなる合議体の場合を共和政体とする。日本は，天皇を最高機関とするので君主政体の国である。

4 天皇機関説論争の意義

このように，天皇機関説論争は，美濃部がイェリネクの国家学，上杉が家産国家論者の法理論をそれぞれ継受・摂取した上で展開された。この意味で，天皇機関説論争は，ドイツにおけるイェリネクと家産国家論者との間の論争と同様の意義と構造を有している。それは，美濃部や上杉がドイツに留学した当時，ドイツではまさにイェリネクと家産国家論者の論争が学界を賑わしていたことを考えると，むしろ当然のことかもしれない。ともあれ，天皇機関説論は，美濃部と上杉の双方ともが，自らと相手の理論構成と政治的含意を承知の上での論争であった。

一例を示すと，上杉は，国家法人説＝天皇機関説が君主主権と人民主権との妥協性格を有することを正確に見抜いていた。上杉は，国家法人説が「民主主義と君主主義と何れを採るべきか迷つて居る場合には，誠に都合が良かつた」のであり，「君主主義と民主主義とを調和した思想」(『国民教育帝国憲法講義』第二)であると述べている。だからこそ，君主主権を堅持したい上杉としては，

国家法人説＝天皇機関説を容認することはできなかった。逆の立場でいえば，日本において，立憲君主制を定着させ，議会主義と自由主義を漸進的に定着させたかった美濃部は，だからこそ，国家法人説＝天皇機関説を採用した。また，上杉は，議会主義の漸進的発展が，結局は民主主義へと帰着することを危惧している。そして，議会主義が君主主義本質的に矛盾するものであることを，レームを挙げて論じている（「国体及政体」）。

5　天皇機関説論争の歴史的意味

　先に述べたとおり，天皇機関説論争は，美濃部が上杉を挑発したことによって始まった。当時，東京帝大の中で主流を占めていたのは，上杉慎吉とその師である穂積八束らが唱える天皇主権説であった。美濃部は，大学生時代，天皇機関説を唱える一木喜徳郎に師事したが，一木は程なく東京帝大を去っており，天皇機関説は傍流学説に過ぎなかった。この意味で，日本における議会主義と自由主義を促進させるために，美濃部は，強権的な明治政府を理論面から支える天皇主権説を論破する必要があった。美濃部自身が述べるとおり，天皇機関説論争は，「国体についての論争ではなくして，立憲的思想と反立憲的思想との争いに外ならぬのである。」（『時事憲法問題批判』所収，「国体問題と憲法」）この意味で，美濃部と天皇機関説が政治的に葬り去られた昭和10年の天皇機関説事件は，天皇機関説論争とはちょうど逆のベクトルの力が働いていたといえる。それは，日本が議会主義と自由主義とを捨て，軍国主義国家へ生まれ変わるための必要な通過儀礼であった。

6　ドイツの国家学との相違点

　これまで述べてきたとおり，美濃部と上杉がドイツ公法学の理論を引照しつつ天皇機関説論争を闘った。しかし，美濃部と上杉の学説は，それぞれドイツの学説の単なるコピーではない。理論的な相違点は多数存在するが，最後に，二点述べて本講を閉じたい。

　第一は，国体の問題である。ドイツに日本のような国体概念はない。上杉が国体を強調し，逆に美濃部が公法理論から国体を消し去ったのは，国体概念が議会主義化自由主義化していく日本社会に対する君主主義的な防波堤として機

能することを，美濃部も上杉も承知していたからである。上杉は，次のように述べる。国体と政体とを区別するのは，「政体の変更に拠つて，知らず識らずの間に国体の革命を見る事を認めなけれならぬ」（『国民教育帝国憲法講義』第二）事態を避けるためである。つまり，イェリネクの「事実の規範力」が想定しているように，君主の権限が徐々に縮小され，最後には君主は名目だけ存在し，実質的な議会主義が完成するといった事態を避けるためだとする（なお，美濃部も，後年，国体を「開闢以来万世一系の皇統を上に戴いて居ることの歴史的事実と，わが国民が皇室に対して世界に比類なき崇敬忠順の感情を有することの倫理的事実」（『逐条憲法精義』序論）という日本憲法の不文法源として自己の公法学の中に組み込んでいる）。

　第二は，美濃部も上杉も彼らの憲法理論に「超越的なもの」を法理論に取り込んで，自らの法理論を補強したことである。天皇主権説をとる上杉は，前述のとおり，国体という日本の「伝統」の要素を法理論の中心にすえ，社会の議会主義化・自由主義化を阻止しようとした。逆に　美濃部は，「理性」の要素を法理論に取り込み，社会の議会主義・自由主義化を加速しようとした。美濃部は，法の妥当根拠を「社会心理」にもとめた。社会心理は，①権威（服従），②歴史（習慣），③理法（正義，理性，条理）の三つの要素から構成される。美濃部が特に重視するのは，第三の理法である。美濃部は次のように述べる。「私は必ずしも此のイェリネックの説の全部に対し同意を表すものではない。殊に，イェリネックが国家の権力に重きを置くに偏し，理法が国家を拘束することを十分に承認して居らぬのは，私の大に遺憾とするところである。国家は，自立的制限の外に，尚慣習法及び理法の制限を受くるものであり，而して此等は国家の意思とは無関係に，或は事実の力に基づき，或は直接に社会心理の力に基づき，国家を拘束するものである。」（『ケルゼン学説の批判』）これは，美濃部自ら述べるとおり，自然法的な「超越的なもの」を決して承認しないイェリネクからの大きな逸脱である。イェリネクは「国家あるところに法がある」と考えていたが，美濃部は，「国家以前に法が存在し，それが国家を拘束する」と考えていた。美濃部は，社会的正義という国家以前の「理性」を重視し，「理性」に国家を服させることで，権威的な天皇主権説を克服しようとしたのである。

【参照文献】

ゲオルグ・イェリネク『少数者の権利』〔森英樹・篠原巌訳〕（日本評論社，1989年）

西村裕一「憲法　美濃部達吉と上杉慎吉」河野有理編『近代日本政治思想史——荻生徂徠から網野善彦まで』（ナカニシヤ出版，2014年）

上山安敏『憲法社会史』（日本評論社，1977年）

【森元　拓】

10 講 法実証主義の極限と「例外状態」の合法性
ケルゼンとシュミット

　1920年代のドイツ国法学では，法実証主義を理論的に突き詰めた**ハンス・ケルゼン**（Hans Kelsen, 1881-1973）の純粋法学と，危機の時代に法の正統性を追求した**カール・シュミット**（Carl Schmitt, 1888-1985）の決断思考という，ふたつの対照的な理論が拮抗した。

I─時代状況

　大航海時代がヴィトリアとグロティウスの自然法思想を形成し，清教徒革命と名誉革命のインパクトがホッブズとロックの社会契約論に投影されたように，ケルゼンとシュミットの思想も時代的状況から免れてはいない。むしろ両者の著作は，当時の政治状況や精神状況に対する診断と処方箋の試みであったといえる。ケルゼンの『**純粋法学**』は，帝政期のナショナリズムと結びついた「ドイツ国家学」諸体系による「国家権威化を解体する試み」（長尾龍一）であり，シュミットの決断思考の根底には，大戦と革命により動揺をきたした社会に対する「鋭利なドイツ市民文化批判」（和仁陽）が見出されるのである。そうした事情から，本節では，ケルゼンとシュミットの生きた時代の状況に少しだけ立ち入ることにしよう。

　第一次世界大戦の敗戦国ドイツとオーストリアは，帝政から共和国に生まれかわった。ドイツは社会権や婦人参政権を盛り込んだワイマール（ヴァイマール）憲法を，オーストリアは憲法裁判所という新しい憲法保障機関を盛り込んだ憲法を制定し，両国史上はじめての民主制国家として再スタートしたのである。しかし，戦中数十万が餓死し，戦後超インフレに見舞われた両国の窮乏は過酷なものであった。多くの帰還兵が社会の居場所を失い，その一部はやがて極右・極左の政治運動に身を投じていった（アドルフ・ヒトラーはその一人である）。とりわけ**ワイマール（ヴァイマール）共和国**は，当初から要人暗殺・クーデ

ター未遂という政治危機に揺さぶられた。一方で，裁判所や官庁には帝政期の裁判官や官吏が残り，その多くは帝政への郷愁と民主主義への懐疑を隠さなかった。1920年代末期，世界恐慌の混乱をうけて極右・極左の零細政党濫立の場となった国会は機能麻痺に陥り，1933年のナチス政権成立を招く。2ヵ月後には授権法（全権委任法）が国会で可決され，共和国は民主主義的手続によって民主主義を放棄したのである。

　ケルゼンとシュミットの法学理論が確立したのはこのワイマール期である。両者は，議会制民主主義が生まれ，不安定な低空飛行の後に墜落を迎えた時代に，国法学者として最も生産的な時期を過ごした。二人の言説は，戦前や同時代の多くの国法学者たちのそれとは異なり，新しい国家体制の在り方に強くコミットするものであった。オーストリア生まれのケルゼンは，1920年オーストリア憲法草案作成に参加し，新しい憲法裁判所の構想を練りあげた。また同年『民主主義の本質と価値』，さらに1932年『民主主義擁護論』を公刊して民主主義への帰依を明らかにしている。一方のシュミットは，不穏な社会情勢に対して議会は無力であるという確信を強め，大統領独裁制の構想を固めていった。さらに1932年には，保守政権の重鎮シュライヒャー（後に首相）のブレーンとなる。ナチス政権成立後まもなく，ケルゼンはユダヤ人であることを理由に当時所属していたケルン大学を解雇され，国外移住を余儀なくされる。同時期にシュミットは体制支持を表明し，ナチス党の法学者組織の要職に就くも，数年後に失脚する。

　両者の政治的方向性と運命は対照的であった。しかし二人は，法律解釈論の枠を超え，時代の急激な変化をとらえる新しい法学の設計図を描こうとした点では，問題意識を共有していた。以下では，同じ出発点から対極的な理論に行きついた両者の時代的戦略性を明らかにする。

Ⅱ─ケルゼンの純粋法学

　19世紀に理論化が進んだ法実証主義は，ケルゼンの「純粋法学」においてもっとも徹底した形で追及された。彼が「純粋法学」という名称に込めたねらいは，法学の対象を厳密に実定法に限定し，イデオロギーや自然科学的要素の混入を

遮断することによって，法学を「本物の科学の水準」に高めることであった。

1 法実証主義と認識論，価値相対主義

　法実証主義とは，実定法（人定法）のみを法とみなす考え方である。それは，法の基盤に「神」や「理性」のような超実定法的存在を求めた自然法思想に対抗する理論として発達した。ドイツでは，歴史法学派の創設以来，この法実証主義が19世紀を通じて脈々と引き継がれてきた。とりわけ，公法学において公法実証主義が台頭し，歴史や哲学・政治の要素を考察対象に含む「国家学的方法」を非科学的として切り捨て，その代わりにいわゆる「法学的方法」を採用してからは，学問的方法論としての**法実証主義**が法学全体を覆い尽くしたかのようにみえた。法学者たちは，各法分野の基本原理を総則にまとめ，それを土台として法を演繹的・体系的に記述することに努めた。その努力は，世紀末のドイツ民法典やオットー・マイヤーによる近代行政法学の確立などに結実した。

　しかし，ケルゼンの実証主義は，法体系構築に邁進した19世紀後半の法実証主義とはまったく方向性の異なるものであった。彼の純粋法学の特徴は，法学の学問性を，新カント派の認識論の観点から確保しようとした点にある。ウィーンで生まれ育ち，当地の実証主義諸学の影響を受けていたケルゼンは，すでに初期のころからドイツの新カント派との共通性を指摘されていた。カントの認識論を復興させた新カント派は，因果律に支配される「存在（である，Sein）」の世界と，意思が関与する「当為（すべし，Sollen）」の世界を峻別する。ケルゼンもまた，当為と存在の峻別から出発し，存在（事実）を対象とする自然科学から，当為（規範）を対象とする法学の独自性を確保しようとした。法学は規範科学であるから，事実を対象とする自然科学とは区別されるというのが，ケルゼンの持論であった。それゆえ彼は，社会学的に事実を扱うエールリヒ（エールリッヒとも表記する）の法実証主義に反対し，国家は「国民・領土・国家権力」の三要素から成るとするイェリネック（イェリネクとも表記する）の定義を，国家を社会学的「事実」として把握するものという理由から放棄する。純粋法学はその代わりに，国家を法命題の集合体，すなわち法秩序そのもの，それも「相対的に集権化された法秩序」として捉える。

　純粋法学はさらに，「法」と「道徳」の区別，法学と倫理学の区別を要請する。

法と道徳の峻別自体は18世紀の自然法論者トマジウスがすでに論じているが，ケルゼンの新しさは，その主張を価値相対主義から導いた点にあった。ケルゼン曰く，実定法を道徳秩序によって正統化するのは誤りである。なぜなら法学はその対象である実定法を認識し記述するのみで，その内容的価値を肯定も否定もしないからである。法規範は当為を命ずることで価値を創造するが，法学の役割は価値判断ではなく，対象の没価値的記述だから，というのである。こうしたケルゼンの価値相対主義的思考は，認識論と価値論を結びつけた新カント派の理論につながるものであった。

こうした認識論・価値論を土台にケルゼンが目指したのは，あらゆる政治的イデオロギーから純化された法理論の構築であった。彼にとって既存の法学の問題は，それが学問の名において特定の宗教・民族・階級の理想を説き，極めて主観的な性格を帯びた政治的主張（イデオロギー）を展開してきたことであった。純粋法学の執筆動機は，このように方法論的に遅れている（とケルゼンの主張する）法学の進歩に寄与することだったのである。ケルゼンは，重要なのは相矛盾する多様な道徳体系への自覚（価値相対主義）であって，その自覚がないかぎり，法学者は国家秩序を無批判に正当化することになると警告した。

ケルゼンのイデオロギー批判は，歴史法学派以来，近代ドイツ法学で構築されてきた法概念と理論に余すところなく向けられた。たとえば，「物に対する排他的支配」という物権定義は，社会主義者が「搾取」と呼ぶ社会経済的機能を隠蔽している，という具合に。ケルゼンはこのようにして，権利概念や法人，公法・私法二元論，国家・法の二元論等々，ドイツ法学の土台となる概念や理論枠組みにことごとくイデオロギー性を見出し，問題にしたのである。

純粋法学が展開した価値/認識論は，法への理解を新しい次元に引きあげ，従来の法理論が自明としてきた諸前提のイデオロギー性を鋭く暴いたと評価される。一方で，純粋法学は空疎な概念を用いた言葉遊びにすぎないとか，その価値中立的姿勢は実は特定のイデオロギーを隠蔽している，といった批判もされてきた。もっとも，純粋法学の内容は価値/認識論だけではなく，法秩序の機能的分析にも及んでいる。以下でその内容をみることにしよう。

2　根本規範

　ケルゼンは「法とは何か」という問い（法の静学）から一歩進み，ある法秩序において「法規範はなぜ効力をもつか」という問い（法の動学）を設定した。そしてこれに答えるために，「**根本規範**」という概念装置を考案した。

　ケルゼンによれば，「なぜ規範は効力をもつのか」「なぜ人間はそのように行動すべきなのか」という問いには，事実認識をもって答えることはできない。なぜなら，「あることがある」ということ（存在）から「あることがあるべきだ」（当為）という帰結を理論的に導くことは不可能だからである。とすると，ある規範の効力根拠は，別の規範でしかあり得ない。たとえば，「汝の敵を愛せ」という規範の効力根拠は，それをイエスが命じたという「事実」ではなくて，「人は神（の子）の命令に従うべし」という規範により与えられる。では，効力根拠を与える規範と与えられる規範の垂直関係をたどると，何が見えるか。

> 　ある規範の効力を根拠づける規範は，前者の上位規範である。しかし効力根拠の探求に終わりがないわけではなく，究極の規範として前提された規範で必然的に止まる。この規範は最上位にあるから，これ以上高次の規範を根拠づける権限をもつ権威がこれを制定することはありえない。それは前提されたものでしかありえない。その効力をより高次の規範から導出することはできず，その効力根拠を問うことはもはやできないのである。最上位のものと前提されたこのような規範を，ここでは根本規範と呼ぶ。効力根拠が同一の根本規範に遡るすべての規範は，一つの規範体系・規範秩序を構成する。根本規範は，同一秩序に属するすべての規範共通の源泉であり，共通の効力根拠である。（『純粋法学』第5章第34節，一部省略）

　このように，規範の効力根拠の授権体系の頂点にある規範を，ケルゼンは「**根本規範**」と呼ぶ。風習や道徳のような規範秩序と同様，法規範秩序もまた根本規範をもつ。しかし，風習や道徳の規範体系が静態的である（規範内容が比較的安定している）のに対して，法規範体系は，授権の連鎖がより動態的（立法により内容が随時変化する）である。

　法秩序における根本規範は，実在する法律ではない。たとえば憲法は国内法体系の最高規範であるが，根本規範ではない。憲法の効力は，これに授権した前憲法の改正規定を根拠とするからである。そしてこの前憲法もその前の憲法から授権をうけている。そうして授権の連鎖を究極まで遡り，建国時の憲法に

授権する仮説的規範が，国内法の根本規範である。ゆえに，「根本規範」の意味がもっとも明確になるのは革命時である。革命が成功し，新憲法が実効性を取得すると，根本規範が変化する。たとえば革命により君主制が倒れて民主制が成立した場合，あたらしい根本規範はもはや「君主の命令に従え」ではなく，「議会（や議会が授権する諸機関）の設定する規範に従え」となる。

「根本規範」概念は純粋法学の核心にあり，ここから法の段階構造を理論化する試みも展開される。一方で，根本規範は結局のところ自然法論と何が違うのか，根本規範は仮説にすぎないから理論的根拠が薄弱である等，批判は多い。ケルゼンの意図は法秩序の一体性を追求することにあったが，その目的のためだけに根本規範という概念装置を設ける必要があるのか，また，法体系を無条件に階層構造として考えるべきなのかが，問われている。

Ⅲ—シュミットの決断思考

1　決断思考——例外状態と主権

シュミットの決断思考は，「主権者とは，例外状態について決断する者である」という有名なテーゼに凝縮されている。それは，法の正統性を政治の決断に求める考え方である。

> 主権者とは，例外状態について決断を下す者である。（……）主権の定義としてたてられる抽象的図式（主権とは最高かつ演繹しえない支配権力である）を認めるにしろ認めないにしろ，その定義づけにおいて大きな実践的ないし理論的相違はない。ある概念それ自体が争われることは一般にないし，とりわけ主権の歴史においてはない。争われるのはその具体的な運用である。それは，公益ないし国益，公の安全と秩序，公共の福祉等々が具体的にどこにあるかの決断を，紛争時においては誰が下すのか，をめぐる争いである。（……）例外事態があってはじめて，主権の主体への問いが目前のものになる。それは主権そのものへの問いである。（『政治神学』第1章）

例外状態とは，極限的な非常事態や国家の存亡危機と称されるような，平時の法規ではコントロールできない状況を指す。シュミットは，このような状況で初めて，主権の主体は何である（べき）かが目前の問題となるという。つまり，ここでシュミットが問うのは，従来の主権論で論じられてきた抽象的な国

家論ではない。紛争時において決断を下すのは具体的には誰か，という，状況限定的な問いである。

主権の概念は，16世紀後半フランスの宗派闘争の時代に，ジャン・ボダンにより確立された。それはサン＝バルソルミューの虐殺のような血で血を洗う宗派間闘争を克服する存在として，世俗権力としての国家を教会権力の前におき，同時に，中世ヨーロッパの教会中心の哲学と決別するための思想であった。しかし，こうして近代国家の中心概念となったこの主権概念は，シュミットによれば，すでにボダンにおいて例外事態に則して考えられている。ボダンは，主権者はどこまで法律に拘束されるのかという問いに答えていう。すなわち，約束は拘束力をもつ。それは，約束の拘束力が自然法に基づくものだからである。ただし緊急事態においては，この拘束は自然的法則にしたがって解消するのだと。これをもってシュミットは，ボダンの学問的業績は「**決定**」という要素を主権概念にもちこんだ点にあるという。

もっとも，シュミットの決断思考の最大のモデルは，ホッブズの社会契約説にある。シュミットにとって，ホッブズは決断主義的タイプの思想家の古典的代表者であり，「真理がではなく，権威が法を作る」というホッブズの定式はまさに，この決断思考を適切に表現したものであった。ホッブズは，人々が「万人の万人による闘争」たる（と彼の想定した）自然状態から脱して国家状態に移行するさいに，君主に統治権をゆだねる社会契約を結ぶという図式を考案した。これによってホッブズは，法はその本質からして主権者（権威）による命令であり，この法＝命令にこそ国家の利害についての決定権の根拠があることを言い表わした，という。

他方で，シュミットの批判の矛先は，個人主義に基づく自由主義と，価値相対主義に基づく法実証主義に向けられた。シュミットは主権者を「例外状態についての決断を下す者」と説明したが，彼のそうした観点からは，自由主義的国家観の先導する現代国家論は，主権者を排除する方向に向かうものと映ったのである。シュミットが問題としたのは，例外状況への思考が放棄されることであった。彼は，ケルゼンにみられる価値相対主義的法実証主義の立場を，「**規範主義**」と呼んで批判した。合法性（法律に合致していること）という，形式を満たしたことのみを要件とする規範主義に拠って立つ国家は，シュミットに

よれば，箍が外れてしまった国家である。こうした国家は機能主義的な秩序思考に萎縮して，内容のない空っぽの議論に終始すると批判したのである。ウェーバーの標榜する，学問上の価値自由への要請も，シュミットからすれば上記の意味での合法性と正確に対応しているものであり，両者は政治的なものの現実を見誤らせるだけであるという。

　では，例外状況についての考察は，どうして国家学から放逐されたのか。シュミットの答えは，「現代国家理論の重要概念は，すべて世俗化された神学概念である」というテーゼに集約される。たとえば，国家理論における「万能の立法者」は，神学における「全能の神」のアナロジーであり，「例外状態」は神学上の「奇跡」のアナロジーである。法実証主義的思考は，決定権が真理や自然の摂理からではなく，無から生じるとするが，これは，無から天地が創造されたとするキリスト教の教義を世俗化したものと考えられる。さらに，「主権者とは，例外状況について決断を下す者である」というシュミットのテーゼは，「全能の神とは，奇跡について決断を下す者である」という定式のアナロジーとなり，旧約聖書において神が海の水を左右に分けてモーセのエジプト脱出を助けたように，主権者は現行法秩序を例外状況において中断することができる，という図式をつくる。例外状態が神学上の奇跡のアナロジーであるならば，国家（主権者）は全能の神のアナロジーとなり，無制約の存在となる。

　シュミットが考案したこの壮大なアナロジーの連鎖は，国家学の展開において，どこで断ち切られるのだろうか。シュミットによると，それは近代の法治国家原理によって断ち切られる。なぜなら，法治国家原理が想定するのは，正常に機能している法律とそれに適合する行政であり，その考察対象には例外状況（神学における奇跡）の入り込む余地がまったくないからである。シュミットはそこに，奇跡を世界から追放し，自然法則の中断を拒否する理神論および形而上学の発展の帰結をみてとろうとする。

　彼は現代の法治国家原理の精神的基盤を市民的自由主義に求め，この自由主義こそが問題の根源であると考える。というのも，議会主義と親和性をもつ市民的自由主義は，国家の重大事に決断を下す代わりに論議を開始しようとするからである。「国家および政治の回避」に陥りやすいこの自由主義は，この回避を極めて体系的な方法で行う。つまり，自由主義の原理が徹底した個人主義

に由来することにより，国家および政治に対する批判的不信が生ずる構造はすでに用意されているという。個人を常に優先させる自由主義は，倫理と経済，精神と商売，教養と財産という両極のあいだをつねに動揺することになるというのである。

シュミットによれば，市民的自由主義のこの**決断回避**の傾向は，「すべての政治活動を論議に置き換えてしまう階級」としてのブルジョアジーに由来する。そうであるからには，市民的自由主義から展開した国法学と「市民的法治国家」論が，政治理念の核心である重大な道徳的決定を回避するのは当然だ，というのである。このようにシュミットは，階級としてのブルジョアジー（有産市民層）と市民的自由主義，そしてその政治的表現としての議会主義に，決断回避の元凶をみる。

2　政治と国家

シュミットの**決断思考**においては，政治が決定的な役割を果たす。例外状況における決断は，超法規的に行われるからである。それゆえシュミットの理論は，政治の本質を分析する方向に向かう。シュミットは，1927年の『政治的なものの概念』のなかで，政治の特質をきめる究極的な区別として，「友（味方）」と「敵」という概念を呈示する。道徳に善と悪，審美に美と醜，経済に利益と損害の区別があるように，政治に特有の区別は**友と敵**だというのである。

政治の占める位置は，『憲法論』（1928年）で国法学的に説明されている。それによると，近代憲法の特徴は，「市民的法治国家」の諸原則を定める部分と政治的構成部分との，二元主義にある。市民的法治国家の諸原理は「基本権」と「権力分立」から成るが，シュミットからすると，これらの諸原理以外の要素を含まない憲法は存在し得ない。なぜなら，国家という政治的統一体には，制御されるものが存在しなければならず，同時に組織されねばならないからである。シュミットにとって，憲法に不可欠なのはこの政治的構成部分であり，法治国家的諸原理はむしろ付加的・抑制的な働きにすぎない。さらにシュミットは，憲法論の核心となる用語として，**「憲法制定権力」**という概念を登場させる。シュミットの憲法制定権力とは，自らの政治的実存の態様と形式について具体的・包括的決定を下す，政治的意思である。国の最高法規の制定権力を「政

治」と「決定」という概念を用いて表すことにより，シュミットは決断思考をさらに展開し，主権者と憲法制定権力の担い手を重ねるのである。

政治を中心に据えるシュミットの国家論は，ケルゼンの国家観とは大きく異なっていた。ケルゼンは国家を「相対的に集権化された法秩序」と定義したが，これに対してシュミットは，国家を政治的統一体（政治的統一の状態）と考えた。ケルゼンにとっては前国家的状態や国際社会も国家と同じく法秩序であり，前二者と国家は「集権化」というメルクマールによってのみ区別されるが，これに対してシュミットの考える国家は，ほかの共同体とは比べられない，絶対的な存在であった。ケルゼンの純粋法学が国家権威化を解体する試みであるとすれば，シュミットの国法学は逆に，国家の絶対性を前提とした，国家の権威復権の試みであった。

シュミットのこうした国家観は，多元主義への反応にも表れている。政治社会の多元性を強調し，国家もまた数ある共同体の一つの形態として相対化に理解する多元主義の立場は，シュミットには受け入れ難いものであった。彼は，「国家が単位であり，しかも決定的な単位であるのは，その政治的な性格にもとづく」と主張し，国家を宗教的・経済的諸団体などと同列におく多元主義に対抗した。もっとも，『政治神学』にみられるように，シュミットの国家論はカトリック神学をベースにしたもので，教会という宗教的団体をモデルに組み立てられていたから，多元主義との共通点がなかったわけではない。シュミットが決断主義的法秩序の最初の典型としたのは，カトリック教会であった。ローマ・カトリック教会組織の階層構造とカトリック神学の合理的思考の発達を，近代国家と国家学のプロトタイプとみなしていたのである。シュミットの目に映る国法学諸説は，神学における神すなわち究極の正統性をなくし，神に代わる新しい正統性を求めて迷走する知識人の営みであった。

大戦と民主革命による政治社会的動揺に直面した国法学に対し，シュミットの下した診断書は，明瞭で鋭いものであった。それは，世俗化や合理化，経済・技術志向といった近代化現象への彼の鋭い歴史的洞察を土台にした診断であった。友敵概念に代表される数々の対概念や，神学のアナロジーを用いた優美な定式は，多くの読者を魅了した。一方で，それらの定式は結局，現実的な処方箋にはならなかった。理論的にみても，決断思考は例外状態に特化した理

論であり，強い統一性をもつ国家という前提があって初めて成り立つものである。ゆえに，たとえば同じ政治的統一を志向する理論でも，議会や裁判所の日々の活動から国家の政治的統一が形成される「統合過程」を論じるスメントの統合理論に比べると，決断思考は日常性と動態性に乏しいと批判される。

IV─ケルゼンとシュミットの民主制論

ケルゼンとシュミットの民主制論は，ともに新しい民主憲法に触発され，ともにルソーを土台としたが，その内容は著しく異なるものであった。ケルゼンが個人の自由擁護を民主制論の中心におき，多数決による民主制廃止の可能性を否定しなかった一方で，シュミットは平等を民主制論の中心におき，共同体の統一性を鍵として独裁の理論化に向かった。

ケルゼンによると，社会や国家が存在するために何らかの支配が不可避であるとき，人は他人の意志にではなく，自分自身の意志に服従することを望む。つまり自律という意味での自由を望む。ケルゼンは，民主主義の本質をこの自律という意味での政治的自由に求め，民主主義を「治者と被治者の同一性」と定義する。しかしこの同一性をケルゼンは厳格に受け止めない。むしろルソーの直接民主制からあっさり乖離して，現実的見地から代表民主制および多数決原理を採るのである。その根拠はやはり自由である。可能な限り多くの人が他律から自由であるべきという前提から，多数決原理が導かれる。

ただし，多数派の選択が必ずしも正しいとはかぎらない。民主制が実質的正義を保障するわけではないことを，ケルゼンは新約聖書の逸話をひいて語る。ローマの総督ピラトは，ユダヤ人の王僭称のかどで磔刑を迫られたイエスを含む死刑囚のうちだれか一人を釈放する選択をユダヤの民に託す。しかし民衆はイエスではなく，強盗バラバを釈放することを選んだ。ケルゼンはこの逸話を相対主義の悲劇的象徴と呼ぶが，民主制否定の根拠とは考えない。民主制は，少数派が他日多数派になる可能性を認めるかぎりで，精神の自由を擁護する制度だからである。ゆえにケルゼンは，共和国末期に独裁論が現実味を帯びてからも，民主主義救済のための独裁など，求めてはならないという。民主主義者は，船が沈没したとしても，その旗に忠実でなければならないというのであ

る。なお，ここでケルゼンが示す民主主義への帰依は，彼の純粋法学と矛盾するものではない。純粋法学は法学者に対して法の純粋に科学的（没価値的）記述を要請するが，個々人の生活実践における精神の自由を否定するものではないからである。

ところで，この議論とは別に，ケルゼンは民主制の制度的保障として憲法裁判所を挙げる。それは少数派保護の観点から導かれる。多数決原理の下で少数派が多数派の恣意的支配に委ねられないためには，個人が憲法裁判所に直接提訴できる仕組みが必要だというのである。彼は，現代民主主義の運命は，憲法裁判所等の統制制度を体系的に整備できるか否かに大きく依存していると主張した。

一方，シュミットの民主制論の鍵となるのは，同質性である。シュミットはケルゼンと同じく，民主主義を「治者と被治者の同一性」と定義するが，ケルゼンとは異なり，その前提に「実質的平等」をおいた。シュミットの民主制論においては，実質的平等は同質性と同義であり，「治者と被治者の同一性」は「同質の人民」の同一性であり，民主的平等は（人類ではなく）「人民の同種性」である。彼は，ルソーの「一般意志」と，自らが標榜するこの「人民の同質性」を同一視する。そしてこの同質性こそ，国家の政治的統一のため不可欠な精神原理であると考えた。

さらに，ケルゼンが民主制の運用手段として多数決を認めたのに対し，シュミットはこれを原理的に否定した。民衆がイエスではなくバラバの釈放を選んだ逸話は，彼にとっては，多数決ひいては議会制の致命的な弱点を暴くものであった。議会主義は，市民的自由主義に付随する優柔不断の象徴であり，民主主義の精神を堕落させるものであり，つまり議会こそが非民主的要素なのだというのである。

そこでシュミットが行き着くのが，**独裁**である。シュミットは独裁と君主制の違いを，独裁者とその被治者の「同質性」によって説明する。この「同質性」ゆえに，独裁は民主制的基礎の上にのみ可能であり，民主主義と独裁はけっして「決定的な対立物ではない」。そのさい，独裁において代表されるのは被治者ではなく，全体としての政治的統一体であるとされた。こうしてシュミットの民主主義論は，（直接）民主制と独裁，そして代表原理を結合させる試みと

なった。それは同時に，ケルゼンが標榜した自由と民主主義との理念的結合を
極力断ち切ることをも意味した。

V—おわりに

ケルゼンとシュミットは，民主制国家の誕生に伴う社会変動に応える新しい
法概念と法理論を創り上げようとした点で共通していた。伝来の国家学や自然
法思想に対して両者の下した診断は大きく分かれたが，両者の観察対象や問題
設定には重なるところが多くあった。それは，私たちはなぜ法に従うのかとい
う問いに対する説明（根本規範を頂点とする階層的規範秩序／法の究極的正統性とし
ての決断）であり，国の最高規範である憲法の番人は誰か（憲法裁判所／大統領
の独裁）という問いであり，国家という現象の説明方法（法秩序の一形体／政治
的統一体）であり，民主制の本質への問い（自由／同質性）であった。

シュミットの決断思考は，その背景の歴史分析に優れた洞察がみられるもの
の，その処方箋としての独裁論が国家理論として確立することはついになかっ
た。ケルゼンの純粋法学は，19世紀ドイツ国法学に沈殿していた国家権力正当
化傾向（イデオロギー性）を暴き，また法実証主義を哲学的理論にまで高めたも
のの，法学を規範科学という位置づけにとどめた点では多くの支持者を得たと
は言えない。一方，この時代に方法論として精緻化された法実証主義は，議論
の舞台を英語圏に移し，現在でも一定の影響力を維持している。ドイツでは戦
後，ナチスの不法を防げなかった責任が法実証主義に帰されたが，その後ナチ
ス法研究の進展により名誉を回復され，学問的態度としてふたたび市民権を得
ている。

【参照文献】
ハンス・ケルゼン『純粋法学　第二版』〔長尾龍一訳〕（岩波書店，2014年）
――『民主主義の本質と価値』〔長尾龍一・植田俊太郎訳〕（岩波書店，2014年）
カール・シュミット『政治神学』〔田中浩・原田武雄訳〕（未來社，1971年）
――『政治的なものの概念』〔同訳〕（未來社，1970年）

【松本尚子】

★コラム4 リアリズム法学は社会学的法学とどこが違うのか

　法学に限らないことだが，思想の運動や学派をいかに特徴づけ同定するかは，その学派の諸特徴をどのように評価するかという問題とからみあっているために，論争の対象となることが多い。1920年代から40年代前半にアメリカで栄えたリアリズム法学（アメリカン・リーガル・リアリズムとも呼ばれる。ここで「リアリズム」というのは，現実＝事実を重視するという意味）はその好例を提供する。

　現代アメリカ法学の歴史では，19世紀の終わりに「法の生命は論理でなく経験だった」（『コモン・ロー』1881年）とか「裁判所が現実に行うであろうことについての予言こそ，私が法という言葉で意味するものだ」（「法の道」1894年）と書いたオリヴァー・ウェンデル・ホームズ（1841-1933．連邦最高裁判所裁判官1902-32）に始まるプラグマティズム法学からロスコウ・パウンド（1870-1964）が提唱した社会学的法学が生まれ，そこからさらにリアリズム法学が展開した，と言われている。そして伝統的な「機械的」「形式主義」法学を批判したこれらの学派は一括して「革新主義」と呼ばれることもある。しかしパウンドとリアリズム法学の代表者とされるカール・ルウェリン（1893-1962）との間に1930-31年に激しい論争が行われたこともあり，普通パウンドはリアリストの中に入れられない。しかし両者の相違はどこにあったのだろうか？

　リアリズム法学の文献の中で一番有名なのは，著書ではジェローム・フランク（1889-1937）の『法と現代精神』（1930年），論文ではルウェリンの「リアリズムに関するいくらかのリアリズム」（1931年）だろうが，両方とも当時アメリカ法学界の第一人者だったパウンドに対する明白な批判を含んでいる。フランクはその本の一章全体をあてて，パウンドが捨てようとしない「法的確実性の探求」の無益さを指摘した。またルウェリンは，パウンドが同じ1931年に発表した論文「リアリスティックな法学への呼びかけ」の中で行ったリアリズム法学の特徴づけとそれに基づく部分的な批判が全くの誤りだとして，ルウェリン自身の考えるリアリズムの擁護を行った。

　しかしルウェリンがこの論文の中で列挙するリアリズムの主張の多くはパウンドの思想と共通していたように見える。ルウェリンはリアリストに共通特徴として次の9点をあげた。

　　①「流動的な法，司法による法創造という観念」
　　②「目的それ自体ではなく，社会的目的のための手段としての法という観念」
　　③「法よりも急速な流動的な社会という観念」
　　④「研究目的のための，一次的な『である』と『べし』の分離」
　　⑤「裁判所や人々が現実に行っていることを記述する限りでの，伝統的な法的ルール・原理への不信」

⑥「伝統的で指令的なルール定式化は判決を生みだす際の決定的なファクターだ，という理論への不信」

⑦「判決と法制度を従来よりも狭いカテゴリーに分類することが大切だ，という信念。言葉の上で単純なルールへの不信」

⑧「法のいかなる部分であれ，その効果によって評価すること」

⑨「この線に沿った，法の諸問題への一貫したプラグマティックな攻撃」

　さらにここには出ていないが，権利そのものよりもその救済方法（remedy）を重視するという点もリアリズム法学の大きな特徴である。

　これらは法を「社会工学」の一種と考えたパウンドも否定しない機能主義的法律観だろう。むしろルウェリンがパウンドの著作にあきたらなかった大きな原因は，パウンドの文章があまりに抽象的・一般的で，具体的な指針に乏しいという点にあった。

　パウンドの社会学的法学とルウェリンのリアリズム法学との相違は，法の不確定性に関する見解の相違，それもあまり大きくない程度の差だった。両者の間の論争はむしろ個人的な感情——若いルウェリンの功名心と，自他共に許す大家パウンドの傷つけられた名誉心——に起因するものだったらしい。

　それに加えて，ルウェリン自身も認めていたことだが，「リアリスト」と呼ばれる論者も多様で，彼らの間にも見解の相違は多かった。たとえばリアリストの多くは裁判におけるルール解釈の不確定性を指摘して（ルール懐疑主義），この発想はそれ以降のアメリカ法学の中に受け継がれたが，フランクはそれだけでなく，個々の裁判官と陪審員の心理状態に依拠する事実認定の主観性までも主張して（事実懐疑主義），法律審よりも事実審，上級審よりも下級審に着目すべきだと説いた。また彼はフロイトの疑わしい精神分析の理論を伝統的法学批判の中に持ち込んだ。フランクのこれらの主張は大方の賛同を受けられず，むしろ彼の過激な論調と無遠慮な文体は，リアリズム法学への批判者たちに絶好の攻撃材料を提供することになった。このようにルウェリンとフランクの思想にはかなり相違があったにもかかわらず，ルウェリンは伝統的法学に対するフランクの偶像破壊的な態度のゆえにフランクを高く評価した。

　上の例からもわかるようにリアリズム法学は多様な見解の集合体なのだが，現代のアメリカ法史家であるモートン・ホーウィッツ（参考文献を参照）はその中でも，実証主義的な社会科学方法論を探求するという方法論への関心と，社会正義実現のための強力な官僚的規制国家を擁護する政治イデオロギーという２つの異なった側面を指摘している。ホーウィッツによると，存在と当為の区別，法と道徳の区別，価値自由な社会科学といった実証主義の観念にこだわったルウェリンは前者の関心を代表するが，リアリズムの核心はむしろ後者のイデオロギーにある。それは法を政治や道徳から区別できる自律的な存在だとみなす自由放任主義の古典的法思想を批判した。多くのリアリストは，権力分立や公法と私法の区別といった英米法的「法の支配」の思想に反対して，ニュー・ディール期の規制的福祉国家の行政法を支持した，というのである。

　ホーウィッツによると，社会科学方法論に関心を持っていたルウェリンはリアリズム

法学の中でむしろ例外的な存在だった。リアリズムをもっとよく代表するのは，「法的推論に適用される基本的な法的観念」(1913，1917年) を書いた法理論家ウェズレイ・ホーフェルド (1879-1918) や，制度派経済学者でもあったロバート・ヘイル (1884-1969) や，裁判官ベンジャミン・N・カードゥゾ (1870-1938. 連邦最高裁判所裁判官1932-38) である。ホーフェルドはその有名な論文によって，所有権は決して事物に対する単一不可分の観念でなく人間間の多様な諸権利の束であるということを示して財産権概念を脱構築し，古典的法思想に対する批判を行った。ヘイルは〈契約の自由〉や〈自然権としての私有財産〉という観念に反対して，財産権は法の産物だとしてその公的性質を指摘した。カードゥゾは裁判所も議会もともにその目的は社会的正義実現のための改革だと考えた。形式主義的法思想に反対して闘ったこれらの思想にこそリアリズムの意味がある，とホーウィッツは言う。するとリアリズム法学の現代における後継者は，さまざまな理由から自由市場経済を批判する「批判法学 (Critical Legal Studies)」(★コラム5を参照) だということになる。

しかしルウェリンやフランクをリアリズム法学の周辺に追いやる一方で，ホーフェルドのようにリアリズム法学発生の直前に世を去った人や，カードゥゾのように普通リアリストに入れられない人や，ヘイルのように最近再評価されるようになったが生前はそれほど重視されていなかった人をリアリズム法学の中心人物とするホーウィッツのリアリズム法学観には難点が多い。

ホーフェルドはあらゆる法的関係は彼が提示する「基本的な法的観念」に還元できると主張した。それはちょうど多様な物質が単純な元素に還元されるようなものである。その基本観念には，〈請求権と義務〉，〈自由と無権利〉，〈権能と負担〉，〈免除と無権能〉という4対をなす8つがある。彼の死後この概念図式は英米の法学の中で広く受け入れられることになる。だがそれは法的議論の厳密性を求めるための抽象的な分析道具であって，自由市場対統制国家といった政治的イデオロギー上の対立については中立的だ。私有財産への制約を支持する論者がホーフェルドの概念を利用したということは事実だが，それに反対する論者もホーフェルドの概念を利用できる——たとえば，所有権を構成する「権利の束」を一人の所有者がまとめて持つことは道徳的にあるいは経済的に理由があると指摘することによって。したがって，ホーフェルドの概念図式をリアリズム法学と結びつけるのは強引だ。

さてリアリズム法学はその後のアメリカ法学にいかなる遺産を残したのか？ ホーウィッツとは違った考え方も有力だ。批判法学とは正反対に，効果重視のプラグマティズムであるとともに実証主義的である「法の経済分析」こそが，リアリズム法学の正統な継承者だ，という考え方もある。またリアリズム法学の発想は「リアリズム」という言葉は使わなくても現代の法学者・法律家たちの中に暗黙のうちに受け入れられているので「今やわれわれはみなリアリストだ」と考える人もいる。他方，リアリストたちが書物の中の法よりも社会の中で現実に働いている法を重視したことや法解釈の不確定性を指摘したこと自体は正しくても，彼らは古典的な法思想を批判するあまり，逆の極端に走りすぎるという誤りに陥ったから今では忘れられるのも当然だ，という冷淡な評価

もありうる。

　過去の法思想の評価は，その思想の中に今日軽視あるいは無視されている重要な要素を再発見し再生させようとする問題意識と結びついているが，リアリズム法学をめぐる見解の多様性もそのことを裏づけている。

【参考文献】

　本稿で言及したリアリズム法学関係の文献は，その重要性にもかかわらずほとんど翻訳されていない。重要な例外は

ジェローム・フランク『法と現代精神』〔棚瀬孝雄・棚瀬一代訳〕（弘文堂，1974年）で，リアリズム法学の著作の中で最も広く読まれ，今でも刺激的な書物である。

モートン・ホーウィッツ『現代アメリカ法の歴史』〔樋口範雄訳〕（弘文堂，1996年，原書1992年）は1870年から1960年までを扱うが，リアリズム法学は「古典的法思想」に反対する「革新的法思想」の頂点として描かれている。「批判法学」の代表者の一人である著者の歴史観や政治思想には賛成できない点が多いが，日本語の文献が乏しいこともあり，本稿執筆に一番役に立った。

【森村　進】

11 講 法実証主義の再興
H. L. A. ハートとラズの現代分析法理学

Ⅰ—法実証主義の再興を目指して

　本講では，H. L. A. ハート（1907-92）とジョセフ・ラズ（1939-）の現代分析法理学を取り扱う。この両者は，20世紀後半から21世紀にかけての，英語圏を代表する法実証主義者である。ハートは，英国出身でオックスフォード大学にて教えた。ハートの弟子であるラズは，イスラエル出身で，オックスフォード大学や米国コロンビア大学の教授を歴任している。

　ハートは，「法とは何か」という問いに答えるためには**承認のルール**について理解する必要があるとする。さらに，裁判所が扱う事件には難事件（ハード・ケース）もあるとし，その場合における司法的裁量について説明している（**司法的裁量論**）。ラズは，ハートの法理論を継承しつつ，彼独自の**源泉テーゼ**を中心とした法理論を提示している。

　「法とは何か」という問いは，古代ギリシア以来の法思想史上の難問である。法実証主義は，その難問に答えようと試みる立場の一つである。法実証主義の基本的主張は，自然法論との対比において示すことができる。自然法論は（1）自然法と実定法の二元論と（2）「法と道徳（正義も含む広義の道徳）融合論」を主張する。対する法実証主義は，（1）実定法一元論と（2）「**法と道徳分離論**」を主張する。

　「法とは何か」という学問的営為を振り返れば，古代ギリシア・ローマの時代から19世紀までは，自然法論が優勢であった。しかし，近代国家法が整備される19世紀には，実定法一元論などを意味する法実証主義が支配的になった。

　20世紀後半の代表的な法実証主義者の一人として，ハートをあげることができる。彼はジェレミー・ベンサム的伝統を継承しながら，洗練された法実証主義理論を展開した。彼はまた，ジョン・オースティンの法−主権者命令説（法は制裁を伴った主権者の命令であるという説）に修正を加えることを通じて，自ら

の法概念論を形成した。その意味でハートは，ベンサムやオースティンの古典的分析法理学の伝統を継承している。ハートはさらに，ハンス・ケルゼンが仮説的に想定した根本規範ではなく，事実ないしコンベンション（慣行，慣習）としての承認のルールによって，近代国家法を説明しようとしている。結局，ハートは，以上の先達たちを批判的に継承しつつ，現代分析法理学の立場から，法実証主義の再興を目指したということができるだろう。

II──「承認のルール」と法的ルールの二つの見方

1　承認のルール──一次的ルールと二次的ルールの結合としての法

本節では，「承認のルール」と法的ルールの二つの見方について検討する。ハートによると，承認のルールとは，その国ないし社会において遵守されるべきルール，しかも妥当なルールが何であるかを定めるルールである（ここで言う「妥当」とは，内容が正しいという含意はなく，「法的に有効である」「法的な効力を持っている」といった意味である）。法的ルールの二つの見方とは，行為の指針としてルールを受容する社会集団の構成員の内的視点と，ルールを自らは受容しない観察者の外的視点のことである。

まずは，承認のルールについてみていこう。ハートは主著の『法の概念』（1961年，第2版は1994年，第3版は2012年）で，日常言語学派の手法などを駆使し，近代国家法の特徴・構造を解明しようとした。彼は，銃をもった銀行強盗が銀行員に「金を出せ」と命令する状況の分析から出発する。この例は，法は制裁を伴った主権者の「命令（command）」であるという，オースティン的な法=主権者命令説をモデルとしている。しかしそのモデルでは，近代国家法の特徴は適切に説明できない。国家法は単なる命令ではないからである。

そこで，「命令」に代えて「ルール（rule）」の概念が導入される。ルールは，義務賦課ルールと権能付与ルールに区分される。義務賦課ルールである第一次的ルールしかない法以前の社会では，ルールは静態的・非効率的・不明確である。そうした欠陥を是正するために，変更のルール（rule of change），裁定のルール（rule of adjudication），および承認のルール（rule of recognition）が導入される──‘rule of recognition’には「認定のルール」という訳語もある──。ここ

でハートの見解を引用しておこう。

　もしもわれわれが，義務にかんする第一次的ルールと承認，変更，裁定にかんする第
　二次的ルールの結合に由来する構造を，距離を置いて考察するならば，われわれは明
　らかに，法体系の核心を把握するだけでなく，法律家たちと政治理論家たちの両方を
　悩ませてきた多くのものを分析するための最も強力な道具を手に入れるのである。
　(H. L. A. Hart, *The Concept of Law*, third edition, Oxford University Press, 2012, chapter 5,
　section 3. 長谷部恭男訳『法の概念〔第3版〕』ちくま学芸文庫，2014年，164-165頁。
　なお，ここでの訳文は筆者のものである。本講の以下の訳文も同様である。)

　変更のルールは，社会的変化に応じて，従来のルールを改廃したり新しい
ルールを創造したりする権能を誰かに付与し，その手続を定めるルールであ
る。裁定のルールは，ルール違反の有無やルールの解釈をめぐる争いを解決す
る権能を誰かに付与し，その手続を定めるルールである。承認のルールは，そ
の国ないし社会において遵守されるべきルール，しかも妥当なルールが何であ
るかを特定するルールである。これら三種類のルールは，法以前の社会におけ
る一次的ルールにかんする (*about*) メタ・ルールであるため，二次的ルールと
呼ばれる。

　承認のルールは，その国において遵守されるべき妥当な法的諸ルールが何で
あるかを特定する重要なルールである。承認のルールに妥当性を付与するもの
は何もないから，それは「究極的ルール」であるとされる。一次的ルールしか
なかった法以前の社会は，二次的ルールが加わることで，法的社会に移行す
る。近代国家法の中心には，このような一次的ルールと二次的ルールの結合が
存する（図表11-1参照）。なお，承認のルール自体は，裁判官などの公務員た
ちのあいだにおける実践 (practice) として存在するのであり，その実践の存在
は事実の問題である。あるいは，承認のルールは，裁判所などの公権力機関が
法を確認したり適用したりする日常の習慣的行動のなかにあるものである。す
なわちそれは，コンベンション（慣行，慣習）として存在しているのである。
ハートは，承認のルールについて以下のように述べている。

　体系の他のルールの妥当性を評価するための基準を提供する承認のルールは……究極
　のルールである。

11講　法実証主義の再興　173

図表 11-1　一次的ルールと二次的ルールの結合としての法

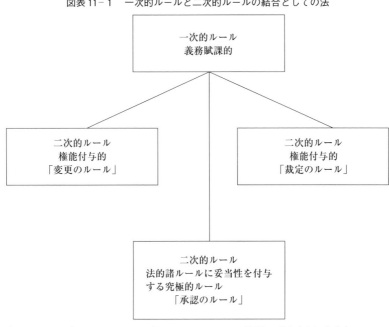

(*Jurisprudence（Cavendish Law Cards）*, Cavendish Publishing, 1997, p. 63 をもとに作成。)

　承認のルールは，特定の基準を参照することで法を同定する際の，裁判所，公務員，および私人の——複雑だが通常は一致した——実践としてのみ存在する。その存在は事実の問題なのである。(以上の二箇所とも Hart, *The Concept of Law,* third edition, chapter 6, section 1. 長谷部訳『法の概念〔第3版〕』175頁，182頁。訳文は筆者。)

　承認のルールは，私の著書では，コンベンショナルな司法上の合意に基づくものとして，捉えられている。(Hart, 'Postscript', in Hart, *The Concept of Law,* third edition. 長谷部訳『法の概念〔第3版〕』406頁。訳文は筆者。)

　承認のルールは，二次的ルールのなかで最も重要である。それは，議会制定法や判例法などを法として同定し，それらのあいだの効力的な優位関係をも定めているからである。したがって承認のルールによって，その社会における法的諸ルールは統一的な法体系となり，しかも道徳，宗教，慣習などの社会規範だけでなく「在るべき法」からも区別される。

2 法的ルールの二つの見方——外的視点と内的視点

以上で確認したように、ハートによれば、（近代国家）法とは、承認のルールと、それによって確認された法的諸ルールからなっている。さて、ハートによると、法的ルールの見方としては、「外的視点（external point of view）」と「内的視点（internal point of view）」がある。

ハートは、ベンサムの分析的法理学の伝統を受け継ぎ、法実践を、その外側から記述・説明しようと試みている。先述のように、ハートは、行為の指針としてルールを受容する社会集団の構成員の内的視点と、ルールを自らは受容しない観察者の外的視点を区別する。彼はさらに、内的視点からなされる内的言明（internal statements）と、外的視点からなされる外的言明（external statements）を区別する。内的言明とは、ある社会集団が、ルールを受容する内的視点からなす言明である（例えば「……ということは法である」という表現）。外的言明とは、ある法体系の外的観察者が、ルールを自らは受容せずにその集団がそれを受容している事実を述べる言明であり、それは法体系の外的観察者の普通の言葉である（例えば「イギリスにおいて人々は、およそ議会における女王の制定するものが法であると認めている」という表現）。

さて、ハートによると、外的視点からなされる言明には様々な種類がある。観察者は、自らはルールを受容することなく、ある集団がそのルールを受容していると主張したり、その集団が内的視点からどのようなしかたでルールにかかわるかについて、外側から言及したりするかもしれない。あるいは、観察者は、集団の内的視点に外側からさえ言及しない観察者という立場もとりうる。もしも観察者がこの極端な外的視点に本当に固執して、ルールを受容している集団の構成員がどのように自分たち自身の規則だった行動を見ているかについてまったく説明しないならば、その集団の構成員の生活についてのその観察者の記述は、決してルールにかんするものではありえない。ハートによれば、その観察者の記述は、行為の観察可能な規則性、予測、蓋然性、しるし（signs）にかんするものだろう。

記述的な法学者（a descriptive legal theorist）は、ある法体系の参与者による法の受容を自らは共有しないけれども、そうした受容を記述できるし記述すべきである。この目的のために、記述的な法学者は、内的視点を採用するとはどの

ようなことなのかを，理解（*understand*）しなければならない。そして，この限定された意味で，自らを当事者の立場に置くことができなければならない。しかしこのことは，法を受容することではないし，当事者の内的視点を共有ないし擁護することでもないし，自分の記述的な姿勢を放棄することでもない。

　結局，ハートは，外的視点から法の内容を記述するけれども，極端な外的視点から何らかのしるし（signs）について記述しているわけではない。彼は，内的視点に外側から言及する観察者の立場から，自らはルールを受容することなく，ある集団がそのルールを内的視点から受容するしかたを，記述しているのである。

Ⅲ─法と道徳分離論

1　法と道徳分離論

　本節では，法と道徳分離論について検討する。ハートによると，近代国家法としての法的諸ルールは，承認のルールによって，道徳，宗教，慣習だけでなく，「在るべき法」とも区別されている。ラズは，源泉テーゼを提唱している。源泉とは，法がそれによって有効であるところの諸事実である。例えば立法や司法的決定といった人間行動の諸事実が源泉であり，それによって確認されるものだけが法である。このような諸事実ではなく，道徳的議論に訴えなければ確認できないようなものは，法ではない。

　まずは，ハートの「法と道徳分離論」についてみていこう。先述のように，ハートによると，近代国家法の中心には，第一次的ルール（義務賦課ルール）と第二次的ルール（承認，変更，裁定のルール）がある。近代国家法としての法的諸ルールは，承認のルールによって，道徳，宗教，慣習だけでなく，「在るべき法」からも区別されている。法的ルールは，承認のルールによって法として確認されるならば，それが悪法であっても法なのである。

　ただし，例えばアメリカには連邦憲法があり，権利章典（連邦憲法の修正条項）によって，違憲審査制の下で，連邦議会の制定法などが裁判所において違憲無効にされることがある。ハートはこのことを認めている。あるいは，裁判所や公務員の実践のなかに，事実ないしコンベンションとして存在している承認の

ルールが，悪法を法として同定しないと定めていれば，その悪法は法ではない。

　なお，オースティンは，法実証主義的思考に基づいて，法と道徳を分離した。彼はそのことによって道徳を悪法に対する批判・抵抗の原理として実践の世界に保留するという側面を，伏線としてではあるが明示している。彼は「悪法も法である」という理論を提示するが，その理論は「悪法にも常に無条件的・積極的に服従すべきである」という実践的要求とは，決して結びついていない。ハートにとっても，法実証主義は，「法律は法律だ」として法律への盲目的かつ絶対的な服従を迫るものではない。むしろそれは，「法律は法律だ，しかしそれは道徳的にあまりにも邪悪なので従うことはできない」という，法律への道徳的批判の重要性を強調するのである。

　ところで，ハートの法理論では，「法」と「道徳」ないし，「在る法」と「在るべき法」は区別されている。しかしながら，「法」と「道徳」のあいだの関連や，「在る法」と「在るべき法」のあいだの関連が，否定されているわけではない。法の解釈・運用がなされる場面においては，道徳（正義を含む広義のそれ）が，裁判官や公務員の解釈・運用に影響を与えているのである。

　さらに，ハートによると，いかなる社会にも一定の諸ルールがあり，それらは法と道徳によって共有されている。すなわち，相互の生命・身体・財産などを侵害するなという相互自制のルール，約束を遵守せよというルール，約束の履行や強制にかんするルールなどである。これらのルールは，ハートの言う「自然法の最小限の内容」（人間の傷つきやすさ，おおよその平等性，限られた利他主義・資源・理解力・意志の強さ）から，論理的に導出されうるルールであるとされる。なお，ハートによると，ある国の法（体系）が「自然法の最小限の内容」を含んでいるからといって，その法が常に道徳的に正しいものであるというわけではない。例えば，ユダヤ人や黒人などに対しては「自然法の最小限の内容」を保障しないという差別的な悪法が，過去にしばしば存在したのである。

　以上から理解されるように，ハートは「法と道徳分離論」を主張するけれども，法と道徳が共通の内容を含んでいることを認めている。よって，彼の法理論は法実証主義のものであるから，すぐに「悪法も法だ」ということにはならない。結局，法はいかなる内容でも規定できるわけではない。例えば法実証主

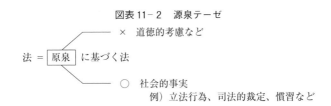

義者のケルゼンは、法はいかなる内容も含みうると主張したが、ハートはそのような見解を支持していないのである。

2 源泉テーゼ

さて、ラズもハートと同じく、法と道徳分離論を擁護しているが、それはラズの源泉テーゼと関連している。ラズによると、法実証主義者たちはこれまで、何が法であり法でないかは社会的事実の問題であると考えてきた。これは、常に法実証主義的思考の基礎にあったものである。ラズの言う源泉とは、法がそれによって有効であるところの諸事実であり、法の内容を確認する際に用いられる諸事実である。

ラズの**源泉テーゼ**（sources thesis）によると、法は、承認のルールによって同定される法的諸ルールからなっており、それらの諸ルールは、議会などの立法、裁判所の司法的決定、および慣習といった社会的事実に照らして確認することができる。結局、すべての法的ルールは、社会的事実に照らして価値中立的なしかたで確認される。それ以外のものは、法から排除されるのである。ここでラズの見解を引用しておこう。

> 源泉テーゼ：すべての法は源泉に基づく法である。……もしもある法の存在と内容が、評価的議論に訴えることなく、社会的事実への言及のみで確認できるならば、その法は源泉に基づく法である。(Joseph Raz, *Ethics in the Public Domain,* revised edition, Oxford University Press, 1995, chapter 9)（図表11-2参照）

なお、ラズの源泉テーゼの背後には、立法行為や司法的決定などの社会的事実は誰にとっても明白であるが、道徳的判断や道徳的原理は諸個人によって意見の異なりうるものであるという考え方が存している。ただし、源泉テーゼ

は，すべての法が明示的であるという見解や，すべての社会的事実は議論の余地のないものであるという誤った命題を，伴ってはいないものとされる。

3 規範的法実証主義と記述的法実証主義

さて，法実証主義をめぐる最近の論争においては，「法と道徳分離論」を記述的テーゼとして捉えるべきか，それとも規範的テーゼとして捉えるべきか，という論争が盛んになってきている。

ハートは，法についての一般的な記述的理論を展開し，「法と道徳分離論」を唱えた。しかし近年，法実証主義の「法と道徳分離論」を，法についての記述的テーゼではなく，規範的テーゼとして捉えようとする動きが現れている。ジェレミー・ウォルドロンによると，法実証主義は，規範的テーゼとして提示されるべきである。すなわち，法と道徳の分離は，道徳的・社会的・政治的観点から望ましいことであり，ぜひとも必要なことである。法実証主義を規範的な立場として理解すべきだとする論者としては，トム・キャンベル，ニール・マコーミック，ジェラルド・ポステマ，スティーヴン・ペリー，ウォルドロン自身（そして，おそらくラズ）らがあげられる。以上の論者の見解は，「規範的法実証主義」と呼ばれている。

規範的法実証主義に対しては，否定的な見解もある。すなわち，法実証主義は，法についての概念的・分析的な主張をしており，その主張は，ベンサムのような一定の法実証主義者がもっていたであろう規範的な関心（功利主義に基づく社会改革）と混同されるべきではない。こうした主張をなす論者としては，ハート，ジュールス・コールマン，マシュー・クレイマー，アンドレイ・マーモー，ジュリー・ディクソンらをあげることができる。以上の論者の見解は，「記述的法実証主義」と呼ばれている。

なお，規範的法実証主義と記述的法実証主義を「あれかこれか」の代替的な見解と考えるべきではない，という主張もある。すなわち，両者はそもそも次元が異なった見解なのであり，どちらか片方だけとることも，両方をとることも，どちらにも反対することも，すべて可能な立場である。例えば規範的法実証主義の代表者の一人であるキャンベルは，記述的な法実証主義者でもある。

IV—司法的裁量論

1 司法的裁量論

　本節では，ハートの司法的裁量論について検討する。ハートによると，ハード・ケースにおいては，裁判官は司法的裁量を用いて事件を処理している。ロナルド・ドゥオーキンは司法的裁量論を批判したが，その批判を受けて，法実証主義者たちは二つのグループに分かれた（厳格な法実証主義とソフトな法実証主義）。

　まずは，ハートの**司法的裁量論**に注目しよう。ハートによると，法的ルールには，意味の明確な「確実な核心（core of certainty）」の部分と，そうではない「疑わしい半影（penumbra of doubt）」の部分がある。当該事件に関係するルールが不明確な事件においては，裁判官は司法的裁量を用いて事件を処理しており，法創造の権能を委ねられているものとされる。以下，ハートの議論をみていこう。

　ハートは，法的ルールに不確実さの反影の部分があることを示すために，以下の事例をあげている。すなわち，「公園内に乗り物（vehicle）を乗り入れてはいけない」という一般的ルールの場合，自動車，バス，オートバイなどは，明瞭な事例である。それに対して，自転車，飛行機，ローラー・スケーターなどのような，その一般的ルールを適用できるかが明らかでない事例も，存在している。これらの事例が示すように，ハートによれば，すべての一般的なルールには，確実な核心——ルールの適用が明瞭な部分——と，疑わしい半影——ルールの適用が明らかでない部分——が，存在しているのである。

　この事例から明らかなように，立法（制定法）は，その適用が疑問となるような場合には，不確定である。というのも，人間たる立法者は，将来生じるかもしれないあらゆる可能な複合的状況を知りつくすことが，できないからである。こうした予知の不可能性から，目的についての相対的な不確定性がもたらされることになる。なお，権威ある事例（先例）によって一般的ルールを伝達する場合にも，不確定性が存在する。というのも，判例を法的妥当性の基準（criterion）として認めるとしても，法体系が異なる場合や，同じ法体系でも時

期が異なるときには、判例の意味するところは様々だからである。ハートは以上を踏まえて、法には「開かれた構造（open texture）」が存在すると主張している。彼の見解を引用しておこう。

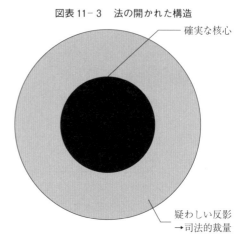

図表11-3　法の開かれた構造
——確実な核心
——疑わしい反影
　→司法的裁量

> 行動の基準を伝達する手段として、先例と立法のどちらが選ばれるとしても、それらは、大多数の日常的な事例ではうまく作用するとしても、その適用が問題となるような場面では、不確定的であることが露呈するであろう。それらは、いわゆる開かれた構造を有しているだろう。（Hart, *The Concept of Law*, third edition, chapter 7, section 1. 長谷部訳『法の概念〔第3版〕』207頁。訳文は筆者。）

ハートによれば、先例の場合も立法（制定法）の場合も、開かれた構造の領域が存在し、その領域においては、創造的な司法活動がなされることになる。

結局、ハートによれば、法の開かれた構造（図表11-3参照）は、裁判所や公機関による展開に多くを委ねざるをえないような行為の領域があることを、意味している。すなわち、すべての法体系には、裁判所や公機関が裁量を行使して、当初は曖昧だった規準を確定的にしたり、制定法の不確定性を解消したり、先例によって漠然と伝達されていたルールを発展させ、そのルールを特定したりするような、多くの重要な分野が存在する。そうした分野——ルールの境界線上や、判例理論によって明確にされていない分野——においては、裁判所は、ルール定立機能を果たしている。以上が、ハートが提示した司法的裁量論の概要である。

2　厳格な法実証主義とソフトな法実証主義

ハートの司法的裁量論には、米国出身の法哲学者ロナルド・ドゥオーキンからの批判がある（ドゥオーキンの法理論については**12**講で扱うので、ここでは最低限

の説明にとどめる）。彼によると，ハード・ケースの司法的裁定では，法実証主義者のいう「ルール」とは違った性質や機能を持つ「原理（principle）」が用いられている。原理は，ルールの解釈を方向づけたり，ルールの適用を左右したり，ルールとルールの衝突を解決したりする働きをする。原理は道徳的なものではあるが，裁判官たちのあいだで受容され，裁判官を拘束している。したがってハード・ケースにおいても，司法的裁量は用いられていない。またハートのいう承認のルールないし系譜テストによっては，このような原理は適切に捉えられない。系譜テストとは，妥当な法的諸ルールとそうでないものを，その内容ではなく，その系譜（pedigree）によって判断するテストを意味する。

　ドゥオーキンからの批判を受けて，法実証主義者たちは二つのグループに分かれた。法実証主義者たちをそれらのグループに分けたのは，先述の系譜テストないし，ラズが提示した源泉テーゼに対する対応の仕方の違いであった。

　ここで，ラズの源泉テーゼの概要について再確認しておこう。ある法の存在と内容が，いかなる評価的議論にも訴えずに社会的事実（立法行為，司法的決定，慣習など）のみを参照することによって確認できるならば，その法は源泉に基づく法である。源泉テーゼは，すべての法は以上のような意味で源泉に基づくものである，というテーゼである。

　さて，先述のように，ドゥオーキンの批判を受けて，法実証主義者たちは二つのグループに分かれた。第一のグループは，系譜テストないし源泉テーゼに固執する立場である。つまり立法行為，司法的決定，慣習などの社会的事実に照らして同定・確認されうるものしか法ではないとする立場である。これは「厳格な事実」に照らして法の同定がなされるとする意味で，「厳格な法実証主義」と呼ばれる。また，そのようにして同定できない道徳的原理などを法から排除するという意味で，「排除的法実証主義」とも呼ばれる。この立場を唱えるのは，ラズ，スコット・シャピロ，ジョン・ガードナー，およびマーモーらである。

　法実証主義の第二のグループは，系譜テストや源泉テーゼに固執しない立場である。これは「ソフトな法実証主義」ないし「包摂的法実証主義」と呼ばれている。主要な提唱者としては，コールマン，W．J．ワルチャウ，およびハートがいる。例えばコールマンによると，承認のルール次第では，ドゥオーキン

のいう原理なども法でありうる。さらに，承認のルールが道徳的原理を，法の
なかに組み入れることもありうる。ハートも「補遺（Postscript）」（『法の概念』
の第2版以降に収録）で，ソフトな法実証主義を擁護している。彼は，承認の
ルールが，道徳的諸原理や実質的な諸価値を，法的妥当性の基準として組み入
れることがありうることを認めている。

V—法理論の二つの捉え方

　ハートの法実証主義の法理論は，承認のルールや司法的裁量論を提唱するこ
とを通じて，20世紀後半以降の法実証主義の再興をもたらした。ラズは，ハー
トの法理論を継承しつつ，独自の源泉テーゼを提示している。

　ところで，ハートとラズの法理論の捉え方に注目するならば，その両者は，
現代分析法理学の立場から，法哲学の問題領域なかでも，とくに説明や分析の
問題を重視している。それに対して，米国の法哲学者・契約法学者であるロン・
L.フラーや，本講でも言及したドゥオーキンは，現代分析法理学に批判的で
ある。フラーやドゥオーキンにとっての法理論は，法を実践する人々に対し
て，一定の方向づけや指針を与えるものでなければならないのである。こうし
た法理論の捉え方の違いを念頭に置くならば，次の講義（**12講**）で取り上げる
フラーおよびドゥオーキンによる法実証主義批判が，理解しやすくなるだろ
う。

【邦訳参照文献】

ロナルド・ドゥウォーキン『権利論〔増補版〕』〔小林公ほか訳〕（木鐸社，2003年）

H．L．A．ハート『法の概念』〔矢崎光圀監訳〕（みすず書房，1976年）

——『権利・功利・自由』〔小林公・森村進訳〕（木鐸社，1987年）

——『法学・哲学論集』〔矢崎光圀・松浦好治訳者代表〕（みすず書房，1990年）

——「『法の概念』第二版追記（上）（下）」〔布川玲子・高橋秀治訳〕，『みすず』438号，
　439号（1997年）

——『法の概念〔第3版〕』〔長谷部恭男訳〕（ちくま学芸文庫，2014年）

ジョセフ・ラズ『権威としての法——法理学論集』〔深田三徳編訳〕（勁草書房，1994年）

——『法体系の概念〔第2版〕——法体系論序説』〔松尾弘訳〕（慶應義塾大学出版会，解
　説追補版，2011年）

【参考文献】

井上達夫『法という企て』（東京大学出版会，2003年）

中山竜一『二十世紀の法思想』（岩波書店，2000年）

濱真一郎『法実証主義の現代的展開』（成文堂，2014年）

深田三徳『法実証主義論争——司法的裁量論批判』（法律文化社，1983年）

——『現代法理論論争——R.ドゥオーキン対法実証主義』（ミネルヴァ書房，2004年）

森村進『法哲学講義』（筑摩選書，2015年）

ニール・マコーミック『ハート法理学の全体像』〔角田猛之監訳〕（晃洋書房，1996年）

【濱　真一郎】

12講 法実証主義への挑戦
フラーの「法の内面道徳」とドゥオーキンの「純一性としての法」

I ―ハート=フラー論争

　伝統的な自然法論と法実証主義との対立点を極度に単純化して述べてみよう。**自然法論**によれば，実定法に先立って普遍的かつ不変的に妥当する正しい法が存在する。この人為を超えた正義の法が「自然法」である。自然法に反するような実定法は無効であり，それゆえ「悪法」はそもそも法ではない。これに対して，**法実証主義**によれば，正義に適っているか否かは法の資格要件ではなく，善悪に関する道徳的規準は法の定義には含まれない。したがって，極悪非道な実定法は「悪法」ではあるが，やはり法である。20世紀に入ると，こうした法実証主義の立場は何人かの法思想家によって現代的に洗練された形で理論化され提唱された。その提唱者のひとりがハート（H. L. A. Hart）である。本講では，ハートの主張に対して正面から論争を挑み，ハート流の法実証主義を超克しようとした二人の法思想家，すなわちフラー（Lon L. Fuller）とドゥオーキン（Ronald Dworkin，ドゥウォーキンとも表記する）を取り上げる。

　まず最初に，ハート=フラー論争における対立点を簡単に整理しておこう。ハートの主著『法の概念』（1961年）によれば，あるルールが法であるか否かは，「承認のルール（rule of recognition）」（＝「認定のルール」）が定めるすべてのテストをパスしたか否かによって決まる。承認のルールとは，何がその社会における法であるかを確定するための高次のルール（例えば「議会によって制定されたルールは法である」）であり，承認のルールが規定する特徴をもつルールは，その社会の法として承認（認定）され，法的妥当性（拘束力）が付与される。ハートは法実証主義者であるから，承認のルールが定めるテストには，正邪・善悪に関わるような道徳的規準は含まれないと考える。あるルールが法であるためには，その内容的な正邪・善悪とは無関係に，ただ承認のルールが定めるテスト（例えば，当該ルールが議会によって制定されたか否か）をパスするだけで十分なの

である。したがって，ハートの法実証主義においては，ナチス統治下のドイツ帝国議会で制定された「悪法」も，制定当時の承認のルールに適合している限り，法として承認される。ハートによれば，「これは法である」と認めた上で，「しかし，それはあまりに邪悪であるから，服従・適用できない」と付言すべきなのである。

　これに対して，フラーは『法と道徳』（1964年）においてハートの法概念を批判し，「法の内面道徳（internal morality of law）」に反するルール体系はそもそも法体系ではないと主張した。フラーによれば，法に内在するこの道徳は，①一般性，②公布（＝公開性），③遡及立法の濫用禁止，④明晰性，⑤無矛盾性，⑥遵守可能性，⑦恒常性（＝安定性），そして⑧公権力の行動と法との一致という八つの手続的な原理を要請しており，これらの要請が満たされていなければ，法体系が存在するとは言えない。例えば，場当たり的な問題解決は①に反するし，非公開の秘密法は②に反する。また，遡及的な刑罰法規は③に反するし，曖昧なルールは④に反する。矛盾した条項を含む体系は⑤に反するし，不可能なことを命じるルールは⑥に反しており，朝令暮改は⑦に反する。そして，法律を無視した行政処分や判決は⑧に反する。フラーによれば，ナチス統治下のドイツにおいては「法の内面道徳」の要請が多くの点で充足されていなかったので，法体系が存在したと言うことはできないのである。

　さて，ハートとフラーのこの論争は，一体何をめぐる争いだったのだろうか。フラーは「法の内面道徳」（彼はこれを「手続的自然法」あるいは「制度的自然法」とも呼ぶ）という道徳的規準を法の資格要件に含めることによって，「法」の概念（外延）を狭く定義しようとした。これに対して，ハートは「法」の定義（内包）から一切の道徳的規準を排除することによって，「法」の概念（外延）をフラーよりも広く捉えようとした。すなわち，両者は「法」の定義をめぐって争っていたと言えよう。しかし，そのような論争に一体どのような意義があるのだろうか。

　ドゥオーキンは中期の主著『法の帝国』（1986年）において，何が法であるかについての定義（意味論的な規準）を特定化しようとする諸理論を「意味論的な法理論」と呼び，その方法論に対して根本的な疑問を提起した。ドゥオーキンによれば，従来の自然法論と法実証主義はいずれも一種の意味論的な法理論

だったと考えられるが，法は「解釈的概念」であるから，最初に定義を確定する必要はない。なぜなら，たとえ異なった意味論的な規準を用いる論者同士であっても，法という同一の解釈対象について有意義な議論を戦わせることができるからである。このように論じて，ドゥオーキンは，何が法であるかについて議論する際には，「解釈的態度」を採るべきだと主張する。それでは解釈的態度とはどのようなものだろうか。この問いに答えるためには，ドゥオーキンの前期の主著『権利論』（1977年）にまで遡って，彼の思考プロセスをやや詳しくたどってみる必要がある。なお，ドゥオーキンはアメリカの法思想家であるから，主にアメリカ法を念頭に置いて法理論を展開している。しかし，日本で法思想を学ぶ以上，それが日本法の理解にどう役立つのかが分からなければ，興味が薄れるので，以下においては，できるだけ日本法に関連づけながら論述を進めたい。

Ⅱ─ドゥオーキンの権利論

1　ハートに対する批判

　ハートの法理論について，もう一度復習しておこう。例として，わが国の「自然公園法」を取り上げる。この法律によれば，国立公園内の特別保護地区（道路および広場を除く）に車馬を乗り入れる場合には，環境大臣の許可が必要であり（自然公園法21条3項10号），許可を得ずに車馬を乗り入れた場合，6箇月以下の懲役又は50万円以下の罰金が科せられる（同83条3号）。ここでは，この法律の規定を単純化して，「国立公園内の特別保護地区（道路および広場を除く）に車馬を乗り入れる場合には，環境大臣の許可を得なければならない」というルールについて考えてみたい。これは法的ルールであろうか。

　ハートならば，おおよそ次のように答えるであろう。まず第一に，このルールは「国会によって制定されたルールは法である」という日本の「承認のルール」（正確に言えば，そのうちの一つ）に適合しているので，日本の法的ルールとして承認（認定）されている。一般に，わが国の「法」とは，わが国の承認のルールが定めるテストをパスした法的ルールの体系のことである。しかし第二に，どのような言葉も，その中核部分においては意味が確定しているが，周縁部分

では意味が曖昧である。法的ルールもまた言語で表現されるので，そのような「開かれた構造」をもっている。例えば，前述のルールは「車馬」という表現を用いているが，自転車やスノーモービルや牛が「車馬」に含まれるか否かは曖昧である。このような境界線上の事例については裁判官が「裁量」を行使して，ルールの意味を確定しなければならない。

　ドゥオーキンは『権利論』においてハートの法実証主義をおおよそ次のようなテーゼにまとめた上で，これを批判的な視点から考察している。

　(a)　ある社会の法とは，その社会で用いられる**法的ルール**（法準則）の総体である。法的ルールは，承認のルールが定めるテストにより識別され，他のルール（例えば道徳的ルール）から区別されるが，このテストはルールの内容ではなく**系譜**に関するものである。

　(b)　ある事案が既存の法的ルールに明白に包摂されるとは言い難い場合（例えば，法に欠缺がある場合や適用可能なルールが曖昧である場合など），すなわち単純な「法の適用」によって解決することが**困難な事案**（hard cases）においては，裁判官は**裁量**を行使することによってこれを解決する。

　ドゥオーキンの用語について補足説明をしておこう。(a)でいうところの「系譜」とは本来は「先祖から代々続く血縁関係」を意味するが，ここでは「法的ルールが採用され改正された過去の経歴」を意味している。この系譜テストにおいては，例えば当該ルールが議会（国会）によって制定・改正されたか否かが問われるだけで，その内容が道徳的な規準に適合しているか否かは問われない。また，(b)でいうところの「裁量」とは，上位の権威者が定めたいかなる規範にも拘束されず，自らの判断に基づいて新たな法的ルールを創り出したり，古い法的ルールを補ったりすることを意味する。

　ドゥオーキンは，(a)と(b)のいずれも誤りだと考える。まず(a)について言えば，ある社会の法とは，その社会で用いられる法的ルールに尽きるものではない。法律家が法的権利・義務について立論や議論を行う場合，とりわけ困難な事案を扱う場合には，法的なルールだけでなく，広義の「**法的原理**（legal principles）」も援用している。そして，この法的原理を識別しうるような系譜テストは存在せず，法と道徳を明確に区別することはできない。次に(b)について言えば，困難な事案において，裁判官は法的原理に拘束されており，その

意味では裁量を有しない。このように論じて，ドゥオーキンはハートの法実証主義を批判する。しかし，それでは，彼のいう法的原理とは一体何であろうか。

2　原理と政策

　「自然公園法」の例を再び取り上げよう。「国立公園内の特別保護地区（道路および広場を除く）に車馬を乗り入れる場合には，環境大臣の許可を得なければならない」というルールでは「車馬」という表現が用いられているが，これが果たして自転車やスノーモービルや牛を含むか否かは確かに明白ではない。しかし，このような境界線上の事案について，裁判官はいかなる規範にも拘束されずに，自由に判断を下すことができるだろうか。ここで，このルールの背景には「いかなる者も動植物の生息・生育環境を悪化させうる行為はしてはならない」という法的原理があると想定してみよう。このとき，もし自然公園法が特別保護地区への車や馬の乗り入れを禁止しておきながら，特段の事情がないにもかかわらず，自転車やスノーモービルや牛の乗り入れは禁止しないとすれば，法は原理において首尾一貫しておらず，整合性に欠けることになろう。したがって，こうした帰結を避けようとする限り，裁判官はこの原理に拘束されるので，自転車やスノーモービルや牛の乗り入れも禁止すると考えられる。

　それでは，裁判官を拘束する法的原理には，一般にどのような種類があり，それはどのような論理的特徴をもっているのだろうか。ドゥオーキンによれば，まず第一に，広義の法的原理は二種類に分けられる。すなわち，「政策」と狭義の「原理」である。このうち「**政策**」とは，「自動車事故を減らすべきだ」のような，一定の到達目標を提示するタイプの規範（standard）であり，「**原理**」とは，「いかなる者も自分自身が犯した不正によって利益を得てはならない」のような，正義や公正あるいは他の道徳的要因が要請するという理由で遵守されるべき規範のことである。ちなみに，前の段落で想定した「いかなる者も動植物の生息・生育環境を悪化させうる行為はしてはならない」という規範は「政策」に分類されるだろうし，例えば「他人のプライバシーを侵害してはならない」という規範は狭義の「原理」に分類されるだろう。

　第二に，ドゥオーキンによれば，法的ルールと広義の法的原理との間には，

次のような論理的相違が存在する。まず，法的ルールは全か無かという形で適用される。つまり，法的ルールの要件に該当する事実が存在すれば，法的効果が発生するし，そうした事実が存在しなければ，法的効果は発生しない。もちろん，ルールには例外がありうるが，その例外を（例えば「ただし書き」として）ルールに付加すれば，ルールの言明はさらに正確になる。これに対して，法的原理の場合，その前提条件が満たされたとしても，法的効果は自動的に発生しない。法的原理は法的議論を一定方向へと導く理由を提供するが，特定の結論を必然的に導くことはない。また，反対例が存在しても，これを例外として捉えて原理に付加することはない。法的原理はそれぞれ重みをもっており，複数の原理同士が衝突・抵触するときは，相対的な重みが考慮される。

　日本の法体系を念頭に置いて，具体的に説明しよう。「人を殺した者は処罰される」という法的ルールについて言えば，AがBを殺したという事実があれば，このルールはAに適用される。ただし，Aの行為が正当防衛に該当するならば，Aは処罰されない。つまり，この事案は前述のルールの例外として捉えられる。これに対して，「他人のプライバシーを侵害してはならない」という原理と「表現の自由を尊重しなければならない」という原理は，一方が他方の例外という関係にはない。この二つの原理はいずれも重みをもっており，両者が衝突・抵触する事案においては，どちらが相対的に重いかが考慮される。同様のことは，「いかなる者も動植物の生息・生育環境を悪化させうる行為はしてはならない」という政策と「国土の利用を促進すべきである」という政策についても言えよう。

　ところで，狭義の原理と政策が対立するとき，裁判所はどのように判断すればよいのだろうか。ドゥオーキンは，ある決定が集団的目標を促進することを立証することによってその決定を正当化する議論（立論，論証）を「政策的議論」と呼び，ある決定が個人や集団の権利を尊重することを立証することによってその決定を正当化する議論（立論，論証）を「原理的議論」と呼ぶ。ドゥオーキンによれば，立法府（議会）は政策的議論に基づいて立法を行う権限をもつ。これに対して，裁判所は，原理的議論によって判決を正当化しなければならない。いわゆる「困難な事案」においても，裁判所は狭義の原理に基づいて判決を下すべきなのである。

なぜだろうか。立法府においては，主に多数派の政策的議論が法案に反映される。例えば，議会では国土の開発や経済成長といった集団的目標を実現するための法案が多数決によって通過するかもしれない。ドゥオーキンによれば，個人の「権利」とはこうした集団的目標に対抗するための「切り札」なのである。例えば，経済成長政策のかげで貧困や公害や環境破壊に苦しむ少数派も自分たちの権利を主張することによって，政府の政策に対抗することができる。そして，そのような個人の権利を確立しようとする原理的議論を適切に評価しうるのは，多数派の要求から隔離された裁判官にほかならない。その意味において，裁判所はまさに人権の砦なのである。

　最後に，ドゥオーキンの法概念について誤解しやすい点を指摘しておこう。ドゥオーキンは，法は法的ルールと（広義の）法的原理から成ると言おうとしているのではない。すなわち，彼は，法の概念（外延）に法的原理も含めて広く捉えるべきだと主張しているわけではない。ドゥオーキンによれば，ある原理がその社会における法に属するか否かを確定するための系譜テストは，そもそも存在しない。ある原理が法的原理とされるのは，承認のルールが定めるテストをパスしたからではなく，法曹や市民がその原理を長い間に適正なものと感じるようになったからである。つまり，法的原理の効力は法曹や市民の「**適正さの感覚**」に支えられているのである。晩年の著書『裁判の正義』（2006年）において，ドゥオーキンは分類学的な概念と学理的な概念を区別した上で，自分の考察対象は「法は法的ルールと法的原理から成る」のような分類学的な法概念ではなく，「法命題の真理条件には道徳的な考慮が含まれる」という学理的な法概念であると繰り返し強調している。したがって，問題の核心は，「法命題の真理条件には道徳的な考慮が含まれる」という学理的な法概念が一体何を意味しているかにある。

Ⅲ—ドゥオーキンの「純一性としての法」

1　法命題と理論的な見解の不一致

　ドゥオーキンは『法の帝国』の冒頭で「**法命題**」についてかなり詳しく説明している。彼の説明によれば，法命題とは，法が何を許可し，何を禁止し，ど

のような権利を与えているかについて人々（弁護士や裁判官や一般市民）が提示する言明や主張のことである。前述の例を再び用いよう。ある人が「法は，環境大臣の許可を得た者については，国立公園内の特別保護地区に車馬を乗り入れることを認めている」と主張したとすれば，この主張は法命題である。また，別の人が「法は，自動車の運転中に携帯電話を使用することを禁止している」と言明したとすれば，この言明も法命題である。一般に，法命題は真または偽であると想定されている。ドゥオーキンによれば，法命題は，「法の根拠」を提示する別の種類の命題によって真または偽（あるいはどちらでもない）とされる。例えば，「法は，自動車の運転中に携帯電話を使用することを禁止している」という法命題が真であるのは，1999（平成11）年に自動車運転中の携帯電話使用を禁止する道路交通法の改正案（71条5の5号）が国会を通過したからであり，この事実が法の根拠となっている。

　もちろん，法命題の真偽について弁護士や裁判官の見解が分かれることはありうる。ドゥオーキンはそうした見解の不一致を二つに分類する。すなわち，「経験的な見解の不一致」と「理論的な見解の不一致」である。「**経験的な見解の不一致**」とは，法の根拠については見解が一致しているが，その根拠が特定の事例において満たされているか否かについて見解が異なっていることを意味する。例えば，「法は，自動車の運転中に携帯電話を使用することを禁止している」が真であるのは，同趣旨の法が公式の法令集に含まれているときである，という点については見解が一致しているが，実際に法令集がそのような法を含んでいるか否かについては見解が分かれている場合，経験的な不一致が存在する。これに対して，そもそも法の根拠について見解が分かれている場合には，法に関する「**理論的な見解の不一致**」が存在することになる。日本の判例を素材として用いて説明しよう。例えば，結婚式を挙げて共同生活を始めた男女が，戸籍法上の届出をしていなかったとする。この事実上の夫婦のうちの一方が内縁関係を不当に破棄した場合，他方は損害賠償を請求することができるだろうか。この点については，明治から昭和にかけて法律家の間でも理論的な不一致が存在した。明治期の裁判官は，わが国の民法は法律婚主義を採るので，損害賠償は認められないと考えた。しかし，内縁関係を不当に破棄した者は，相手方の品格を毀損し名誉を傷つけているから，不法行為による損害賠償請求

が認められると主張する弁護士も存在した。さらに，大正期に入ると，内縁を婚姻予約として捉えるならば，その不当破棄については債務不履行による損害賠償が認められるという判例が現れた。この場合の見解の不一致は，法の根拠に関するものであるから，理論的な不一致であると考えられる。

　法に関する見解の不一致のうち，経験的な不一致は，法令集を実際に調べてみるといった経験的な方法によって容易に解決しうる。これに対して，理論的な不一致の解決は非常に困難であるように思われる。しかし，ドゥオーキンは『権利論』において架空の超人的な裁判官ハーキュリーズ（＝ヘラクレス）を想定して，この哲人裁判官が困難な事案をいかに処理するかを示して以来，困難な事案においても唯一の「正解（正答）」が存在するという「正解テーゼ」を繰り返し主張している。特に中期の論文集『原理の問題』（1985年）所収の「ハード・ケースには本当に正しい答えがないのか？」においては，このテーゼを緻密な論証によって擁護しようとしており，また晩年の著書『裁判の正義』に至っても，法命題は「客観的真理」を主張しており，法命題の真偽について客観的に議論することができると述べている。さて，それではどのようにすれば，対立する見解のうちのどれが「正解」であるかを客観的に決定できるのだろうか。

2　「意味論の毒牙」と解釈的態度

　ドゥオーキンは，前述のように，何が法であるかについて議論する際には，「解釈的態度」を採るべきだと主張する。ドゥオーキンによれば，従来の法実証主義，自然法論，リアリズム法学といった意味論的な法理論はすべて「意味論の毒牙」の餌食になっている。すなわち，これらの法理論は，法命題の真偽について有意義な議論ができるのは，何が法であるかに関して全員が同一の意味論的な規準（定義）を受け容れている場合に限られると誤解している。しかし，「法」は解釈的概念である。解釈的な概念の場合，解釈を提示する人々が異なった規準を用いていたとしても，その概念を共有しながら有意義な議論をすることができる。なぜなら，解釈的概念を共有するとは，全員がその規準や実例について合意することではなく，全員が同一の解釈対象について競合する解釈を提示するという社会的実践に参加することだからである。したがって，「法」の定義を共有しなくても，何が法であるかについてそれぞれ解釈を提示するこ

とは可能なのである。

しかし，ドゥオーキンが主張するように，解釈的態度を採って，法概念の解釈を提示しようとするのであれば，まず「解釈」とは何かを明らかにする必要があろう。彼は三つの形態の解釈を区別している。すなわち，①会話の解釈，②科学的解釈，そして③創造的解釈である。このうち，二番目の科学的解釈は法概念の解釈に直接関係しないので，本講ではこれ以上触れない。この文脈で重要なのは，会話の解釈と創造的解釈の対比である。会話の解釈においては，発話者本人が言ったことを判断するために，その人が発した音声やその人が示した記号を解釈する。例えば，会話の相手が自分の提案に対して「結構です」と言ったとすれば，それは承諾を意味するのか，拒否を意味するのか，解釈者は発話者本人の意図を解釈しなければならない。これに対して，創造的解釈とは，人が創り出したものを，それを創り出した本人から独立に存在するものとして解釈しようとする試みである。ドゥオーキンによれば，芸術作品の創造的解釈は作者本人の意図の解読ではなく，作品自体について可能な限り最善の理解をしようと努めるものであり，その意味において「**構成的解釈**」である。一般に，作品は作者の手を離れると言われる。例えば，マーラーが作曲した交響曲第5番は発表されるや否や作曲者本人の手を離れ，やがてカラヤン，バーンスタイン，ショルティといった音楽家が同一の総譜に対してそれぞれ最善の解釈を与えようと試みた。ドゥオーキンによれば，法という社会的実践の解釈もまた創造的解釈であり，可能な限り最善の理解を提示しようとするという意味では「構成的解釈」なのである。

会話の解釈と創造的解釈（構成的解釈）との対比は，大陸法系の法律学における立法者意思説と法律意思説との争いを思い浮かべれば理解しやすい。法の解釈に際して，前者は，立法当時に立法者が抱いていた意図を重視するのに対して，後者は，法を立法者の意図から独立した存在として捉え，解釈時における法自体の存在意義に注目する。ドゥオーキンの立場は後者に近いと言えよう。

3　法の一般理論

ドゥオーキンによれば，法の一般理論は構成的解釈を駆使して，法実務全体

を最善の光のもとに照らし出そうと努めなければならない。そのような法理論の候補として，ドゥオーキンは，①「慣例主義」，②「プラグマティズム法学」，③「純一性としての法」という三つの解釈的理論を取り上げ，③が最善の解釈であることを論証しようとする。

まず，「慣例主義（conventionalism）」（＝「規約主義」）は過去志向的な解釈的理論であり，「慣例（規約）による法（law by convention）」を尊重し，これから帰結することだけを法として扱う立場である。この立場によれば，裁判官が権利や責任を認めることできるのは，制定法や判例などの法的慣例すなわち過去の政治的決定が明示的にこれを認めている場合だけである。このように主張することによって，慣例主義は予測可能性を確保し，「不意打ち」が起こらないような公正な手続を保障することによって，人々が抱く期待を保護しようとする。しかし，ドゥオーキンによれば，慣例による法は完全ではないので，困難な事案において裁判官は過去の決定から結論を導くことができず，**裁量**を行使せざるをえない。この場合，法的慣例は役に立たないので，期待保護の理念は損なわれてしまう。

これとは対照的に，「プラグマティズム法学（legal pragmatism）」は未来志向的な解釈的理論である。この立場によれば，裁判官は過去の政治的決定を一切顧みることなく，社会の未来にとって最善の判決を下すべきである。したがって，もし法的権利を認めることが社会にとって悪い結果をもたらすようであれば，たとえ立法府や裁判所が制定法や判決においてこれを認めていたとしても，人々はその権利をもつことにはならない。もっとも，裁判官は，あたかも法的権利が存在するかのように振る舞うべきであり，その理由は，長期的に見れば，そう振る舞った方が社会にとって有益だからである。ドゥオーキンはプラグマティズム法学の主張をこのように捉えた上で，これを強く批判する。この解釈的理論は，集団的目標に対抗しうる「切り札」としての法的権利を否定するだけでなく，裁判官を欺瞞的な行為の遂行者とみなすからである。

ドゥオーキンが提唱し擁護するのは，「**純一性としての法**（law as integrity）」という第三の立場である。「純一性」の原語"integrity"は「統合性」あるいは「一貫性」などとも訳される。和訳の難しい単語であるが，『オックスフォード現代英英辞典』では「正直で，しっかりした道徳原理をもっているという特質」

と説明されている。ドゥオーキンによれば，純一性はしばしば「同様の事例は同様に扱わなければならない」という標語で表される理念であり，原理に従い首尾一貫したやり方で行動することを国家に対して要求する。それでは，純一性とは整合性（consistency）にほかならないのだろうか。両者の違いを正確に理解するためには，前述の原理と政策の対比を思い出す必要がある。ドゥオーキンによれば，純一性は整合性より多くのことを意味すると同時に，整合性ほど強い要求を行わない。まず第一に，純一性は，裁判官が原理との整合性を追求する際に，広範囲にわたって，しかも想像力に富んだ仕方で追求するように勧める。しかし第二に，純一性は原理に関するものであって，政策に関しては単純な整合性を要請しない。もう少し具体的に説明しよう。減税措置や補助金交付のような政策的判断については，整合性の要求は弱い。つまり，国家はその時々の状況を見ながら，政策を変更することができる。これに対して，損害賠償請求権のような権利に関わる原理的判断については，整合性が強く要求される。例えば，前述の内縁関係は，届出がない点を除けば，法律上の婚姻関係と異ならないから，純一性は前者の不当破棄に対しても損害賠償請求を認めるよう裁判所に要請するのである。

4 連鎖小説の比喩

　ドゥオーキンは，「純一性としての法」のもとで困難な事案について判決を下す裁判官の仕事を，「連鎖小説」を共同で執筆する小説家グループの活動に喩える。連鎖小説においては，グループに属する複数の小説家が次々に連鎖的に新たな章を書き上げ，その作品に付け加えていく。すなわち，各小説家は，それ以前に書かれたすべての章を読み解釈した上で，その作品を可能な限り最善のものとするように，あたかも作品全体をひとりの著者が書いたかのように，自分の章を書き加える。そのために，各小説家はその小説の性格や筋やテーマや趣旨などについて何らかの構成的解釈を採用しなければならない。ドゥオーキンによれば，この解釈は二つの次元においてテストされる。まず第一に「適合性の次元」である。各小説家の解釈は，それまでに書かれたテキストに適合していなければならない。しかしながら，テキストに適合する解釈は複数存在するかもしれない。その場合，第二の「実質的な美的判断」の次元に

おいて，複数の解釈のうちのどれがその連鎖小説を最善のものにするかを判断しなければならない。

ドゥオーキンによれば，裁判官は法という連鎖小説に新たな章を書き加える作者である。各裁判官は，他の裁判官が既に下した判決を含む長大な物語を解釈しながら，これを可能な限り最善のものとするように，判決を書かなければならない。裁判官の法解釈もまた，連鎖小説のテキスト解釈と同様に，二つの次元においてテストされる。すなわち，「適合性の次元」と「正当化の次元」である。まず第一に，純一性は原理における整合性を要求するから，裁判官の法解釈は，先行する既存の法実務全体に可能な限り適合的でなければならない。第二に，そのような適合的な法解釈は複数存在するかもしれない。その場合は，政治道徳の観点から，どの法解釈が法実務全体を可能な限り最善のものとするかを判断しなければならない。つまり，裁判の判決は，先行する法実務に可能な限り適合すると同時にこれを可能な限り正当化するような法解釈から引き出されなければならない。

ところで，前述のように，ドゥオーキンは「法命題の真理条件には道徳的な考慮が含まれる」と主張していた。確かに，彼の解釈理論を受け容れ，法解釈のテストには政治道徳の観点からの正当化という次元があることを認めるならば，法命題の真理条件から道徳的規準を排除することはできないだろう。しかし，そこに道徳的な考慮が含まれるとなると，法に関する理論的な見解の不一致が存在するような困難な事案において，はたして「正解」が存在すると言えるだろうか。ドゥオーキンは，困難な事案においても「正解」が存在するとか，あるいは法命題は「客観的な真理」を主張すると明言しているが，同時に彼は，弁護士や裁判官が異なった答えを出しうることを認めている。この点はどのように説明されるのだろうか。『裁判の正義』における説明によれば，命題が自らの真理をいかなる人の主観的な信念や選好からも独立した真理として主張するならば，その命題は客観的な真理を主張しているのである。法命題はこの意味において客観的な真理を主張するが，その主張が成功しているか否かは，その命題を支持する法的議論（論拠）に依存する。すなわち，「たとえ法律家がそう考えなくても，その事案の当事者には権利（あるいは責任）がある」と考えるまさにその理由に依存する。もしそれが十分な理由であると考えるなら

ば，その命題は客観的に真だと考えなければならない。客観性を説明するために，道徳的実在論のような形而上学的な仮定を立てる必要はないのである。

IV—おわりに

　ドゥオーキンの法理論は多くの論者に多大な影響を与えたが，またそれに触発された論者によって多くの批判や異論が提出されてきた。まず，法と道徳を分離することはできないという主張に対しては，法実証主義から二つの異なった応答がなされた。ラズ（Joseph Raz）に代表される「排除的実証主義」は，法をあくまでも社会的事実として捉え，法の概念から道徳的規準を排除する立場を堅持する。これに対して，コールマン（Jules Coleman）などが提唱する「包含的実証主義」は，法と道徳の間に必然的な関係があることを否定しながらも，場合によっては法が道徳的規準を含みうることを認めることによって，ソフトな形で法実証主義を擁護する。ドゥオーキン亡き後も，この論争は継続中である。次に，ドゥオーキンが採用した視点について，裁判官の「内的視点」を過度に重視しているという批判がある。すなわち，ドゥオーキンはハートのいう「外的視点」からの考察をおろそかにしているだけでなく，一般市民や行政官や立法者の内的視点もほとんど無視しているというのである。その結果，彼の「正解テーゼ」もまた批判の的となるが，森村進の評価によれば，それは「裁判官の建前上の議論をこれまでなかったほど好意的に説明したため関心を集め，そして意図的に建前論ばかり論じようとしたため批判を受けている」のである。これ以外にも，ドゥオーキンの法理論はアメリカ法以外の法体系を考慮していないという批判もあるが，本講においてはあえて日本法に関連づけながら説明を試みた。もし彼の法理論の射程が日本法への応用を許容するほど十分に大きいとすれば，この批判をあまり重視する必要はないだろう。

　最後に一言。本講の冒頭で触れた「ナチスの法もまた法か？」という問題については，ドゥオーキンも『法の帝国』の中で言及している。彼の見解によれば，ナチスの法も解釈以前的な意味においては法である。しかし，ある人が，ナチスの法は法体系に不可欠の特徴を欠いているという解釈上の判断に基づいて「ナチスの法は本当の法ではなかった」と言うならば，その人の言葉遣いは

この政治道徳的判断にとって適切であり，十分に理解可能である。これがこの問題に対するドゥオーキンの答えであるが，この答えの妥当性については，ハートやフラーの見解と比較しながら，自分自身で判断してほしい。

【参照文献】（外国文献については，本文中には原著の発行年を，ここでは邦訳の発行年を記す。）

H.L.A.ハート『法の概念』〔矢崎光圀監訳〕（みすず書房，1976年）

──『法の概念』〔長谷部恭男訳〕（ちくま学芸文庫，2014年）

L.L.フラー『法と道徳』〔稲垣良典訳〕（有斐閣，1968年）

R.ドゥウォーキン『権利論〔増補版〕』〔木下毅・小林公・野坂泰司訳〕（木鐸社，2003年）

──『原理の問題』〔森村進・鳥澤円訳〕（岩波書店，2012年）

──『法の帝国』〔小林公訳〕（未来社，1995年）

──『裁判の正義』〔宇佐美誠訳〕（木鐸社，2009年）

森村進『法哲学講義』（筑摩書房，2015年）

【高橋文彦】

★コラム 5　批判法学

　批判法学（Critical Legal Studies：CLS）とは1970年代に米国で生まれた反＝主流派法学であり，リベラリズムを中心とする主流派法学の理論的基盤を根源的に問い直すことで，法学領域全体への広汎な批判を企てた思想的な運動である。この運動は，1990年代以降，ポストモダン法学（本書15講を参照）へと形を変えながら，今日まで一定の影響力を維持し続けている。

　批判法学誕生の背景には二つの文脈があった。その一つは，フランスの五月革命（1968年）を嚆矢とする世界規模の学生運動である。米国では1962年に「民主社会のための学生同盟」が結成され，政府の軍国主義（ベトナム戦争）や人種差別への反対が表明されるとともに，これに加担する大学の権威主義的な体制にも異議申立てがなされた。彼らはヘルベルト・マルクーゼやアントニオ・グラムシの思想を理論的支柱としながら，従来の左翼とは一線を画する「ニュー・レフト」として学生反乱を主導した。もう一つの文脈は，リベラル・リーガリズムへの懐疑である。デイヴィッド・トゥルーベックは米国国際開発庁（USAID）の法律専門家として南米やアフリカでの法整備支援に従事したが，米国流の法と法学教育を通じたこの支援事業は失敗に終わる。教員として大学に戻ったトゥルーベックは，失敗の原因がリベラル・リーガリズム——法は国家権力を制限して個人の自由を実現するとともに，個人の行動をもコントロールしうる権威を備えている——に依拠した法の理解にあったと分析する。個人は法に従い，法は社会を変革するという信念は米国人のナイーヴな自文化中心主義に過ぎないと考えた彼は，やがて批判法学運動の下地を作ることとなる。

　この二つの文脈から批判法学を代表する二人の理論家，ロベルト・アンガーとダンカン・ケネディが現れる。アンガーは『知と政治』（1975年）で，ケネディは「私法における形式と実質」（1976年）で，それぞれ主流派法学としてのリベラリズムに対して根源的とも言える批判を展開する。さらに1977年には，ケネディとトゥルーベックが中心となって第一回批判法学会議が開催され，批判法学は法思想史上に一時代を切り拓くこととなったのである。

　しかし批判法学の理論は多様であり，その主張は時代とともに大きな変化を遂げている。それゆえ学派としての統一的な思想を見出すのは困難であるが，その草創期の理論や主張には次のような特徴が見られる。

　（1）法の不確定性：　批判法学は，法が常に不確定であると主張する。これは，法や法的推論が常に明確で一義的な結論を導くとは限らないと論じたリアリズム法学の形式主義批判をさらに押し進めたものである。そこでは，法の不確定性は部分的なものに止まらず，そのすべてが本質的に不確定であり，それにもかかわらず，法はその不確定性を隠蔽しているとの見方が示される。

（2）　法の非客観性・非中立性：　主流派法学では，法や法的推論が客観的で中立的な結論を導き出しているかのように語られるが，批判法学はそれらが幻想に過ぎないと主張する。彼らにとって，法は「政治」以外の何ものでもなく，法的推論はエリートや多数派による支配の一手段でしかない。こうした理解はリアリズム法学以上にラディカルな批判的視座を打ち出すものであった。

（3）　リベラリズムの根本的矛盾：　批判法学は精緻な読解を通じてリベラリズムの徹底した批判を企てる。そこでは，自己と他者が分断され，個人と共同体とが引き裂かれているという時代認識を背景に，リベラルな社会の法がこれら二項間の緊張関係を根本的な矛盾として抱え込んでいるとの診断が下される。

　しかし，こうした特徴を共有しつつも，ともにハーヴァード・ロースクール教授として活躍するアンガーとケネディの法理論ではその様相がまったく異なる。

　リオデジャネイロ出身の俊秀として知られるアンガーは前期の代表作『知と政治』でリベラリズムへの全面的な批判を展開した。彼によれば，リベラリズムはその心理学的次元において理性と欲求のアンチノミーを，政治理論の次元においてルールと価値のアンチノミーを抱えているとされる。リベラリズムは，個人の意思決定が理性と欲求に基づくことを前提としているが，欲求は恣意的であるがゆえに理性と欲求とは統合されえない。こうした「自己」の心理学から導かれたリベラリズムの知は常に矛盾を含むことになる。同様に，リベラリズムは形式的なルールの適用のみで社会秩序を維持することができず，実体的正義とも言うべき価値に依拠した問題解決を常に必要とする。しかし価値は主観的であり，個人主義の社会では人々に「共通の目的」も存在せず，価値に依拠した解決は不安定となる。結局，リベラリズムの法はルールと価値の間で引き裂かれるのである。これに対しアンガーは，価値の共有を志向する共同体の重要性を指摘し「有機的集団理論（theory of organic groups）」を提起した。

　しかし1983年，アンガーは『批判法学運動』を出版するとともに，『知と政治』に「あとがき」を付して，自らの見解を修正する。彼は批判法学の意義を再確認しつつも，もはやそこからリベラリズムの全面的な批判には向かわない。彼が焦点を当てるのは，現状を「必然性（necessity）」の名の下に再生産し続ける主流派の法的実践とその形成的構造（formative context）である。アンガーはこの構造を逸脱する対抗原理を示すことで必然性を解体し，別の法的実践の可能性を拡げるという逸脱主義理論（あるいは拡大理論）を提唱する。この理論に基づき，彼は米国憲法における平等保護の原理に対して脱安定化権（destabilization rights）という独創的な権利を提起する。この権利は，平等保護の原理によって覆い隠されている不平等や階層的支配を争点化し，現行法制度の変革を促すものである。他方，私法領域では契約自由の原理に対して共同体や公正という対抗原理が提起される。契約は当事者間の合意を原則とするが，実際には共同体の原理が契約を強制したり，公正の原理が契約を無効とする場合もある。彼は，こうした対抗原理を強調することで主流派の制度改革とその内的発展を促す「超リベラリズム（super-liberalism）」を提唱する。

　他方，批判法学のカリスマ的教祖とも言われるケネディは「リベラリズムの根本的矛

盾」を指摘したことで知られる。彼は、論文「私法における形式と実質」で私法解釈に内在するルールとスタンダードの対立に注目した。ルールは形式的かつ厳格な解釈適用を要請する観点であり、その背後には個人主義や自由市場といったリベラリズムの世界観が存在する。一方、スタンダードは柔軟な解釈適用を要請する観点であり、そこには利他主義や市場規制といった共同体主義の世界観が存在する。しかし、裁判官はこの対立を解消する一般原理を持たず、法的判断は常に決定不能の状態に陥る。その後、彼は1979年に「ブラックストーンの『イギリス法釈義』の構造」の中で、この対立と決定不可能性が個人と他者、あるいは個人と共同体との間の緊張関係に由来するとの見方を示す。すなわち、個人は他者や共同体なくしては自由を手にしえないが、他方で他者や共同体は個人に同一化や服従を強いるのであり、その意味でリベラリズムの社会は根本的矛盾を抱えている。そしてケネディによれば、「公的領域／私的領域」という区分を用いてコモン・ローを描き直すことで、この根本矛盾を隠蔽し、その正当化を図ったのがまさにブラックストーンだったのである。

　しかし、ケネディは1984年の論考で「根本的矛盾」テーゼを放棄する。彼の意図は、解決不可能な矛盾の指摘が保守派に現状肯定の理由を与えてしまうというものである。そこで彼は、法的言説に外在する世界観の対立に依拠するのではなく、法的言説の分析を通じた法内在的な批判に留まろうと考える。1997年に出版された『司法の批判』では、ポスト・マルクス主義的法理論の観点から米国司法の言説を批判的に分析するピンク・セオリー（pink theory）――「ピンク」はロシア革命時の「赤軍でも白軍でもない」という両義性を示唆しているとされる――が提起された。この理論によれば、米国の裁判官はその法的推論過程におけるルール選択の場面で、リベラル／保守というイデオロギーの対立から強い影響を受ける。しかし、裁判官たちは自らが特定のイデオロギーにコミットしているという事実を半意識的に拒絶し否認する。その結果、司法過程におけるイデオロギー作用は不透明なまま維持される一方で、裁判官は専ら技術的で非政治的な法的推論を繰り返しているかのような誤解が生じる。そして、この誤解こそが法の正統化機能と司法による現状肯定という効果をもたらすのである。しかしケネディは、こうした法内在的な分析と批判の後に、それに代わる法や制度を導入しようとはしない。彼は法への終わりなき批判を全うすることで、リベラル・リーガリズムの内側に留まろうとするのである。

　このように、批判法学は主流派法学のレトリックと法の現実との乖離を浮かび上がらせ、その後の法改革の可能性を示したという点で重要な役割を果たした。しかし、リベラリズムにおける法原理の対立は根本的矛盾とは言えず、競合する法原理を統合的に解釈しうる観点が存在するとの反論もロナルド・ドゥオーキンらによってなされている。たしかに、アンガーとケネディによる理論の修正が示唆するとおり、リベラリズムの矛盾を暴露するだけでは社会の変革を実現しえない。しかし、変革の可能性を切り拓いた批判法学のラディカルな思想は、主流派法学への抵抗戦略として今なお一定の地位を占め続けている。

［参照文献］

D．ケアリズ編『政治としての法——批判的法学入門』〔松浦好治・松井茂記訳〕（風行社，
1991年）

船越資晶『批判法学の構図——ダンカン・ケネディのアイロニカル・リベラル・リーガリ
ズム』（勁草書房，2011年）

【関　良徳】

13講 正義論の展開

「善き生」をめぐる多様な信念との関係

Ⅰ―政治理論の復権から「正義」の論争へ

　20世紀を代表する政治思想家の一人であるアイザイア・バーリンが、「政治理論はいまだに存在しているのか」という論文を発表したのは1962年のことである。この表題のような問いは、今日では一笑に付されるだろう。政治理論の世界においては次々と新しい著作が現われ、世界各国で多数の論文が書かれている。しかし第二次世界大戦後の世界において、データや観察を重んじる――つまりより科学的な――実証的政治学や、経済学、社会学などが華やかに発展する一方で、政治社会はいかにあるべきかを問うことで科学的には捉えきれない価値の問題を扱う政治理論は、非実践的・観念的であると思われ、これらの学問に比して、あまり注目されない低調な学問であった。

　ハーヴァード大学の倫理学者であったジョン・ロールズ（1921-2002）は、1971年に『正義論』を出版することで、そのような状況に大変革をもたらした。『正義論』でロールズは、収入や機会の分配の適切なあり方や、そのための社会制度などといった問題に関して、われわれが正しいと考える直観を洗練させ応答する、一連の哲学的原理を示した。この著作は公正な社会の作られ方という極めて実践的なテーマを具体的に論じたため、哲学者のみならず政治学者や経済学者の間でも大きな反響を呼び、政治理論の復活を印象付ける古典となった。

　ロールズ以降、政治理論は大きな発展を見たが、その中でも今日まで重要なテーマであり続けているのが、あるべき社会の像を示す「正義」は、人々が個人として抱いている「善き生」の構想と、どのような関係にあるのかという問題である。言うまでもなく、現代社会には様々な思想や信仰を持つ人々がおり、人はいかに生きるべきか――何が善き生なのか――ということについて、異なった信念を抱いている。ある人は禁欲的な宗教に基づいて生き、またある

人は快楽の追求こそが人生の目的であるべきだと考えるかもしれない。つまり，価値に関して多元的なのが現代社会の特徴である。多元的な社会では，あるべき社会の像についても，人々は様々な善き生に関する信念に基づいて構想するため，多様な見解が生じうる。他方で，そのような正義の構想は，ある程度同様でなければ，社会を治めるための素地とはならない。そうであるから，異なった信念を抱く人々が社会のあるべき姿について同様な正義の構想を抱くことがいかに可能であるかは，正義をめぐる議論において常に重要な問題となる。

　本講では，ロールズ以降の正義論において，正義が人々の持つ善き生に関する多様な信念との関係でどのように捉えられ，追究されてきたのかを，ジョン・ロールズ，マイケル・サンデル（1953-），ロナルド・ドゥオーキン（1931-2013）の政治理論を通して概説する。ロールズとドゥオーキンは，政治社会を自由や平等という抽象的な理念を基に批判し統制しようとするリベラリズムの立場に立ち，他方サンデルは，人々が共同体の中で受け継いできた具体的な宗教的・哲学的な思想信条を基盤にして社会を適切に運営しようとする，コミュニタリアニズム（共同体主義）の立場に立って，それぞれ価値に関して多元的な社会における正義を追究し，正義論の進展に大きく貢献した。特に，ロールズとドゥオーキンはそれぞれ正義の二原理，資源の平等という，具体的な政治プログラムを含む正義の構想を提示しているから，以下の概説ではそれらについても適宜解説する。

II—前期ロールズの『正義論』　　正義の二原理と原初状態

　ロールズの『正義論』の主題は，人々が作り上げる社会の諸制度がいかにして正義に適ったものになりうるのかを，正義の原理を通して示すことである。その際，原理は社会制度を対象としており，個人の行為や動機に対しては直接適用されない。この目的に従って提示された**正義の二原理**の内容を簡単に言えば，第一原理はすべての市民に平等な基本的自由と権利（例えば政治的自由や言論の自由）を保障すること，また第二原理は生まれによる境遇の不平等を是正した上で（例えば公教育の実施）すべての市民に機会の均等を保障し，その上で

生じる社会的不平等を，それが社会の最も不遇な者の利益になる限りで許すというものである。この原理においては，市民の境遇は，彼らがどのような人生の計画を持つにしても必要とする基本的な財を基準として測られる。基本財に含まれるのは基本的自由と権利，社会的な機会と影響力，収入と富などである。社会の最底辺に位置する人でさえ，これらの財に関して，社会に参加することから恩恵を受けているような状況が望まれるのだ。

　正義の二原理を導くにあたって，ロールズはロックやルソーに連なる社会契約論的な方法を用いた。社会契約論的伝統では，社会が成立する前段階としての自然状態を想定して，そこで人々はどのような社会や政府のあり方に合意するのかを考える。そしてそれが理想的な社会のあるべき像を示すとする。これは一種の頭の中での実験——思考実験——であるが，ロールズはこのような伝統に習って，**原初状態**と呼ばれるものを想定した。原初状態は，すべての人が公正な状況下で正義に関する原理を選ぶことを可能にする。よって，選ばれる原理も公正である。ロールズは自身の正義を**公正としての正義**と呼んだ。

> 公正としての正義では，平等を体現する原初状態は伝統的社会契約理論の自然状態に対応する……この状態の本質的な特徴には，自らの社会での位置，階層，地位などや，自然的な資産や才能の分布においての運，知力や強さなどを誰も知らないということがある……正義の原理は無知のベールの背後で選ばれるのだ。これによって原理の選択の際，自然的な偶然や社会状況の偶然によって誰も有利にも不利にもならないことが確かになる……正義の原理は公正な合意，または取引の結果なのである。（『正義論』第1章.3）

　原初状態とは，人々が自らをひいきすることなく，すべての人にとって公正であると考えられるような社会の基本的諸制度を定める原理を導くために，われわれが想定する仮想空間である。そこでは，人々は**無知のベール**を被ることにより，社会の中で自分自身と他人を区別するための要素を忘れてしまう。それには，自らの所属する社会階層や個人的信念，能力などがある。ただし，社会には財やサービスの希少性があり，そのためすべての人を満足させることはできず，それらの分配の規制が必要になることや，政治・経済・人間心理の基礎的知識などは知られている。つまり，無知のベールの下では，人々は社会とは一般的にどういうものかを知りながらも，自分がその中でどのような位置や

地位をしめるかを忘れてしまうのだ。このような状況下で，社会がその諸制度を通じて人々にどのように基本財を分配すべきかを考えるのである。その際，通常であれば人は自分の利益を大きくすることを考えそうだが，無知のベールは自分が誰であったかを忘れさせてしまうため，今や自らの人生に配慮するためにはすべての人の人生に平等に配慮せざるを得なくなる。つまり，自分自身のみに有利な社会は作れなくなるのであり，それはすべての人にとって公正なものになるだろう。

　さて，無知のベールの下で，自分と他人を同じく大事にするのであれば，すべての人に基本財を平等に分配するのが合理的であると思われるかもしれない。だが実際には，不平等を許した方が人々の働くインセンティヴになり，やがては社会全体で様々な財が生み出されることにより，すべての人の利益になると考えられる。そこで，基本的自由と権利以外の財に関しては不平等を認め，人々が社会から排除される要因ともなりうる機会の不均等を是正した上で，すべての人の利益になる不平等——つまり，社会の最不遇者でさえ利益を受けるような不平等——のみを許すことが，原初状態で人々が選び取る正義の原理の内容となるのである。

　ロールズの正義論は以上のように，公正な状況を想定して人々がどのような原理を選び取るかを考察するものである。ここで重要なことは，無知のベールは，すべての人が自分の個人的状況や信念を忘れることで，人々の善き生に関する信念の違いを乗り越えて，われわれが同様な正義の構想を抱くことを可能にしてくれるということである。そしてひとたびそのような正義の原理を得ることができれば，無知のベールはもはや必要なく，人々はその原理が作った社会制度上の規制が定める公正さの枠内で，自らの信念に従って自由に生きればよいのである。だが，人々が無知のベールを脱ぎ去ってしまえば，もはや彼らは自分の信念に従って生きるのであり，後から正義の原理に対して不満を持つにいたるかもしれない。つまり人々の善き生に関する信念と正義の原理が衝突するケースも想定されよう。しかし，前期のロールズは『正義論』の最終部（第3部）において，人々は正義の原理の枠内で他者とともに生きること自体を善と捉えることにより，正義の原理と自らの善き生への構想を一致させることができようになると論じている。『正義論』のロールズは社会の価値に関する多

元性について楽観的であった。この点は後年，大幅に見直されることになる。

Ⅲ——コミュニタリアニズムの登場　　「負荷なき自我」の批判と共通善の政治

　ロールズの戦略は巧みだが，原初状態で選ばれた正義の二原理に，われわれは積極的に従えるだろうか。彼の正義の原理は恐ろしく抽象的であり，またわれわれの生活上の実感からは遠い。人々は社会生活をどう生き，そこから何を得るべきなのかということについて，われわれはすでに，歴史的に積み上げられてきた教訓や思想を数多く持っている。そして，それらは実際にわれわれの人生観や生活に大きな影響を与えている。これらを無視して抽象的な原理を作り，実行しようとすることはあまりに乱暴なのではないか，という批判もあるかもしれない。つまり，われわれの住む世界は一から好きなように選択を通じて作られる創作物ではなく，歴史や伝統の中から生じ，受け継がれてきた共同体であるとし，そのような歴史や伝統の器としての共同体がなければ，そもそもわれわれは道徳的にものを考えることも，正義を論じることもできない，というのである。もしそうなら，ロールズの正義の原理は，地に足のついた道徳的信念を離れて，原初状態という想像の世界を漂う根無し草に過ぎないと批判されうる。このような観点は実に，ロールズの一大批判勢力となったコミュニタリアン（共同体主義者）たちの正義構想に具現化されていく。共同体主義者とされる思想家は多いが，ここでは『自由主義と正義の限界』（1982年）や『これからの「正義」の話をしよう』（2009年）などで日本でもよく知られるサンデルを取り上げる。

　サンデルによれば，ロールズは**負荷なき自己**を想定して理論を構築しているが，それは不適切である。つまり，ロールズにおいては現実の自分自身を形作っている共同体の歴史や伝統に由来する道徳感覚から切り離された——負荷を負うことがない——者が正義の原理を作り出す。ここで，正義は各個人が具体的に現実世界で抱いている善き生に関する信念から切断されている。そして，ひとたび正義が命じることが分かったならば，人々は自分の信念を押さえ込んででも，正義に従うことになる。さらに，人々はそのような原理を作り出すために，無知のベールによって自分が何者であるかを忘れ，同様の思考に

よって同一の原理を選ぶ。サンデルの観点からは，これは問題である。現実に
われわれが直面する政治上の道徳的問題——例えば移民や同性婚の問題——に
関して，そこに深く絡んでいる共同体の歴史や伝統に根ざした信念を検討する
ことなく，それに指示を与えるような抽象的な正義の原理を追究することは，
たとえ可能であっても望ましくない。

　そもそもわれわれが政治社会で互いに負い，自らの信念や理念の源泉ともな
る様々な道徳的責任や義務は，抽象的な合意や選択によって生じたものではな
い。むしろそれらは歴史や伝統を通じて生じ，引き継がれ，われわれが否応な
く引き受けているものだ。また，同時にそれらは，われわれが自らが何者であ
るかを理解し，道徳的に適切に振舞うためには欠かすことができない基盤でも
ある。サンデルはこう述べる。

> このような［家族，共同体，国家などへの］忠実さは，私がたまたま持つ価値や，「い
> つでも支持する」目的以上のものなのである。それは，私が意図して負う義務や人間
> 一般に対して負う「自然的義務」を超えている。それは，私が行った合意を理由とし
> てではなく，相まって私が何者であるかを部分的に決めてしまうような，ある程度持
> 続する愛着や献身によって，正義が命じまたは許していることをさえ乗り越えて，私
> がある人々により多くのものを負うことを許すのだ。(『自由主義と正義の限界』　結
> 論)

人々のこのような状況を真剣に受け止め，そこから社会のあるべき像を探るこ
とこそが適切である，というのがサンデルの見解である。

　ただし，共同体において人々が培ってきた歴史や伝統を重視するといって
も，それは共同体において多数者が抱いている信念を押し付けることを意味し
ない。むしろサンデルは，そのような意味に理解されたコミュニタリアニズム
を拒絶する。彼が提唱するのは，歴史や伝統によって価値があるとされ，われ
われの信念を構成しうるもの——例えば性に関する道徳や言論の自由——がい
かに人間をより政治的に道徳的な存在，つまりより善き市民にするかを考え抜
くことである。

　これを受けてサンデルが主張するのが，**共通善の政治**である。すなわち，
人々の抱く善き生に関する多様な信念に基づいた政治道徳を前提として，それ
らが一様な原理や理念に還元できないことを認めた上で，それでもなお，人々

が共通して受け入れ可能な善き生と善き政治社会の構想——共通善——を求め続けることである。それのような共通善には，すべての人々への配慮を行うことと，彼らが共同体のメンバーとして，積極的に公的生活に参加し，自らの信念を表明することを可能にすることが含まれるだろう。共通善の政治は，原理主義的な宗教的・道徳的信念のぶつけあいや押し付けとは異なり，皆のものである政治共同体を皆の努力と協力で維持し続けるという根本的動機に支えられているのである。正義とは，共通善を目指す人々が，互いの善き生に関する信念を提示しあい，善き市民とは何かを共に考え，切磋琢磨する中で形成されるものであるのだ。

　サンデルのロールズ批判は誤解に基づくという意見もあるが，彼の議論が正義論にとっての重要な論点を指摘したことは否めないだろう。そして実に，後期ロールズの思想はこれらの点において大きな展開を見る。

IV—後期ロールズの理論　　重なり合う合意と公共的理性

　『政治的リベラリズム』（1993年）や『公正としての正義 再説』（2001年）に代表される後期ロールズの政治理論では，正義の原理の作られ方，また用いられ方が，民主主義社会で育まれた人格と社会に関する構想に依存することが明らかにされた。その結果，正義の原理は民主主義的な政治社会が生み出し，引き継いできた公的政治的文化に支えられていることが明らかになる一方で，人々が個人として抱く善き生に関する道徳的信念とは一定の緊張状態にあり，距離を持つことが明確になった。

　ロールズは，彼の主張する正義の原理の性格を，次のように明らかにする。

　われわれは宗教的寛容や奴隷制拒絶の信念といった不動の確信を集め，これらの確信に含意された基礎的な思想や原理を，首尾一貫した正義の政治的観念に仕立て上げようと試みる……よってわれわれは，暗黙のうちに承認された基礎的な思想や原理の共有資源としての公的文化そのものに，頼ることから始めるのだ。（『政治的リベラリズム』Ⅰ．1．）

　民主主義社会の公的政治文化の中に含まれている思想や原理は，民主主義的

な社会やそこに生きる市民がどのようなものであるべきかに関する政治的な見解に結実し、ロールズの正義の原理を支える。第一に、市民は正義の原理を理解しそれに従う能力を持ち、またその枠内で自分自身にとっての善き人生とは何かを定め追求することができる、という二つの道徳能力を持つものとされる。さらに、市民はこのような道徳的能力を持つ者として、互いに自由かつ平等であると理解している。第二に、社会はそのような市民たちが共有された正義の規約——つまり正義の原理——に従って運営する公正な協働体であるとされる。正義の原理はこのように捉えられた市民と社会のために作り出されると理解されるべきである。

　すなわち、正義の原理は政治的由来を持つのであり、いかなる宗教的、哲学的教説にも基づかない。このような立場を**政治的リベラリズム**と呼ぶ。

　ロールズは、自らの正義の原理は民主主義社会において、政治的リベラリズムの下であれば、市民によってあまねく受け入れられることが十分に期待できると言う。このことをよく示すのが、**重なり合う合意**というアイデアである。ロールズによれば、民主主義の政治的見解に根ざした正義の原理は、人々の宗教や思想信条の違いにもかかわらず、各個人の抱く宗教や思想信条に基づいて、合意を得られるという。というのも、民主主義社会における道理ある宗教や思想信条は狂信に陥ることがなく、またそれらは道理をわきまえた市民によって発展・信奉されているので、民主主義社会の公的政治文化から引き出された正義の原理の重要性を十分に認識し、それぞれの立場から合意を与えることができるからである。

　さらに、具体的な政治の文脈では、憲法の内容のような、社会の根幹を定める立法・政策について争う際、人々は自身の個人的な宗教的、哲学的信念に依存せず、むしろ正義の原理やそれが表す政治的諸価値（平等な自由や機会の均等）を第一に考えて、立法・政策に関する賛成、反対の議論に参加し、投票を行うという。その際用いられる、正義の原理に基づく理由（例えば人種差別の禁止）や特定の宗教や思想信条に依存しない議論の基準（例えば科学的検証）が、市民が用いる特別な理性としての**公共的理性**を形作る。人々は重大な政治的議論において公共的理性をもっぱら用いるので、例え意見が大幅に対立するような政治的討論や政治的決定の場面でも、およそ不可解な立場というものはありえ

ず，安定した政治運営が可能になる。そのため，政治道徳的な問題を考えるために，サンデルが言うように，直ちに個人的な思想信条を持ち出す必要はない。それはせいぜい，人々の相互理解を促進させる程度の補助的役割しか持たない。

後期ロールズとコミュニタリアンとの違いは明らかである。彼は正義の原理が民主主義社会の伝統や文化に依存することを認めても，個人的な信念と正義の原理を直接に結び付けない。個人的な信念は正義の原理に外から合意を与えるものの，前者から後者が導かれることはない。ロールズによれば，正義の原理はあくまでも政治的問題を考えるため，政治的由来を持つ人格や社会の構想から作られるわけだから，これは当然である。またそうすべき積極的な理由もある。つまり，重なり合う合意を得られるような政治的な正義の原理は，人々の善き生に関する信念の基盤となる，ある特定の人生観や世界観を教えるような宗教的・哲学的教説——包括的教説という——を含むことができないのである。政治の道徳は個人の道徳ではないし，その逆でもない。

ロールズは，政治上の道徳問題を考える際に，個人としての信念を離れて，政治的原理に身をゆだねるという道徳的観点の二分化を求めている。だが，われわれが政治的課題を考える際，このような態度は極めて不自然に思われるかもしれない。そこで，ロールズのように人々が一般的に支持すべき正義の理念を構想しながら，なおかつ，人々の個人的信念や倫理において善き生はどのように捉えられるべきか，という議論も避けないような方向性が模索されることになる。20世紀後半から21世紀初頭において最大の法哲学者の一人であったドゥオーキンは，彼自身が適切であると考える善き生の構想を語ることを避けずに，理論を作り上げた。

Ｖ—ドゥオーキンの理論　　資源の平等と尊厳のための政治

ドゥオーキンは，解釈主義の法哲学を提唱したことで著名であるが，政治理論においても顕著な業績を残しており，彼の政治理論は，『平等とは何か』（2000年）にまとめられた諸論考においてうかがい知ることができる。

正義論の分野において，彼は次のように，正義を善き生の構成要素として捉

える独自の議論を展開した。人間にとっての善き生とは，自分の人生が，何らかの影響を社会に対して与えること（善き生の影響モデル）ではなく，自分に与えられた環境に対して，適切に対応していくことそれ自体を指す（善き生の挑戦モデル）。その際，自分に与えられた社会の環境は，それを基に自分自身の人生の挑戦の目的を決めるための素地——パラメーター——となるか，または挑戦としての人生に対しての阻害要因となるかである。そして正義は，各人に善き人生としての挑戦を行うための適切な背景が提供され，各人が社会において適切な挑戦のパラメーターに出会うことを可能にするために求められるとする。つまり，正義は善き生の構成要素なのである。

　ドゥオーキンによれば，そのような正義は政治社会の構成員であるすべての人々に，適切な資源の分配を通じて，平等な配慮と尊敬を払うことを意味する。そのような資源の分配をドゥオーキンは次のように思考実験を通じて導き出す。まず，すべての人が無人島に漂着し，新たに社会を作り直す必要に直面したと考えてみてほしい。そこで人々が平等な配慮と尊敬に値するならば，すべての人が他人をうらやむことがなく，自分の持っている資源で満足できるような状態——無羨望状態——を作るべきである。そのためにドゥオーキンは，この島の資源をオークションにかけることを提案する。人々はオークションに招かれ，同じ額の貝殻の貨幣を与えられる。人々は島のあらゆる資源をオークションで競り落としていき，やがてオークションが終われば，すべての人は自分の意向にのみ従って自分のほしいものを得る。当初与えられた貝殻貨幣の額は同一なので，誰も他人の資源の持分をうらやむことがない。しかし，オークション後に社会が運営される段階になれば，人々は競り落とした資源を使って社会活動を営むが，やがて才能の違いや運によって資源の持分を増減させ，無羨望状態は破られるだろう。ドゥオーキンはここで，人々の資源の増減は，自らの意向の結果であればやむをえないが，それが才能の違いや運の違いによるものであることは不適切であると考える。人々は自分の意向には責任を負うべきだが，才能や運には責任を負うべきではないからである。そこで，才能や運の違いによる資源の不平等を是正しなくてはならない。ここで採用されるのが，保険をオークションで売るというアイデアである。再びオークションの場面に戻ろう。ここで，様々な資源とともに，将来の才能や運によって生じる資

源の損失を補ってくれる保険が売り出される。これを買うか買わないかは個人の意向によるから，将来その人の資源の持分がどうなるかは，大部分がその人の意向のみを反映するものとなるだろう。そして，合理的な人間であれば，おそらくそのような保険を同じような程度，購入するだろう。この保険があれば，たとえオークション後の社会で不平等が発生しても，無羨望状態からの極端な逸脱を防げるに違いない。

　このストーリーが示すのは，正義とは，各人の資源の持分が本人の責任の下にある意向のみを反映し，本人が責任を取れない自身の才能の有無や運を反映しないような状況を作ることにある，ということだ。政府が行っている福祉の制度も，このような目的を持つと理解されうる。これが人々の善き生の背景となるべき，**資源の平等**の理論である。ここで，ドゥオーキンが人々は自らの意向に対して責任を取るべきだと主張したことは重要である。彼はその理由として，人々をまともな判断力を持った人格として尊重するためであると言う。翻って言えば，われわれはまともな自己決定をする責任を持つということが，ドゥオーキンの正義の議論の背景にある発想である。

　さらに，2011年に出版された『ハリネズミのための正義』と題する晩年の著書でドゥオーキンは，人々が個人としてどのように善き生を送るべきかという意味での「倫理」と，人々が他者に対してどのように振舞うべきなのかという意味での「道徳」がいかに結びつくのかを検討し，正義をその結びつきの中に改めて位置づけ，彼の包括的な政治理論を明らかにした。

　ドゥオーキンによれば，人間の「倫理」の核心にあるものは，われわれは善き人生を生きる責任を持つ，という思想である。ここでの善き生とは，先述のとおり，ある人の人生が社会や世界にもたらす影響ではなく，あくまで生きるというプロセスそれ自体に求められるべきものである。このような善き生のあり方，パフォーマンスのされ方を決めるのが，ドゥオーキンが二つの倫理原理と呼ぶものである。第一は**自尊の原理**であり，それは各人が自身の人生を真剣に受け止め，それが善き生となるようその成功に努めるべきことを意味する。第二が**真正性の原理**であり，各人は自身の人生において，何が人生の成功を構成する要素になるのかを，各人のおかれた状況を前提として決める責任を負っていることを示す。ドゥオーキンによれば，自尊と真正性が各人の**尊厳**を構成

しており，善き生とはこのような尊厳を保つことのできる人生なのである。

さらに，尊厳という思想には，自分のみならず他者の人生も同様の価値を持つものであることを認めることが含まれている，とドゥオーキンは主張する。つまり，善き生の価値は客観的に誰にでも当てはまるべきものなのであり，ここから他者に対してわれわれはどう振舞うべきかを決める「道徳」が始まる。政治社会には，尊厳ある善き生を平等に可能にしていくことが要求される。

このことを前提として，正義とは各人の人生がどのように営まれるかについて平等に配慮し，さらに各人が自らの人生に対して持つ責任を平等に尊重することである。ドゥオーキンはこう述べる。

> いかなる政府も，二つの最も支配的な原理に従わなければ正当ではない。その第一は，政府はそれが支配しようとする各人の命運に平等な配慮を示すことである。その第二は，人生をいかに価値あるものにするかに関する自己決定を行う各人の責任と権利を，政府は完全に尊重しなくてはならないことである。(『ハリネズミのための正義』Ⅰ)

そしてその正義は，先に述べた資源の平等を当然含んでいる。もちろん，正義の内容については争いがあるかも知れず，政府は必ずしもすべての人が納得するような正義を追求できないかもしれないが，尊厳の実現に向かって努力する政府は，完全に正義に適うことがなくても正当であり，市民はその定めるところに従うべきであるとされる。また，正義を前提とした上で，人々は倫理的に独立した存在として，自らの人生を自由に生きる権利を持つ。つまり，各人の倫理的な生活は道徳によって定められた限界に従う。ここでも再び，正義は善き生の構成要素である。さらに，人々の尊厳に対して平等に配慮と尊敬を払う政治は，具体的な政治的決定においても人々が役割を果たすことができるもの，すなわち民主的なものである。だが民主主義はしばしば，多数者に特権的地位を許す政治体制として批判されてきた。そこでドゥオーキンは，民主主義を単なる多数決定のシステムとして見ることをやめ，政治的決定における平等なパートナーシップを実現する政治体制として理解するよう主張する。単なる多数決民主主義は多数者の意見を基に政治的少数者の自由や権利の侵害を起こしうるが，パートナーシップの民主主義は人々の善き生に対して平等な配慮

と尊敬を払うことをそもそもの目的とする体制である。ドゥオーキンはこの民主主義の理念を根本として，代表制などの政治の諸制度を見直すよう主張する。

　以上のようにドゥオーキンは，人々はいかに生きるべきか，というロールズが避けたテーマを引き受け，むしろそれを彼の理論の根幹にすえて正義を論じた。但し，ドゥオーキンの唱える善き生は，挑戦モデルや尊厳の考えに見られるように，特定の宗教や伝統に基づかず，人々の自己決定への責任に重きをおいており，様々な立場を許すものである。そこで，ドゥオーキンの理想とする政治社会は，共同体主義者が言うような歴史や伝統，またその中で育まれた具体的な宗教や道徳のレールの上で人々の統合を狙うようなものではない。それは，人間の自尊や真正性，尊厳などといった，抽象的で人々の独立と自己決定を重視する理念が各人の善き生を形作り，そのことによって人々が統合されていく政治共同体であるのだ。正義はそのような共同体の構築にあって中心的な役割を負うのである。

VI―おわりに

　本講では，現代社会において人々の善き生に関する信念が多様化する中で，リベラリズムやコミュニタリアニズムの立場から，多様な人々の間で実現されるべき正義――あるべき社会の像――がどのように探究されてきたのかを概説した。ここで，リベラリズムにおいても，コミュニタリアニズムにおいても，社会における価値観の多元性が否定されることはないことに注意するべきである。つまり，ただ一つの究極的とされる宗教的・哲学的教説や価値が正義の内容に祭り上げられることはなく，その意味で，「真理」が支配する政治が望まれることはもはやない。しかし，市民が抱いている善き生に関する信念や，その背景にある道徳的・宗教的真理の探究が，やがて彼らの政治的活動や決断に影響を与えていくという事実もまた，軽視されることはない。そうであるからこそ，正義の追求と善き生に関する多様な信念の追求に折り合いを付けようとする試みが行われたのである。それはロールズでは個人的道徳と政治的道徳の観点を二分することであり，サンデルでは共通善を目指すという，多様な信念

を前提とした意見集約の方向性を設定することであり，ドゥオーキンではすべての人に当てはまるべき善き生の観念として尊厳を提示しながらも，そこに自己決定の重要性を組み込むことであった。今後の正義論の発展においても正義と善き生の関係をめぐるテーマは繰り返し現れ，論じ続けられるだろう。本講で扱った三人の理論家は，その際に参照されるべき有力なモデルを，それぞれ提供したと言える。

【参照文献】

ジョン・ロールズ『正義論　改訂版』〔川本隆史他訳〕（紀伊国屋書店，2010年）

──『公正としての正義　再説』〔田中成明他訳〕（岩波書店，2004年）

ロナルド・ドゥウオーキン『平等とは何か』〔小林公他訳〕（木鐸社，2002年）

マイケル・サンデル『自由主義と正義の限界　第2版』〔菊池理夫訳〕（三嶺書房，1999年）

──『これからの「正義」の話をしよう──いまを生き延びるための哲学』〔鬼澤忍訳〕（早川書房，2010年）

チャンドラン・クカサス，フィリップ・ペティット『ロールズ──「正義論」とその批判者たち』〔山田八千子他訳〕（勁草書房，1996年）

スティーブン・ムルホール，アダム・スウィフト『リベラル・コミュニタリアン論争』〔矢澤正嗣・飯島昇蔵訳〕（勁草書房，2007年）

ウィル・キムリッカ『新版 現代政治理論』〔千葉眞他訳〕（日本経済評論社，2005年）

大澤津「ロールズ──社会協働と正義の原理」（仲正昌樹編『政治思想の知恵』法律文化社，2013年所収）

種田佳紀「サンデル──公共性と共和主義」（仲正昌樹編『政治思想の知恵』法律文化社，2013年所収）

Dworkin, R.(2011). *Justice for Hedgehogs*. Cambridge, Mass.: Harvard University Press

【大澤　津】

14講　リバタリアニズムの法思想
ハイエク，ノージック

I—リバタリアニズムとは何か

　リバタリアニズム（libertarianism）とは，「自由尊重主義」や「自由至上主義」とも訳される，現代正義論における一つの立場である。リバタリアニズムの基本的な考え方は，個人の自由こそが最も重要な価値であるとするものである。私有財産権や自由市場は，個人の自由と不可分な関係にあるものとして擁護される。したがって，リバタリアニズムにおいては，私有財産権の制約や，国家による市場への介入は，個人の自由を侵害するものとして厳しく批判されることとなる。たとえそれが，自由市場における経済活動の結果として生じた富の不平等の是正を目的としていてもである。人々の間の経済格差をできるだけ縮小するという意味での経済的平等は，リバタリアニズムにおいては正義の問題にはならない。

　リバタリアニズムが最重要視する個人の自由は，経済活動の自由にとどまるものではない。思想・信条の自由，表現の自由など精神的な自由も同様に尊重される。個人の自己決定権が及ぶ範囲を可能な限り広く認め，他者から介入されない個人の私的領域を尊重するのである。

　このように個人の自由の尊重を強調するリバタリアニズムが台頭したのは，1970年代末から1980年代にかけてであり，オイルショックや貿易赤字などの世界的な経済不況が生じた時期と重なっている。困難な財政状況のなかで，福祉国家体制の維持に対する原理的な批判を掲げて登場し，福祉国家体制を支える平等という価値に代えて個人の自由という価値を強調したのである。

　基本的に，個人の自由を侵害するものとして政府を捉えるリバタリアニズムは，国家の機能は小さい方がよいと考える。とはいえ，国家の機能をどこまで認めるのかについては見解が分かれる。**無政府資本主義**（アナルコ・キャピタリズム）とは，国家の存在自体を否定し，すべての国家機能を市場が提供するこ

と，すなわち，民営化することを主張する。民営化される国家機能の中には，司法・治安・国防も含まれる。これは，リバタリアニズムの中でも最も極端な立場であり，主な論客としては，M.ロスバード（Murray N. Rothbard），M.フリードマン（Milton Friedman）の息子であるD.フリードマン（David Friedman）などが挙げられる。彼らの専門領域が経済学であることは興味深い。最小国家論とは，司法・治安・国防のみを国家機能として認めるものであり，哲学者のR.ノージック（Robert Nozick）や，客観主義という独自の哲学を展開した作家のA.ランド（Ayn Rand）らが代表的な論者である。そして，リバタリアニズムのうち最も穏健な立場が，F.A.ハイエク（Friedrich von. A. Hayek），M.フリードマン，J.M.ブキャナン（James M. Buchanan）などの経済学者が主張した古典的自由主義である。無政府資本主義や最小国家論ほどにはラディカルではないが，司法・治安・国防に加えて最小限度の公共財を提供することしか国家機能としては認めないため，福祉国家主義からすれば決して穏健な主張とは言えないだろう。

このように，どのような国家像を描くのかという点では一枚岩ではない。しかしながら，リバタリアニズムの根底を貫くのは，「国家権力そのもの」や「国家機能の拡大」に向けられた懐疑の眼差しである。そのようなリバタリアニズムの視座からは，広く法思想について何が言えるのだろうか。以下では，リバタリアニズムの論客のなかでもとりわけ法や権利に着目して持論を展開した，ハイエクとノージックの議論を取り上げてみたい。

Ⅱ—ハイエクの法理論　　自生的秩序としての法

ハイエクがその名を広く世の中に知らしめるきっかけとなった『隷属への道』がイギリスで刊行されたのは，まだ第二次世界大戦中の1944年であった。その中でハイエクは，社会主義がやがては全体主義を導くと捉えたうえで，全体主義とともに社会主義計画経済を批判した。ハイエクによれば，全体主義も社会主義も，その根底にあるのは，中央集権的な決定によって社会を計画通りに動かすことができるとする設計主義の考えであり，これこそが個人の自由を抑圧するものにほかならないというのである。ハイエクの全体主義批判は，その後

の東西冷戦構造の中で，自由主義陣営の優位を説くための拠り所として大きな役割を果たした。

　自由市場経済の守護者としての側面ばかりが強調されがちなハイエクだが，『自由の条件』（1960年）や『法と立法と自由』（1973-79年）では，自由社会における法とはいかなるものかという問題に取り組んでいる。興味深いのは，ハイエクにおいては，統制経済や国家による所得の再分配を批判し自由市場経済を擁護する議論も，自由社会における法に関する議論も，ともに「自生的秩序（spontaneous order）論」という，社会秩序の捉え方から導き出されるということである。

　それでは，**自生的秩序**として法を捉えるハイエクの法理論とはどのようなものなのだろうか。

　まず，自生的秩序論の前提にある設計主義的合理主義批判に目を向けてみよう。ハイエクによれば，合理主義には，設計主義的合理主義と進化論的合理主義の二つがある。設計主義的合理主義とは，「全ての社会制度は熟慮の上の設計（design）の産物であり，そうあるべきであるとする」（『法と立法と自由Ⅰ』12頁）考え方である。これによれば，人間は，あるべき社会像について描いた青写真にしたがって社会制度を構築することが可能であるとされる。最も分かりやすい例としては，中央集権的な計画経済を挙げることができるだろう。しかしながら，「われわれが社会過程を決定する特定事実のほとんどについて修復不能なほど無知であるという事実」（『法と立法と自由Ⅰ』21頁）というように，人間の宿命的な無知を強調するハイエクにとって，設計主義的合理主義とは人間の理性の限界を無視した傲慢な考え方である。このように，理性を万能視して，人間が計画通りに理想的な社会を実現することができると考えることは，全体主義に連なるものとして厳しく批判される。設計主義的合理主義を退けてハイエクが支持するのは，進化論的合理主義である。進化論的合理主義とは，人間の理性の有限性を認識した上で，社会秩序を変化し進化するものとして捉える考え方である。進化論的合理主義の立場からすれば，人間が設計したルールに基づいて社会制度を構築し，その社会を繁栄させることができるというのは幻想にすぎない。

人間が成功するのは，自分が実際に守っているルールがなぜ守られるべきであるかという理由を知っている，あるいはこれらのルールを言葉で言明できるからではなく，人間の思考や行為が，彼の住んでいる社会のなかで淘汰の過程を通じて進化を遂げ，かくして，数世代の経験の所産となっているルールによって，支配されているからである。（『法と立法と自由Ⅰ』19頁）

　つまり，社会を繁栄に導くルールは，人間が熟慮に基づいて設計できるものではなく，試行錯誤の過程を経て常に後付けにしか認識することはできないのである。進化論的合理主義は，自由主義を支えるものとして位置づけられる。
　以上のような二つの合理主義に対応して，ハイエクは，秩序にも「自生的秩序」と「組織」の二つのタイプがあるとする。自生的秩序とは，人間の行為の結果ではあるが人間の設計の産物ではないものであり，進化論的合理主義によって説明されるものである。このタイプの秩序は，人々が目的独立型の行動ルールに従うことを通じて生じ，環境に適応し進化するものである。自生的秩序の例としては，言語，市場，道徳，伝統などがある。もう一つのタイプの社会秩序は組織と呼ばれる。組織とは，特定の目的の実現のためにつくられた秩序であり，設計主義的合理主義的な発想と重なる。組織の例としては，家族，軍隊，工場，会社，政府などが挙げられる。
　進化論的合理主義を自由主義と結びつけて擁護したように，自生的秩序の尊重は自由社会の実現のためには不可欠であるということをハイエクは強調するが，組織の必要性を全く否定するものではない。組織もまた，より包括的な自生的秩序における一つの要素として位置づけられるのである。
　ハイエクが自生的秩序と組織の区別を強調することによって注意を促したいのは，組織とは異なり，自生的秩序を人為的に自在に操作することはできないという点である。人間は自生的秩序を思い通りに動かすことができると考えることは，設計主義的合理主義の発想に基づいている。自生的秩序である市場への国家介入は，まさにこれにあたる。市場での活動の結果として成功する者と失敗する者が生じるのは，人々の運と腕によるものであって，誰かが意図的に操作したせいではない。自生的秩序である市場での活動の結果について，正義や不正義を問うこと自体不適切であり，したがって，分配の正義を求める社会的正義は幻想にすぎないとハイエクは主張する。「個々人が何をなすべきかを

命令される指令あるいは命令経済（軍隊のような）でしか，「社会的正義」に意味を与えることはできない。どんな特定の「社会的正義」概念もそのような中央指令体系でしか実現されえない」（『法と立法と自由Ⅱ』100頁）。分配の正義の実現を求めて国家が市場に介入し規制することは，設計主義的合理主義の誤謬であり，自生的秩序である市場の機能を歪めるものとして厳しく批判されるのである。

　二種類の合理主義と秩序に関する整理を踏まえた上で，次にハイエクが法をどのように捉えているのかみてみよう。自生的秩序と組織という秩序の区別に対応して，法も「ノモス」と「テシス」に区別される。自生的秩序としての法であるノモスは，立法によってつくられた法ではなく，裁判官によって発見される法であり，ハイエクの念頭に置かれているのはイギリスのコモン・ローの伝統である。ノモスは，正義に適う行動ルールとも呼ばれ，その内容は一般的，抽象的，消極的である。他者から侵害されない個人の保護領域を定め，私有財産権を確立し保護するルールであり，私法に相当する。ハイエクは正義に適う行動ルールの例として，D.ヒュームの三つの基本的自然法（所有の安定，同意による移転および約束の履行）を挙げている。ノモスが定めた各人の保護領域のなかで，人々は自由に自らの計画を立て，それを通じて行為秩序の形成が可能になる。自由社会を可能にするのが自生的秩序であるのと同じように，自生的秩序であるノモスは「自由の法」と表現される。

　一方，組織としての法はテシスと呼ばれる。テシスとは，議会によって立法されたものであり，特定の目的の実現を意図して下された命令である。行政法を中心とする公法がテシスにあたる。

　ハイエクは，自生的秩序であるノモスも，立法によるテシスもともに法として認めるが，あくまでも本来的な法——ハイエクにおいては自由と結びつく法——はノモスであると考える。ノモスは裁判官によって発見される法であることが強調されるが，ハイエクはノモスの立法の可能性を排除するわけではない。なぜなら，自生的秩序としての法が望ましくない方向に発展する可能性もあり，そのような場合には熟慮の上での立法による修正をせざるをえないからである。もちろん，立法による修正も，既存のノモスとの内的整合性を維持する観点から，慎重に行われなければならない。

これまでみてきたように，ハイエクは，「人々の営みの中から生成された法」
と，「人々の熟慮による設計に基づいて作られた法」という法についての二つ
の見方のうち，前者を重視する。そして，後者の見方を，実定法こそが法であ
るとする法実証主義と重ねて厳しく批判する。しかしながら，立法されたもの
が法であるとする考え方の何が問題なのだろうか。ハイエクによると，正義に
適う行動ルールであるノモスを，特定の目的実現のための命令であるテシスか
ら区別することができなくなることが問題なのである。ノモスとテシスの区別
がなくなれば，自生的秩序であるノモスが軽視され，立法の内容について制約
が無くなり，やがては，個人の自由を抑圧する法も，法として認められること
になる。つまり，実定法こそが法であるとする法実証主義は，設計主義的合理
主義に依拠するものであり，全体主義を導く可能性を否定することはできない
というのである。

　ハイエクの法理論の特徴として，「法の支配」の重要性を強調することにも
触れておかねばならない。法の支配は個人の自由を保障する砦であるが，それ
は単なる合法性を意味しているのではない。ハイエクは，法の支配の理念を，
法がどうあるべきかに関する「超-法的な原則」として捉えている。つまり，
法の支配とは，法が一般性（法が特定の人々・場所・目的に関しない一般的で抽象
的なものであること），確実性（人々が裁判所の決定を予測できること），平等性（法
が平等に適用されること）などの一定の形式的条件を満たすことを要請するもの
であって，これらの条件を満たさないものを法と呼ぶことはできない。立法に
よって作られた法であるテシスは，特定の目的実現のために作られた命令であ
るため，これらの条件を満たすことはできないとされる。結局のところ，ハイ
エクにおける法の支配は，自由の法であるノモスによる支配を意味しているの
である。

Ⅲ—ノージックの最小国家論　　自己所有権の不可侵性

　現代正義論の火付け役となったJ.ロールズの『正義論』(1971年)に続き，ロー
ルズと同じくハーバード大学で哲学の教鞭をとっていたノージックが，『ア
ナーキー・国家・ユートピア』(1974年)を発表した。『アナーキー・国家・ユー

トピア』は，国家はそもそも必要なのか，国家はなぜ正当化されるのか，正当化される国家像とはどのようなものか，という政治哲学の根本問題について探求した書物である。この問題に対するノージックの結論は，「暴力・盗み・詐欺からの保護，契約の執行などに限定される最小国家は正当とみなされる。それ以上の拡張国家はすべて，特定のことを行うよう強制されないという人々の権利を侵害し，不当であるとみなされる」（『アナーキー・国家・ユートピア』i頁）というものである。すなわち，いかなる形態の国家の存在も否定するアナキズム（無政府主義）を退ける一方で，国家が所得の再分配を行うような拡張国家をも認めない。ノージックは，最小国家（夜警国家）のみが正当化可能であるとする。ロールズの正義論に対する批判も含んだ『アナーキー・国家・ユートピア』は，現代正義論におけるリバタリアニズムの位置づけを確立することに成功した。また，随所にユニークな思考実験を盛り込んだノージックの議論は，アカデミズムのみならず広く一般の読者をも魅了した。ノージックの最小国家論とはどのようなものなのだろうか。

　ノージックは，国家が存在しない無政府状態，すなわち自然状態から議論を始め，なぜ，アナーキー（無政府状態）のままではいけないのかを問う。自然状態から最小国家が出現するプロセスを追う前に，まず，ノージックが自然状態や個人の権利をどのように捉えているのかみておこう。自然状態という場合にノージックが念頭においているのは，J.ロックの議論である。ロックの自然状態では，人は平等で独立した存在であり，「他人の生命，健康，自由，財産を侵害すべきではない」という自然法の制約の下で，自由な状態にある。つまり，人々は，自らの生命・自由・財産への権利を自然権として持つとされる。ノージックは，このロック的自然権を不可侵の権利として捉えて議論の基底に据える。生命・自由・財産への権利を侵害するようないかなる国家機能も，正当性を持ち得ないというのである。この不可侵の権利は，後にノージックの批判者により「**自己所有権**（self-ownership）」と名付けられた。自己所有権は，自らの生命・自由・財産に対して他者から危害を加えられないという消極的権利である。たとえ，深刻な貧困のために生きていけないという場合であっても，他者から援助を受ける積極的権利は認められない。

　個人の権利は，たとえ社会的善を最大化するためであっても，あるいは，権

利侵害の程度を最小化するためであっても，侵害されることがあってはならない。ノージックは，個人の権利を「付随制約（side constraint）」として位置づける。付随制約とは，人は他者の自己所有権を侵害するような行為をしてはならないという道徳的制約であり，これは「人は目的であって単なる手段ではない」というカント的原理を反映している。

　個人の権利を人々の行動に対する付随制約として捉えることからも，ノージックは功利主義に対して批判的であることが読み取れる。ここで，ノージックが用いた興味深い思考実験を紹介しよう。仮に，人が望むどのような経験でも与えてくれる「経験機械」があるとする。脳に電極がつけられ経験機械につながれている間に，あらかじめプログラムされた通りに人生のさまざまな出来事（友人を作ったり仕事をしたりなど）を経験することができる。はたして，人は経験機械につながれることを選ぶだろうか。経験を通して快楽を味わえるのであるから，快楽の最大化を主張するタイプの功利主義によれば，機械につながれることが選ばれるかもしれない。しかしながら，おそらくほとんどの人が，それを拒否するだろう。なぜなら，人は誰しも，自分自身の人生を現実に歩むことを望むのであって，自分の人生を機械が代わりに生きることは望まないからである。

　この点は，ノージックが自己所有権を最大限尊重する理由にも関わっている。ノージックは自己所有権の基礎づけについて明確にはしていないのだが，「有意味な生とは何か」ついて次のように述べている。

> 人が何らかの全般的計画に従ってその人生を形作ることは，人が自分の人生に意味を付与するやり方なのである。こうして自分の生を形作る能力をもつ存在のみが，意味のある生を有し，またはそのために努力することができる。（『アナーキー・国家・ユートピア』80頁）

　人が意味ある生を送るためには，自ら人生の計画を企てなければならない。そのためには，自らの生命・自由・財産への権利が他者から侵害されることがあってはならない。ノージックが自己所有権を議論の基底に据える理由の一つは，「有意味な生」に見出すことができよう。

　では，自然状態からどのようにして，個人の権利を侵害することなく，最小

国家が導かれるのだろうか。ロック的自然状態では，人々は自然権を執行する権利を持つ。権利侵害が生じた場合，すべての人々が**処罰権**を持ち，被害者は損害賠償を請求する権利を有する。しかしながら，自然状態では，衆知の法，公平な裁判官，判決を執行する機関が欠如しているため，生命・自由・財産への権利が保護されない。そこで，人々は，自らの権利を保護するために，政府を樹立して処罰権を委託するのである。

　ノージックもロック的自然状態から出発するが，人々の意図せざる結果として最小国家が出現すると説明する。自然状態において生命・自由・財産への権利を保全するために，まず，人々は他者と協力して相互保護協会をつくる。相互保護協会の会員に権利侵害が生じた場合，会員はお互いに協力して侵害者を罰し権利を保護する。これによって，自分より強い者から権利侵害を受けた場合にも備えることができる。やがて，権利保護サービスを提供する商業的保護機関が出現する。人々は，相互保護協会に参加して他の会員の権利保護のために自らの労力を割くよりも，商業的保護機関から権利保護サービスを購入することを選ぶ。商業的保護機関は複数存在し，人々は自分のニーズに合った機関と契約してクライアントとなる。競合する保護機関の間で吸収合併が繰り返された結果，支配的保護機関が存在するようになるが，それはまだ国家ではない。

　ノージックは国家の特徴として，①領域内において誰がいつ実力行使できるかを独占的に決定すること，②領域内のすべての人を保護することを挙げる。支配的保護機関が存在するようになった段階では，いずれの保護機関とも契約することなく，自力で自らを保護し他者を処罰する独立人が存在しているため，国家となる要件を満たしていない。しかし，支配的保護機関のクライアントと独立人の間で紛争が生じた場合，独立人が復讐心にかられて過剰な処罰を行う危険性がある。このような危険からクライアントを保護するために，支配的保護機関は，クライアントに対して正当な仕方で実力行使することが明らかではない場合は処罰すると宣言する権限を持つようになる。この段階で，支配的保護機関は，国家の特徴の一つである実力行使の認可についての独占的な決定を行っており，ノージックはこれを**超最小国家**と呼ぶ。

　ここで，支配的保護機関が，ある独立人に対して処罰権の行使を許さないと

決定したとする。処罰権は自然権であることから，その行使を禁止する場合は，超最小国家は独立人に賠償をしなければならない。超最小国家は，最も都合のよい賠償方法として，独立人にも保護サービスを提供する。この時点で，領域内のすべての人が保護されることになり，国家となる要件を二つとも満たすことになる。つまり，超最小国家から最小国家へと移行が果たされるのである。このように，自然状態から，誰の自己所有権を侵害することもなく，人々の自発的な行為を通じて最小国家が導かれるというノージックの議論は，見えざる手によって国家の生成を説明するものである。

　最小国家のみが正当化可能な国家であると主張するためには，最小国家を超えた拡張国家を正当化することはできないことを示さなければならない。ノージックは，所得の再分配を要請する分配的正義を批判することによって，福祉国家をはじめとする拡張国家が正当性を持ち得ないと主張する。

　ノージックは，**分配的正義**という概念は中立的ではないと指摘する。通常，分配とは，例えばケーキを切り分ける場合のように，何らかの原則や基準に則って物の供給を行うことを意味する。分配的正義という場合，あたかも社会全体の資源を中央の機関が人々に分配しているかのようである。しかしながら，われわれは，他の人との合意に基づく交換や贈与を通じて財を得ているのであり，中央の機関で決定された分配を受けているわけではない。したがって，人々の財の保有状況について分配的正義を問うことは適当ではないということになる。

　そこで，ノージックは，分配的正義ではなく，「保有物の正義の原理」という表現を用いる。ノージックのいう保有物の正義の原理は，**権原理論**である。権原理論とは，獲得の正義の原理（原始取得について），移転の正義の原理（随意的交換，贈与，社会慣習による移転について），匡正の正義の原理（窃盗や詐取など過去の不正の匡正について）からなる。これらの原理を満たして財を保有しているかぎり，その権原は正義に適うものとされる。つまり，権原理論によれば，ある人が特定の財を保有することが正当かどうかは，その人が財を保有するに至ったプロセスによって判断されるのである。

　ノージックが権原理論について説明する際に用いるのが，ウィルト・チェンバレンのケースである。バスケット・ボール選手のウィルト・チェンバレンは，

ホーム・ゲームの試合で，入場券1枚につきその代金から25セントを彼が受けとるという契約をチームと結ぶ。観客は，入場券を買う際に25セントを別にして，チェンバレンの名前が書かれた箱に入れる。結局，100万人の観客が足を運び，チェンバレンは25万ドルという，人々の平均収入をはるかに超えた大金を手に入れたが，これは不正義だろうか。権原理論によれば，チェンバレンが25万ドルを手に入れたことは，正義に適っている。なぜなら，人々は自発的に入場券を購入したのであり，脅されたり騙されたりしていないからである。平均所得以下で暮らす人々が大勢いる中でチェンバレン一人だけが大金を入手したとしても，何ら不正義とはならないのである。

権原理論によれば，人々の経済状況を是正することを目的として，分配的正義の名の下に国家が強制的な再分配を行うことには正当性を認めることはできない。なぜならそれは，個人の財産権を侵害するものだからである。したがって，国家による財の再分配を要請する拡張国家を正当化することはできないとノージックは主張する。貧困の救済などは，人々の自発的な慈善活動に委ねられるのである。

このようにして，無政府状態も拡張国家も退けることを通じて，司法・治安・国防以外の機能を有しない最小国家が導き出される。最小国家は，唯一正当化可能な国家形態であるばかりか，魅力的でもあるという。ノージックは，最小国家を「ユートピアのための枠」と呼び，人々の多様な生き方を可能にする枠組として描いている。何が善き生き方なのかをめぐっては，人はそれぞれに考えが異なる。最小国家は，一つの善き生き方を押しつけることはしない。人は理想を同じくする人と自由にコミュニティーを形成し，その中で生きる。そして，さまざまな価値観に基づいたいくつものコミュニティーが存在する社会を支える枠組を提供するのが，最小国家なのである。

IV—おわりに

個人の自由を最も重要視するリバタリアンな社会について，ハイエクは進化論の観点から，ノージックは自然権論の観点から論じている。国家機能をどこまで縮小するかについて見解は別れるものの，両者とも，国家それ自体の廃絶

を主張するアナキズムには与していない。法を作り，適用し，執行すること
は，なお国家の重要な役割として考えられている。

　しかしながら，ハイエクにおいてもノージックにおいても，認められる法の
機能は限定的である。というのも，自生的秩序の法であるノモスとしてハイエ
クが念頭においているのは私法中心であり，また，ノージックの権原理論も近
代私法の原理に重なるものだからである。そこでは，現代において国家機能の
拡大に伴い増加した，社会経済生活に介入して特定の政策を実現するための法
は認められていない。すなわち，リバタリアニズムの法思想は，近代法への回
帰を説くものにほかならないのである。

【参照文献】
　F．A．ハイエク『自由の条件Ⅱ　自由と法』〔気賀健三・古賀勝次郎訳〕（春秋社，1987年）
　――『法と立法と自由Ⅰ　ルールと秩序』〔矢島鈞次・水吉俊彦訳〕（春秋社，1987年）
　――『法と立法と自由Ⅱ　社会正義の幻想』〔篠塚慎吾訳〕（春秋社，1987年）
　R．ノージック『アナーキー・国家・ユートピア』〔嶋津格訳〕（木鐸社，1992年）
　嶋津格『自生的秩序――ハイエクの法理論とその基礎』（木鐸社，1985年）
　J．ウルフ『ノージック――所有・正義・最小国家』〔森村進・森村たまき訳〕（勁草書房，
　　1994年）

　　　　　　　　　　　　　　　　　　　　　　　　　　　　　　【橋本祐子】

15講 ポストモダン法学の思想

Ⅰ―ポストモダン法学とは何か

　フランスのジャック・デリダやミシェル・フーコー，あるいはドイツのニクラス・ルーマンらの影響を強く受けた20世紀末以降の法思想は一般にポストモダン法学と呼ばれる。ジャン＝フランソワ・リオタールはポストモダニズムを「メタ物語に対する不信感」と定義したが，法学領域においても，これまで人々を導いてきた自由や正義をめぐる「メタ物語」（あるいは「大きな物語」）に対して深い疑いの眼差しが注がれることとなった。

　そうした懐疑の兆候は1970年代に始まる**批判法学**（★コラム５を参照）にも見出されるが，批判法学もまたポストモダニズムの影響下で変化を遂げることになる。例えば1980年代後半には，デリダの影響を受けたクレア・ダルトンやジャック・バルキンらが法の脱構築についての論考を発表している。また，ダンカン・ケネディは根本的矛盾テーゼを放棄した後にも，フーコーらの思想を積極的に取り込みながら法の批判的分析を試みている。ポストモダン思想の影響を直接には受けずに，「超リベラリズム」という大きな物語を追求するロベルト・アンガーのような立場も存在するが，多くの批判法学者は20世紀末にポストモダン法学への転換を遂げたのである。

　ポストモダン法学は，ポストモダン思想から強い影響を受けたという以上に学派としての共通項を有するものではない。しかし，アラン・ハントはポストモダン思想が法学研究に与えたインパクトとして，次の４点を挙げている。

　（１）　社会全体の秩序化と合理的な組織化とを進める近代法に対して，ポストモダニズムは社会的に構築された多元性や社会生活の根源的な個別性に焦点を当てることで，近代法の「全体性」という側面を批判する。

　（２）　近代法は国民国家の主権にもとづく統一性を重視するが，ポストモダン思想は社会生活のミクロな構成要素の多様性を強調し，国家が多元性を完全

に従属させることは不可能であるとして，法の「統一性」を批判する。

（3）　ポストモダニズムは社会の進歩を前提とせず，近代法が女性や精神病者，植民地の人々などを排除し抑圧してきたことを明らかにすることで，近代法の「文明化」を否定する。

（4）　ポストモダニズムは，自己責任の主体あるいは主権的な法的主体としての市民という近代法の「主体」概念を脱中心化する。

　ハントが指摘するとおり，このような近代法への批判的態度をポストモダン法学が共有していることは間違いない。しかし，思想家ごとにその論法や帰結は大きく異なっており，今日に至るまで刺激的な議論が展開され続けている。

Ⅱ─デリダ

　現代思想を代表するフランスの哲学者デリダは「脱構築（deconstruction）」の概念によって思想界に大きな論争を巻き起こした。彼によれば，西欧哲学を規定する形而上学では，魂／物質，善／悪，生／死，真理／虚偽，自然／技術，男性／女性などのように，概念や価値の階層的な二項対立が最も基本的な特徴として現れる。例えば，言語については「話された言葉」としてのパロール（parole）が初めに存在し，その後に，それを写し取って「書かれた言葉」としてのエクリチュール（écriture）が現れる。それゆえ，常に前者が真理の表現として後者に対して優位な位置を占めるとされる。しかし，私たちが現実世界でパロールについて語るとき，そこではエクリチュールの要素を完全には排除しえない。それは，神によって「話された言葉」について考えるとき，聖書という「書かれた言葉」が私たちの理解の前提になっていることからも明らかであろう。つまり純粋なパロールは存在せず，そこではすでにエクリチュールが不可分に関わっており，両者の境界線は厳密には決定不可能なのである。この事実は，階層的に配置された二項がこれまでとは異なる位置を占めうることを示唆している。それゆえ脱構築とは，自明とされる優劣の関係性を問い直し，劣位に置かれた存在の意味を肯定的に捉え返そうとする思想に他ならない。

1 脱構築と正義

デリダは法や正義をどのように捉えているのか。そして，それらは脱構築とどのような関係にあるのだろうか。こうした問いについて，デリダは1989年にニューヨークのカードーゾ・ロースクールで行われた講演「正義への権利について／法＝権利（droit）から正義へ」で次のように応えている。

> 私の描いた以上のような構造において，法＝権利は本質的に**脱構築可能**である。法＝権利が基礎づけされているから，つまり解釈し変革することの可能なさまざまなテクスト層をもとにして構築されているからという理由で。……さもなければ，法＝権利の最後の基礎が定義によって基礎づけられていないという理由で。法＝権利が脱構築可能であるということは，不幸なことではない。そもそも政治が歴史的進歩をもたらすことのできるチャンスはそこにあるとみることさえできる。（デリダ1999：33-34頁）

デリダは，この講演の前半で法と力との関係について論じている。自然法であれ実定法であれ，成文法であれ不文法であれ，法は歴史的に制定され「構築」されたものである限りにおいて，その起源には力，あるいは**暴力**が存在する。たとえ正統性を有する議会によって立法がなされたとしても，あるいは裁判官によって公正中立な判決が下されたとしても，それらに正統性を付した国家は自ら正当化しえない力——根源的な暴力——によって創設されたものに他ならない。法はそれ自体が一つの力であり，その起源を遡れば，必ず根源的な暴力へと行き着くのである。しかし，この力，あるいは暴力はそれが生み出された時点では正でも不正でもありえない。なぜなら，正／不正が議論になりうるのは法や国家が創設された後でしかないからである。さらに言えば，法や国家を生み出した力は，その瞬間から行為遂行的に解釈を通じて自らの正統性を訴えかけ，根源的な暴力の痕跡を抹消しようと企てる。

それゆえ，「法＝権利は本質的に脱構築可能」なのである。パロールの内部にエクリチュールの痕跡を見つけ出して，その境界線を問題化したように，法や国家の内部に力や根源的な暴力を探ることで，法と力，国家と暴力との関係性を問い直し，これまで不法とされてきた人々やその行為を捉え返すことが可能となる。もちろん，この脱構築という作業は，一般に言われているような価値の破壊へと至るニヒリズムではない。デリダが言うように，脱構築こそが法の歴史を作りかえるチャンスであり，新たな価値創出の舞台となるのである。

それでは，正義と脱構築とはいかなる関係を結ぶのであろうか。講演の中でデリダは次のように述べる。

> 正義それ自体はというと，もしそのようなものが現実に存在するならば，法＝権利の外または法＝権利のかなたにあり，そのために脱構築しえない。脱構築そのものについても，もしそのようなものが現実に存在するならば，これと同じく脱構築しえない。**脱構築は正義である。**（同書：34頁）

　法はその内部に根源的な**暴力**を含んでいるが，正義はその起源において暴力を含まない。そのような意味での正義が存在するならば，それは法とは根本的に異なるものであり，当然，脱構築不可能である。そして，**脱構築**という作業もまた法／不法という二項を分断する力の問い直しである以上，脱構築不可能であるといえるだろう。それは結論として，脱構築という思考様式こそが正義に他ならないということになる。なぜなら，根源的な暴力を問い直し，この力によって蔑まれ，排除された「他者」との関係性を捉え返す作業こそが脱構築であり，それは正義へと近づく思考だからである。

　それでは，正義と法はいかなる関係のうちにあるのだろうか。デリダは「法＝権利は，あくまでも正義の名において自らを押し及ぼすのだと主張するし，他方では正義としても，実行に移さねばならない何らかの法＝権利の中に身を落ち着かせねばならない」（同書：54頁）と述べる。法は自らの正当性を正義に求め，正義は法をつうじて自らを実現しようとするが，正義が脱構築の思考であるならば，法の絶えざる脱構築こそが正義であるということになる。しかし，法による決定を絶えず決定不可能な状態に差し戻そうとするのが正義であるならば，両者の関係は矛盾であり，両立不可能なのではないか。これに対し，デリダはこの「アポリアの経験」そのものが正義であると応ずる。

　決定不可能な状態にあって法の規則的な適用は許されず，それでもなお正義へと近づく決定を求められるとき，人はアポリアを経験する。それは，裁判官が従来の判例を覆して違憲判決を下す場面とも通ずるような，自らに課された責任の重さに苦しむ瞬間である。しかし「苦悶をかきたてるこの宙吊りの瞬間はまた，法的＝政治的な変革やさらには革命が起こる空白の間を開く」（同書：49頁）とデリダは主張する。脱構築によってもたらされる「アポリア」こそ，

他者への無限の責任と法の変革とが生み出される正義への瞬間なのである。

2　ドゥルシラ・コーネル——脱構築からフェミニズムへ

　デリダの影響を強く受けて法の脱構築を企てた法哲学者として，ドゥルシラ・コーネルの名を挙げることができるだろう。彼女はカードーゾ・ロースクールでのデリダによる講演を企画した中心人物であり，脱構築を「限界の哲学」と名付け直してフェミニズム法学に導入したことで知られる。

　他者との倫理的関係性を問い直すことで正義を探求するデリダの思想に依拠しつつ，コーネルは自らの立場を「倫理的フェミニズム」として展開する。法の力によって排除された他者に対して，正義はその各々に単独的に向き合わなければならないとデリダは述べるが，コーネルもまた「公正さは同等性＝平等（計算済みの均等，衡平的配分あるいは配分的正義）ではなく，むしろ大文字の他者の呼びかけの無限要求である」（コーネル2003：260頁）と主張する。女性の価値を男性と同等に評価すべきとするリベラリズムの「正義」論以前に，倫理的義務として，男性は単独性の認識において「私たち女性の呼びかけに耳を傾けなければならない」（同書：263頁）のである。

　しかしコーネルは「何が正義なのかについての絶対的な確定は，それ自体，不正である」（同書：262頁）と述べ，キャサリン・マッキノンのラディカル・フェミニズムに見られるような，法による女性支配の解消を正義とする立場を批判する。マッキノンの議論は現在の正義に内在する男性支配の系譜を明らかにするものであり，その論法は男性への復讐とはなりうるが，他者への倫理を見失うことになる。コーネルが指摘するとおり「私たちはまた，脱構築が常に強調する法と正義の離接状態を『想起する』よう呼びかけられてもいる」（同書：265頁）のである。それは現在「ある」法を常に「あるべき」正義へと脱構築するプロセスであり，フェミニズム法学の「限界」を追求する企てでもある。

　ここからコーネルは，ジャック・ラカンの精神分析に着想を得て，自己の再想像を可能にするための「イマジナリーな領域への権利」という新たな概念を提起する。それは「女性的なもの (the feminine)」を本質主義的に肯定するのでもなければ否定するのでもなく，人間がすでに性化された存在であることを引き受けた上で，「自分は誰であり，何になろうとするのか」を再想像するため

の空間を法制度的に確保する試みである。これはフェミニズムが囚われ続けた「女性の解放」という観念を超えて，男性／女性という階層的な二項対立を脱構築することによりもたらされた新たな境地と言えるだろう。近代法が前提としてきた自律的主体という（それ自体男性的な）観念から離れ，男女を問わず，自らの人格の在り方を常に問い直すことで理想の自己へと近づくための条件をコーネルは探求する。その意味で，彼女のフェミニズムはユートピア主義的な性格を備えているとも言うことができる。

Ⅲ—ルーマン

　システムの概念によって社会理論に新たな展開をもたらしたドイツの社会学者ルーマンもまた，ポストモダン法学に大きな影響を与えた人物の一人である。タルコット・パーソンズの下で学んだルーマンは，パーソンズとは対照的に，社会システムの「構造」ではなく，「機能」に焦点を当てた社会学理論を構築した。パーソンズは，共有された価値システムとしての構造が維持されるための機能について分析を行ったが，この理論はシステムの維持を前提とする点で保守的であり，システムの変化を適切に説明しえないとの批判がなされていた。これに対し，ルーマンの理論はシステムを機能によって捉えるため——例えば，法システムの機能は「規範的予期の安定化」であるというように——，一定の構造に縛られることなく，社会の変化についても説明が可能となる。

　ルーマンの社会システム理論は概ね次のような特徴を有している。

　（１）　社会システムは自律的に機能しており，システムの外部である環境とは区別されなければならない。しかし，システムはそれ自身の環境を基盤として出現するため，環境なしには存在しえない。また，各々の社会システムは機能的に分化しており，他の社会システムの作動に干渉することはできない。その意味で，各システムは「作動において閉じている」と言われる。

　（２）　社会システムはコミュニケーションによって作動する。例えば，法システムは「法か不法か」の判断に関わるコミュニケーションをつうじて作動する。このコミュニケーションは言語を媒介とするが，言語を語る主体としての人間とは本質的に無関係であり，人間はシステム外の環境として位置づけられ

る。

（3）　社会システムは，その作動としてのコミュニケーションを自ら産出し，再生産する**オートポイエーシス・システム**である。オートポイエーシスという言葉は，ギリシア語のauto（自己）とpoiésis（産出）を組み合わせて作られたものであり，システムの自己産出を意味する概念として，生物学者ウンベルト・マトゥラーナとフランシスコ・ヴァレラによって提案された。

（4）　社会システムがどのような作動を選択するかは予期によって統制され，選択の安定性がもたらされる。**法システム**は，例えば殺人は罰せられるという規範的予期を刑法で示し，コミュニケーションを誘導する。しかも人々は自らの予期と行動を他人の予期と調和させるために，自らに対して他人が抱く予期について予期するという反照的予期を発展させることで，社会システムの安定性を確実にする。つまり，システムは予期によって構造化され，行為の選択肢を制限することで，社会の不確実性あるいは複雑性を縮減する。

（5）　社会システムの認識については「観察」という独自の概念が用いられる。ここで「観察」とは「区別して一方を指し示す」ことを意味する。そのうえで，社会システムにおいて行われる観察を一次観察，この一次観察についての観察を二次観察と定義し，後者の重要性が強調される。法システムの場合であれば，法か不法かという二項的コードの適用による区別が一次観察であり，これとは距離を置いてなされる観察，例えば，法理論的な観点からなされる裁判分析等が二次観察ということになる。

1　オートポイエーシス・システムとしての法

　ルーマンによれば，法もまたオートポイエーシス的な社会システムである。**法システム**は法／不法という二項的コードによってそのコミュニケーションを組織化するが，同時に，このコードに該当しない要素を扱わないことで法システムとしての自律性を担保している。この二項的コードは法と不法の境界線を画定することにより，不確実な未来に対して生起しそうな事態と生起しそうにない事態についての予期を生み出す。例えば，契約法の諸規定が存在することで，私たちは債務が履行されるとの予期を形成し，不履行が発生した場合には裁判による履行の強制がなされることで，その予期の安定化がもたらされる。

言い換えれば，法は常に条件付きプログラム——「もし〇〇〇ならば△△△」という要件・効果のプログラム——として提示されることで現在と未来の時間的結合を可能にし，予期に基づく行動を誘導するのである。

　法／不法の二項的コードは法システム内で作り出されるが，このコードが法に適っているか否かもまた法システム内部で判定されることになる。この意味で，法システムは自己準拠的なシステムである。これについて，ルーマンは「法と不法の値を認定する『司法権』は，システム内の営為である。法の外部で，法と不法を用いることはできない」（ルーマン2003：191頁）と述べて，法の正しさを判定する高次の規準＝審級としての「正義」が法システム内には存在しないことを確認する。これは法システムがオートポイエーシス・システムであることの必然的帰結であり，法／不法の区別は「法は法であり，不法は不法である」という同語反復によってしか規定されえないのである。

　しかし，法システムが自己準拠的であるという事実は，システムの作動基盤が「自己言及パラドクス」を含んでいることを示唆しており，法システムの安定性が問われることになる。これに対し，ルーマンは，法システムが根源的な決定不能を抱え込んでいるとしても，システム整合的な決定が常になされているかのような外観さえ確保されれば，法の機能への信頼は損なわれず，法的コミュニケーションは再生産され続けるとして，その「脱パラドクス化」を主張する。法システムの確固たる外観は組織化された決定プロセスである裁判を通じて維持されており，法的三段論法や手続を重視する裁判制度はそのための補助的メカニズムとして機能している。それゆえ，通常の法適用によっては解決が困難なハードケース（難解な事案）に直面した場合でも，裁判官は自らの決定によって法を創出すると同時に，法システムとしての整合性や一貫性を備えた外観を取り繕うことで一定の判決を導くことが可能となるのである。

　もちろん裁判官による法／不法の区別から距離を置いて行われる二次観察の次元では，他の社会システムのパースペクティヴ——例えば倫理システムにおける「正義」の観念——を取り込むことも可能である。つまり，法システムが作動において閉じているとしても，認知的には，他の社会システムに対して開かれているのである。しかしルーマンによる二次観察の強調は，各々の社会システムが機能的に分化し固有のコードにもとづくコミュニケーションを作動さ

せているがゆえに，社会全体に対する特権的な場がもはや存在しないという事態——ルーマンが「社会の脱中心化」と呼ぶ現象——を如実に映し出すことにもなる。このことは法理論を含むすべての社会理論が普遍性を志向する主張——正義論もその一つである——を展開したとしても，社会システムそれ自体には直接的な影響を及ぼしえないということを含意している。こうした帰結は，ルーマンのシステム理論がポストモダン思想の一系列に位置づけられる理由の一端を示しているとも言えるだろう。

2　グンター・トイプナー——ルーマン以後の正義論へ

　ルーマンの社会システム理論に依拠しながら，独自の法理論を展開している法社会学者グンター・トイプナーにも言及しなければならない。トイプナーの議論は，高度に抽象的なルーマンの議論に比べて具体的であり，私法領域の諸概念——契約や民法の一般条項，企業の法人格など——にシステム理論を応用して分析を試みるという点でも独創的である。特に一般条項の研究から，システム的な法規制が生活世界を徐々に侵食しているという「法化」の問題に取り組み，法システムが他の社会システムを尊重しつつシステム間の調整を行うという「再帰的法」の概念を提起したことで知られる。また，彼は各国の新自由主義政策による民営化の問題を経済システムの拡大と捉えたうえで，一般条項を用いた社会システム間の調整を目指す多元的社会の構想も提示している。

　その中でもポストモダン法学という観点から特に注目すべきは，法システムの自己超越としての「自己破壊的正義」をめぐる議論であろう。トイプナーは「自己言及的で閉じたシステムの複数性」としてルーマンにより定式化された世界において「個々の行為者間の互酬性原理の普遍化」に正義の拠点を求めるジョン・ロールズやユルゲン・ハーバーマスを批判する。トイプナーは「正義を目指す再帰性は，……諸々の組織と機能システムがそれらの特殊な合理性の限界をテーマ化し，それぞれがもつ拡張主義的な行為の仕方との関係で自らに制限を課す能力である」（トイプナー2014：26-27頁）と主張する。

　トイプナーによれば，法的正義は個々の紛争解決のための裁判と結びついているが，社会構造の変化に応じて，個々の紛争と法規範との間には常に不一致が生じており，これを解決するために法は社会規範を法規範に変換することで

対応している。つまり，この社会規範は，法が環境に依存していることの現れであるとともに，「正しい法は別様でもありうるし，別様であるに違いない」という法の偶発性をドラスティックに示すものでもある。ルーマンは「正義とは法の偶発性定式である」と述べたが，トイプナーもまた次のように論ずる。

> 正義が目指すのは教義学的一貫性を最大化することではなく，外からなされる非常に多様な要求に対して感受性をもって対応することであり，できるだけ高次の一貫性を得ようと努めることである。偶発性定式が目指すのは，法内在的な正義ではなく，法を超える正義である。（同書：32頁）

　しかし，自己言及的で閉じたシステムである法がその外部から正義をいかにして取り込むのであろうか。トイプナーは，法システムが二次観察をつうじてシステム外の環境や他のシステムについての認識を形成し，その認識を法システム内部で再構成するという「再参入」に言及する。正義を求める「法外」の要求——社会規範はその一つである——を法システム内で再構成し，「法は法である」という法の自己言及プロセスに楔を打ち込むことで「正義の名による法の自己破壊」を導くのである。ここには，デリダが言う「アポリアとしての正義」の瞬間を垣間見ることができる。しかし，法システムはこの破れを直ちに取り繕い，ルーマンに従って「脱パラドクス化」されなければならないのである。トイプナーの議論は，それゆえ，あくまでも法の自己破壊と法システムの一貫性とをともに実現しうる法的正義の構想として描かれることになる。

IV——フーコー

　規律権力（pouvoir disciplinaire）や生権力（bio-pouvoir）といった概念によって人文・社会科学領域の知にパラダイムの転換を引き起こしたフランスの哲学者フーコーもまた，ポストモダン法学に影響を与え続けている人物の一人と言えよう。『狂気の歴史』，『言葉と物』，『監獄の誕生』，『性の歴史』といった一連の著作でフーコーは，理性，主体，性愛などの概念の系譜を膨大な史料に依拠しながら丹念に読み解くことで，これらの概念が諸個人の間の力の関係——国家権力のような大文字の権力ではなく，日常世界のミクロな権力関係——によっ

て産み出されてきたことを明らかにした。つまり，近代の人間や社会の存立を支えていたはずの「理性」や「主体」といった概念までもが権力関係の産物とされ，自明とされてきた真理や価値もまた権力関係によって産み出されたものに過ぎないとの結論が導かれたのである。しかし他方で，すべてが権力関係の所産であるならば，日々のミクロな権力関係を作り変えることで，現在とは異なる別の真理，別の価値，別の未来を生み出すことも可能なはずである。フーコーが行動する思想家として，受刑者，労働者，難民など，虐げられた人々への支持を積極的に表明し，多くの政治・社会的活動に関与することとなった理由もこうした彼自身の哲学のうちに見出すことができるであろう。

1　権力論と法の問題

フーコーは『監獄の誕生』や『性の歴史Ⅰ　知への意思』の中で近代社会に現出したミクロな権力関係のメカニズムについて分析している。例えば，監獄——ジェレミー・ベンサムが考案したパノプティコン（一望監視装置）がその象徴である——では閉鎖された空間において受刑者一人ひとりを碁盤割り状に配置し，精密な時間による管理が行われる。また，立ち居振舞いに関する詳細な規定が設けられ，個々人の些細な動きにまで従順さが求められる。そして，これらの実効的な手段として，監視，処罰，試験が準備され，日常的な監視，逸脱者の処罰，試験による内面化を通じて，受刑者を「従順な身体」に仕立て上げる。こうした実践は，学校，病院，工場など社会の至る所に存在して人間を従順な身体へと作り変える。フーコーはこのメカニズムを規律権力と呼んだが，その特徴は規律を内面化することで，人間を主体化するという点にある。そもそも「主体」（sujet, subject）という言葉は，臣下や服従といった意味も合わせ持っており，規律権力はこの服従を通じて人間を一定の規律や規則から逸脱せずに行動できる近代的主体へと作り上げる。裏を返せば，この「主体」となることで，人間はその自由を享受することが許されるのである。

さらに彼は，**規律権力**からやや遅れて形成された**生政治**（bio-politique）という新たな権力メカニズムを提示する。規律権力が個々の身体を対象としたのに対し，生政治は住民や人口などの集団を対象に出生率，死亡率，健康水準といった観点から人々の生命や生活に介入し，調整・管理する権力形態である。そこ

では，統計的に算出された平均値や正常値が「ノルム（norme）＝規格」として参照され，規格からの乖離や逸脱に応じて介入や調整が行われる。これら二つの権力メカニズムをあわせて，フーコーは生権力と名付ける。

それでは，生権力と法とはいかなる関係にあるのだろうか。フーコーはこの問いについて次のように述べる。

> こうした生権力の発展によるもう一つの帰結は，ノルムの作用が法の法律的システム（systém juridique de la loi）を犠牲にして，益々重要になったということである。……私は，法が消え去るとも，司法制度が消滅する傾向にあるとも言うつもりはない。そうではなく，法はより一層ノルムとして機能するということであり，司法上の制度は調整機能を専らとする一連の機関（医学的，行政的，等々）の連続体へと益々組み込まれてゆくということである。（フーコー1986：181-182頁）

フーコーは近代的な権力メカニズムの現出による法の機能の変容を指摘したが，これに対する法理論家たちの反応は二つに分かれた。一つは，フーコーが法を排除し，法の退行を予言したとするアラン・ハントらの「法の排除」論であり，もう一つはフーコーの指摘を正面から受け止め，生権力と法との関係性を解明しようとするフランソワ・エワルドらの議論である。「法の排除」論は，法に対するフーコーの理解が前近代的であるがゆえに，近代の権力メカニズムと法との関係性を十分に理解できず，あたかも法が権力メカニズムに従属するかのような分析がなされたと主張した。しかし，フーコーは自身の研究として近代法の理論的解明を試みているわけではない。それゆえ，ハントらの指摘は無いものねだりというほかないだろう。ここで重要なのは，むしろ，彼の権力論によって描き出された法の変容についての理論的解明であり，これこそがフーコー以後の法理論家に突き付けられた課題なのである。

2　フランソワ・エワルドとその批判

この課題にいち早く取り組んだのが，コレージュ・ド・フランスでフーコーの助手を務めた法哲学者エワルドである。彼はフーコーの方法論に従い，法を大文字の概念としてではなく，個別具体的な実践の総体に付された名前として捉える唯名論の立場を採る。それゆえ，法の本質やその定義を追究するのではなく，裁判などの法的実践に目を向け，個々の法的判断の基準となる合理性の

類型——これをエワルドは「判断の規則」や「法の法」と呼ぶ——を実証的な観点から探究する。さらに彼は，こうした合理性類型が実際には法や法的判断に対する批判的視点を提供しているとして「批判的実証主義」を提唱する。

　ここからエワルドは，判断の規則や法の法が産み出される「正義」の観念について，その系譜学とも言うべき研究を進める。彼の分析によれば，正義には古典的自然法論，近代自然権論，社会法という三つの認識論的基層が存在する。古代ギリシアから17世紀までが「自然」と「共通善」を特徴とする古典的自然法論の時代である。この時代は，自然が全体世界の秩序を形成し，共通善が人々の価値尺度としての位置を占めていた。しかし17世紀の科学革命により自然としての秩序は失われ，事実と価値は分離し，人間は「個人」へと分割される。これが近代自然権論の時代である。この時代，社会は自明の存在ではなくなり，自然権をもつ諸個人が相互性原理の下に社会契約を結ぶというフィクションによって正当化されなければならなかった。そして，この後19世紀末に現れる社会法の時代こそ，フーコーが生権力という概念によって解き明かしたノルムの時代である。各国政府が国民統計をつうじて平均値や正常値を算出し，これが人々にとっての標準＝規格としての位置を占めることになる。生存や生活に関わる法領域——労働法，社会保障法，消費者法，さらには刑事政策まで——にノルムという新たな法的判断の基準がもたらされたのである。ノルムは社会そのものから導出された事実に過ぎないが，実証性と客観性とを備えているがゆえに，社会的価値と融合し，人々を合意へと導く。支給されるべき生活保護費も甘受すべき騒音レベルもノルムから導き出すことが可能となるのである。

　しかし，エワルドが「社会的正義とはノルムの正義である」と述べるとき，そこに見出されるのは「ノルムによって閉ざされた法システム」とは言えないだろうか。彼の分析がフーコーの**生権力**と法との関係性を見事に解明していることは間違いない。ただ一方で，フーコーの権力論が現在とは異なる別の未来への批判的契機として構想されたという，言わば，フーコーのもう一つの側面をエワルドは看過している。ベン・ゴールダーらが指摘するとおり，フーコーの思想には抵抗，侵犯，異議申立てを通じて法外の訴えに応答することで，常に秩序を作り変えようとする法の「応答性（responsiveness）」とも言うべき側面

が存在する。それゆえフーコー以後の法理論は，このノルムによる支配に抵抗するとともに，新たな連帯のための法の探求に向かわなければならない。

Ｖ—おわりに

　法は暴力によって，システムの閉鎖によって，あるいはノルムによって，法の外部を排除し，管理し，飼いならす。ポストモダン法学の思想は，法が本来的に備えているこうした性質を根源的に問い直すための挑戦であったと言えるだろう。言葉を換えれば，法が抱えるアポリアやパラドクスを覆い隠すのではなく，それらと真摯に向き合うことで，少しでも現在とは異なる別の未来を法的世界にもたらそうと試みてきたのであった。この新たな世界は，法の外部とされた他者たちへの応答によってのみ実現される。本講で論じたポストモダン法学者たちの取り組みはその応答の先駆けであり，今後も多くの理論と実践がポストモダン法学からの刺激を受けて，法的世界を変革し続けるであろう。

【参照文献】
　J.デリダ『法の力』〔堅田研一訳〕（法政大学出版局，1999年）
　D.コーネル『脱構築と法——適応の彼方へ』〔仲正昌樹監訳〕（御茶の水書房，2003年）
　——『限界の哲学』〔仲正昌樹監訳〕（御茶の水書房，2007年）
　N.ルーマン『社会の法1』『同2』〔馬場靖雄他訳〕（法政大学出版局，2003年）
　G.トイプナー『オートポイエーシス・システムとしての法』〔土方透・野﨑和義訳〕（未来社，1994年）
　——編『デリダ，ルーマン後の正義論——正義は〈不〉可能か』〔土方透監訳〕（新泉社，2014年）
　M.フーコー『監獄の誕生——監視と処罰』〔田村俶訳〕（新潮社，1977年）
　——『性の歴史I　知への意思』〔渡辺守章訳〕（新潮社，1986年）
　B.ゴールダー／P.フィッツパトリック『フーコーの法』〔関良徳監訳〕（勁草書房，2014年）
　中山竜一『二十世紀の法思想』（岩波書店，2000年）

【関　良徳】

事項索引

あ行

愛知（哲学）	13
アメリカ独立宣言	4
憐れみ	66, 67
アングロサクソン型	133
アンチ・フェデラリスト	76
生ける法	123, 124
意思表示	125
逸脱主義理論	201
一般意志	68-72, 87, 88
――の表れとしての法	69
一般的正義	23
イデア論	15
意味論の毒牙	193
ウェストファリア条約（1648年）	54
エイドス	13
オートポイエーシス・システム	236, 237

か行

カーディ裁判	131
解釈的態度	193
外的視点	175
概念天国	110
概念法学	110
各人の各人に対する戦争（万人闘争）	60
学説彙纂	28, 36, 38
学問法	115
重なり合う合意	211
家産国家論	139
家族	91, 93, 94
価値相対主義	156
――的思考	157
慣行	125
慣習法	113, 115
監督官（エフォラート）	88
記述的法実証主義	179
規範主義	160
規範的法実証主義	179

基本財	206
強制装置	124, 129, 130
匡正的正義	23
形相（エイドス）	20
共通善の政治	209
共同意志	87
共和主義	89
共和制	84
規律権力	239, 240
切り札	191
近世自然法論（学）	5, 6, 78, 83
近代自然法論	81, 87, 88, 91, 92, 93
クリウス事件	30
形式的	130
契約論的道徳論	72
ゲヴェーレ	98
決断回避	162
決断思考（シュミットの）	159
ゲルマニステン（ゲルマニスト）	108, 113
ゲルマン法	97
厳格な法実証主義	181
権原理論	227
現実的（現実性）	90, 94
原初状態	72, 206
源泉テーゼ	171
憲法	70, 72
憲法制定権力	162
原理	181, 189
権利意思説	115
権利請願	45, 46, 48, 53
原理的議論	190
権利のための闘争	118
権力関係	239, 240
権力分立	74, 75, 93, 168
権利利益説	118
言論の自由	85, 94
合意による道徳	72
交換的正義	24
公共的理性	211

構成的解釈……194
公正としての正義……206
幸福……16, 21
衡平……25, 27, 29, 31
公法実証主義……140
公民契約……87
公民状態（公民体制）……84, 85
功利……29
合理的……130
国体……149
国民主権……72
コスモポリタニズム……39
国家……92-95
──学……139
──の自己拘束説……143
──の正義……17
国家法……125
国家法人説……140
国家両面説……142
コミュニタリアニズム（共同体主義）……9, 205
コモン・ロー……42-53, 202
固有権（プロパティ）……63-65, 70, 71
根源的契約……84
困難な事案……188
根本規範……158
根本的矛盾……201, 202

さ行

最小国家論……224
最大多数の最大幸福……50, 51
裁判規範……124, 125
裁量……188
ザクセンシュピーゲル……104
サビヌス派……34, 37
サリカ法典……102
資源の平等……214
自己所有権……224
自己保存……60-62, 71
事実の規範力……147
システム……235, 243
──理論……238
自生的秩序……220
自然権……60, 61, 64, 70, 83, 84, 87
自然状態……60, 62-67, 69-71, 84
自然法……29, 55, 61, 63-65, 71

──の最小限の内容……177
自然法論……185
自然本性的正義……25
実在論（実念論）……16
実質的……130
支配服従関係……125
司法的裁量論……171
市民社会……91-94
市民的自由……69
市民の自由の砦……32
市民法……28, 30
市民論……59
社会学的法学……167, 168
社会契約（社会契約説：社会契約論）……6, 58, 59, 61, 63, 64, 66, 68-72, 78, 84, 87, 88, 93
──的伝統……206
社会的動物……59
社会的法律観……124
私有……67
自由主義……31, 85
習俗……134
自由法論……123
自由優遇……39
習律……130, 134
主権……159
──者……61-63, 69
受容……136
純一性としての法……195
純粋共和制……84
純粋法学（ケルゼンの）……154, 155
遵法……14
承認のルール……171, 185
贖罪金……103
所有権……67
神意裁判……131
人為法的正義……25
信義……27, 29, 31
人権……70
信託……65
人民集会……88
人民主権……68, 70, 71
人倫……91
スコットランド啓蒙……78, 80
正解テーゼ……193
正義……38, 67, 72, 233, 238, 239, 242

事項索引　245

——の二原理……………………… 205
正義論……………………………… 72
生権力…………………… 239, 241, 242
政策……………………………… 189
政策的議論……………………… 190
政治的リベラリズム…………… 211
生政治…………………………… 240
正戦論…………………………… 56
生存権…………………………… 89
政体……………………………… 149
制定法規…………………… 113, 115
正当化の次元…………………… 197
世界公民体制…………………… 85
世界市民………………………… 86
世界精神………………………… 92
全体意志………………………… 68
専門的法律家層………………… 133
占有…………………………… 30, 125
相互承認………………………… 87
ソフィスト……………………… 12
ソフトな法実証主義…………… 181

た行

代議制…………………………… 93
体系……………………………… 33
代表……………………………… 85
——（代理）………………… 88
——制………………………… 85
大陸法型………………………… 133
脱構築（deconstruction）…… 231-234
魂の正義………………………… 18
力………………………………… 232
治者と被治者の同一性………… 165
秩序の妥当……………………… 129
抽象的権利……………………… 91
中庸……………………………… 21
定言命法………………………… 82
抵抗権………………………… 65, 71
適合性の次元…………………… 197
天皇機関説……………………… 149
——論争……………………… 140
天皇主権説……………………… 149
ドイツ観念論…………………… 81
『統治二論』………………… 63-65
道徳性と合法性……………… 83, 91

道徳法則……………………… 82, 83, 87
徳………………………………… 11
独裁……………………………… 165
特殊意志………………………… 68
特殊的正義……………………… 23

な行

内的視点…………………… 136, 175
ナポレオン法典………………… 107
日本国憲法……………………… 70
『人間不平等起源論』………… 66
農地法…………………………… 31
ノルム………………………… 241-243

は行

排除的実証主義………………… 198
排除的法実証主義……………… 181
配分的正義……………………… 23
反形式的………………………… 133
パンデクテン法学…… 5, 7, 112, 114
万人闘争……………………… 63, 71
万民法…………………………… 28
非合理的………………………… 130
非国家法………………………… 130
批判法学…… 169, 170, 200-202, 230
開かれた構造…………………… 188
ピンク・セオリー……………… 202
フェデラリスト………………… 76
フェミニズム法学……………… 234
負荷なき自己…………………… 208
服従……………………………… 136
付随制約………………………… 225
部族法典………………………… 101
不平等…………………… 66-68, 71
普遍的結合意志………………… 84
フランス革命…… 70, 81, 82, 86, 90, 94
フランス人権宣言……………… 72
プロクルス派………………… 34, 37
憤慨……………………………… 126
分散的制裁……………………… 124
分配的正義……………………… 227
平和…………………… 61-63, 66, 70, 71
弁証法……………………… 90, 91, 95
法学提要………………………… 33
包含的実証主義………………… 198

法規範………………………124
法システム…………235-237, 239
法実証主義……………8, 156, 185
法社会学…………………75, 123
法書………………………103
包摂的法実証主義……………181
法曹法………………113, 125
法治国……………………6
法的原理…………………188
法的構成…………………117
法典論争……………7, 95, 106
法と道徳分離論………………171
法の教え…………………38
法の経済分析………………169
法の実効性…………………126
法の支配…6, 42, 43, 46, 47, 51, 52, 77, 100, 168
法の諸事実…………………125
法の妥当…………………126
法の内面道徳………………186
法の不知………………134, 137
法の目的…………………119
法命題………………124, 125, 191
暴力………………232, 233, 243
ポストモダン法学……200, 230, 238, 243

ま行

マグナ・カルタ……………44, 48
民会抗告（プロウォカティオ）………32
民主制
　　——と独裁……………165
　　——の本質……………166
　　——論………………164
民族精神…………………107
無政府資本主義………………218
無知のベール………………206
唯名論……………………16
名誉法……………………28

命令………………………62
目的自体…………………83

や行

ユスティヌアヌス法典…………99
良き古き法…………………100
欲望の体系…………………91

ら行

リアリズム法学……167, 168, 200, 201
『リヴァイアサン』……………59, 72
理解………………………134
理性………………………61, 63
　　——の公的使用……………86
立憲君主制…………………93
立憲主義……………70, 72, 77
立法権……………………65
立法論……………………65
理念………………81, 82, 84, 90
リバタリアニズム………8, 72, 218
リベラリズム………………8, 72
諒解………………………134, 137
理論的な見解の不一致…………192
倫理的な価値判断……………36
例外状態…………………159
歴史法学……………5, 75, 94
歴史法学派…………………113
連鎖小説…………………196
『ローマ法大全』…………28, 33, 36
『ローマ法の精神』……………116
ロマニステン（ロマニスト）……108, 110, 113
ロマン主義…………………94

わ行

ワイマール（ヴァイマール）共和国………154
ワイマール（ヴァイマール）憲法………154

人名索引

あ行

碧海純一（あおみ・じゅんいち）‥‥‥‥‥‥ 1
アリストテレス（Aristoteles）‥‥‥‥‥‥ 1 , 19
アンガー（Unger, Roberto）‥‥‥‥200-202, 230
イェーリング（Jhering, Rudolf von）‥‥‥‥ 7 , 110
イェリネク（Jellinek, Georg）‥‥‥ 8 , 129, 139, 156
ヴィントシャイト（Windscheid, Bernhard）‥‥114
ウェーバー（Weber, Max）‥‥‥‥‥‥‥ 7 , 128
上杉慎吉（うえすぎ・しんきち）‥‥‥‥ 8 , 140
ウルピアヌス（Ulpianus, Domitius）‥‥‥‥38
エールリッヒ（Ehrlich, Eugen）‥‥‥ 7 , 120, 123
エリクソン（Ellickson, Robert）‥‥‥‥‥‥128
エワルド（Ewald, Francois）‥‥‥‥‥‥241, 242
オースティン（Austin, John）‥‥‥‥‥‥ 2 , 8

か行

カードゥゾ（Cardozo, Benjamin）‥‥‥‥‥169
ガイウス（Gaius）‥‥‥‥‥‥‥‥‥‥‥32
カエサル（Caesar, Gaius Julius）‥‥‥‥‥97
カント（Kant, Immanuel）‥‥‥‥ 7 , 81, 82, 156
カントロヴィッツ（Kantorowicz, Hermann）‥121
キケロ（Cicero, Marcus Tullius）‥‥‥‥‥ 3 , 29
キュジァース（Cujacius, Jacques de）‥‥‥‥30
クック（Coke, Sir Edward）‥‥‥ 2 , 42-50, 52, 53
グリム（Grimm, Jacob Ludwig Carl）‥‥‥108, 7
グロティウス（Grotius, Hugo）‥‥‥‥ 6 , 54, 79
ケネディ（Kennedy, Duncan）‥‥‥‥200-202, 230
ケルゼン（Kelsen, Hans）‥‥‥ 2 , 8 , 135, 154, 166
ケルン（Kern Fritz）‥‥‥‥‥‥‥‥‥‥100
コーネル（Cornell, Drucilla）‥‥‥‥‥234, 235
ゴティエ（Gauthie, David）‥‥‥‥‥‥‥‥72

さ行

サヴィニー（Savigny, Friedrich Carl von）‥ 5 , 7 ,
　　28, 94, 95, 105, 111
サンデル（Sandel, Michael）‥‥‥‥‥‥‥205
ジェイ（Jay, John）‥‥‥‥‥‥‥‥‥‥‥76
ジェファーソン（Jefferson, Thomas）‥‥‥‥4

ジェンティーリ（Gentili, Alberico）‥‥‥‥‥55
シュミット（Schmitt, Carl）‥‥‥‥ 8 , 154, 166
末弘厳太郎（すえひろ・いずたろう）‥‥‥‥127
ステュアート（Stewart, Sir James Denham）‥92
スミス（Smith, Adam）‥‥‥‥‥‥‥‥78, 92
世良晃志郎（せら・てるしろう）‥‥‥‥‥‥98
ソクラテス（Sokrates）‥‥‥‥‥‥‥‥‥13
ソロン（Solon）‥‥‥‥‥‥‥‥‥‥‥‥ 6

た行

ダイシー（Dicey, Albert）‥‥‥‥43, 46, 52, 53
タキトゥス（Tacitus, Cornelius）‥‥‥‥‥‥97
千葉正士（ちば・まさじ）‥‥‥‥‥‥‥‥ 9
ティボー（Thibaut, Anton Friedrich Justus）‥95,
　　105
デリダ（Derrida, Jacques）‥‥‥‥‥‥230-234
デルンブルク（Dernburg, Heinrich）‥‥‥‥114
トイプナー（Teubner, Gunther）‥‥‥128, 238, 239
ドゥオーキン（Dworkin, Ronald）‥‥‥ 2 , 8 , 185,
　　188, 202, 205
トゥルーベック（Trubek, David）‥‥‥‥‥‥200

な行

ノージック（Nozick, Robert）‥‥‥‥‥ 8 , 223

は行

ハート（Hart, Herbert Lionel Adolphus）‥ 8 , 171,
　　185, 187, 135
バーリン（Berlin, Isaiah）‥‥‥‥‥‥‥‥83
ハイエク（Hayek, Friedrich August von）‥ 8 , 219
パウンド（Pound, Roscoe）‥‥‥‥127, 167, 168
ハチソン（Hutcheson, Francis）‥‥‥‥‥‥80
パピニアヌス（Papinianus, Aemilius ）‥‥‥‥35
ハミルトン（Hamilton, Alexander）‥‥‥‥‥76
ハント（Hunt, Alan）‥‥‥‥‥‥‥‥230, 241
ヒトラー（Hitler, Adolf）‥‥‥‥‥‥‥‥154
ビトリア（Vitoria, Francisco de）‥‥‥‥‥‥55
ヒューム（Hume, David）‥‥‥‥‥‥72, 80, 78
フィヒテ（Fichte, Johann Gottlieb）‥‥‥ 7 , 81, 86

フーコー（Foucault, Michel）･･････230, 239–242

プフタ（Puchta, Georg Friedrich）･････ 7 , 110

フラー（Fuller, Lon L.）････････････ 8 , 185, 186

ブラックストーン（Blackstone, William）･･･46, 48 –50, 52, 53, 202

プラトン（Platon）････････････････････ 2 , 15

フランク（Frank, Jerome）･･･････････167, 168

ヘイル（Hale, Sir Matthew）････････46–48, 169

ヘーゲル（Hegel, Georg Wilhelm Friedrich）････ 7 , 81, 89

ヘック（Heck, Philipp von）･･･････････････121

ベンサム（Bentham, Jeremy）･････ 2 , 43, 49–52, 72, 240

ホーウィッツ（Horwitz, Morton）･･･････168, 169

ホーフェルド（Hohfeld, Wesley）･･･････････169

ホームズ（Holmes, Oliver Wendell）････････167

ホッブズ（Hobbes, Thomas）･････ 1 , 6 , 46, 47, 58, 59, 63, 66, 69–72, 84

穂積八束（ほづみ・やつか）････････････････140

ボルンハック（Bornhak, Conrad）･･･････････139

ま行

マイヤー（Mayer, Otto）････････････････････156

マコーレイ（Macaulay, Stewart）･････････････128

マッキノン（MacKinnon, Catharine）･･････････234

マディソン（Madison, James）････････････････76

美濃部達吉（みのべ・たつきち）････････････ 8 , 139

モンテスキュー（Montesquieu, Baron de la Brède et de）････････････････ 6 , 74–76

や行

矢崎光圀（やさき・みつくに）･･･････････････････ 3

ら行

ラズ（Raz, Joseph）･･･････････････････････ 8 , 171

ランダウ（Landau, Peter）････････････････････104

リオタール（Lyotard, Jean-François）･･････････230

リュクルゴス（Lycurgus）･･･････････････････ 6

ルウェリン（LLwellyn, Karl）･･･････････167, 168

ルーマン（Luhmann, Niklas）･･･････230, 235–239

ルソー（Rousseau, Jean-Jacques）･･･ 7 , 58, 66, 68– 71, 76, 81, 83, 86, 89

レーム（Rehm, Hermann）････････････････････139

ロールズ（Rawls, John Bordley）･･･ 8 , 72, 94, 204

ロック（Locke, John）･････ 4 , 7 , 58, 63, 66, 69–71, 75, 87

■執筆者紹介 (＊印は編者，執筆順)

＊森村　　進（もりむら　すすむ）　　一橋大学大学院法学研究科教授

　宇佐美　誠（うさみ　まこと）　　京都大学大学院地球環境学堂教授

　田中　　実（たなか　みのる）　　南山大学法学部教授

　周　　　圓（しゅう　えん）　　東洋大学法学部講師

　戒能　通弘（かいのう　みちひろ）　　同志社大学法学部教授

　内藤　　淳（ないとう　あつし）　　法政大学文学部准教授

　高橋　洋城（たかはし　ひろき）　　駒澤大学法学部教授

　屋敷　二郎（やしき　じろう）　　一橋大学大学院法学研究科教授

　松尾　　弘（まつお　ひろし）　　慶應義塾大学大学院法務研究科教授

　長谷川貴陽史（はせがわ　きよし）　　首都大学東京都市教養学部法学系教授

　森元　　拓（もりもと　たく）　　山梨大学教育学部准教授

　松本　尚子（まつもと　なおこ）　　上智大学法学部教授

　濱　真一郎（はま　しんいちろう）　　同志社大学法学部教授

　高橋　文彦（たかはし　ふみひこ）　　明治学院大学法学部教授

　関　　良徳（せき　よしのり）　　信州大学教育学部准教授

　大澤　　津（おおさわ　しん）　　北九州市立大学法学部准教授

　橋本　祐子（はしもと　ゆうこ）　　龍谷大学法学部教授

Horitsu Bunka Sha

法思想の水脈

2016年4月2日　初版第1刷発行

編　者　森村　進（もりむら　すすむ）
発行者　田靡純子
発行所　株式会社　法律文化社

〒603-8053
京都市北区上賀茂岩ヶ垣内町71
電話075(791)7131　FAX 075(721)8400
http://www.hou-bun.com/

＊乱丁など不良本がありましたら、ご連絡ください。
　お取り替えいたします。

印刷：西濃印刷㈱／製本：㈱藤沢製本
装幀：奥野　章
ISBN 978-4-589-03762-6
Ⓒ2016 Susumu Morimura Printed in Japan

JCOPY　〈(社)出版者著作権管理機構 委託出版物〉

本書の無断複写は著作権法上での例外を除き禁じられています。複写される場合は、そのつど事前に、(社)出版者著作権管理機構（電話03-3513-6969、FAX03-3513-6979、e-mail: info@jcopy.or.jp）の許諾を得てください。

恒藤武二編

ヨーロッパ思想史
―社会的思想を中心に―

A5判・260頁・2800円

古代から現代にいたる法・政治・社会の思想の歴史を丹念にたどり，歴史と現実の思想の関連を明確にするなかで未来への展望を示す。ヨーロッパ思想の源泉／ルネッサンス・宗教改革の時代とその思想／啓蒙主義／英仏ブルジョワ革命期の思想／ほか11章

陶久利彦著

法的思考のすすめ〔第2版〕

A5判・154頁・1800円

具体事例を素材に問いをたて，読者とともに考えるというスタンスで，法的思考の核である，ルールを中心とした論理の組立て方の思考訓練を説いた入門書。第2版にあたり，よりわかりやすい表記とした。

青山治城著

なぜ人を殺してはいけないのか
―法哲学的思考への誘い―

A5判・172頁・2100円

「なぜ人を殺してはいけないのか」。ごく当たり前のように思える規範命題への問い。しかしこの問いに真っ当に答えることは意外と難しい。本書は，法を根源的に考える思考法へと導くスリリングな法哲学の案内書。

石田喜久夫著〔HBB〕

法律嫌いの人のための法学入門

四六判・220頁・2500円

法律を，そしてそれを学問することを，はじめから好きな人などいるのだろうか。逆説的でアイロニカルな語りかけと著者の体験談をまじえながら，法学の面白さをジワリと説くユニークな法学入門書。

西谷 敏・笹倉秀夫編〔現代法双書〕

新 現 代 法 学 入 門

四六判・300頁・2600円

実践哲学・社会理論等の影響のもと，新しい法学の知を切り拓くべく法分野をこえて活性化してきた「理論法学」（法学基礎理論）の動向・全体像をコンパクトに，かつ初学者にもわかりやすい構成でまとめた入門書。

三成美保・笹沼朋子・立石直子・谷田川知恵著〔HBB＋〕

ジェンダー法学入門〔第2版〕

四六判・314頁・2500円

ジェンダーにまつわる社会的規範は，個人の意見や能力を超えて，わたしたちの行動や決定を「マナー，常識」として縛っている。ジェンダー・バイアスに基づく差別のあり方や法制度への影響を明らかにし，社会の常識を問い直す一冊。

―法律文化社―

表示価格は本体（税別）価格です